Rio 24/02/11

SPORT:HISTÓRIA

Vida Divertida:
histórias do lazer no Rio de Janeiro (1830-1930)

organizadores
ANDREA MARZANO
VICTOR ANDRADE DE MELO

apicuri
Rio de Janeiro
2010

Editora Responsável
Rosangela Dias

Coordenação Editorial
Marcely Almeida

Preparação e revisão de originais
Édio Pullig

Revisão e Copidesque
Alvanísio Damasceno

Editoração Eletrônica e Projeto Gráfico
Margareth Bastos

Capa
Veronica Machado
Desenho de própria autoria.

CIP-BRASIL. CATALOGAÇÃO-NA-FONTE
SINDICATO NACIONAL DOS EDITORES DE LIVROS, RJ

V69

Vida divertida : histórias do lazer no Rio de Janeiro (1830-1930) / organização: Andrea Marzano e Victor Andrade de Melo. - Rio de Janeiro : Apicuri, 2010.
304p. : il. - (Sport história)

Inclui bibliografia
ISBN 978-85-61022-33-4

1. Lazer - Rio de Janeiro (RJ) - História. 2. Recreação - Aspectos sociais - Rio de Janeiro (RJ). 3. História social. 4. Integração social. 5. Cultura - Brasil. I. Marzano, Andrea. II. Melo, Victor Andrade de, 1971-. III. Série.

10-0747. CDD: 306.48120981531
CDU: 379.8(815.31)

22.02.10 26.02.10 017716

[2010]

Telefone/Fax (21)2533-7917
editora@apicuri.com.br
www.apicuri.com.br

Um historiador de quinzena, que passa os dias no fundo de um gabinete escuro e solitário, que não vai às touradas, às câmaras, à Rua do Ouvidor, um historiador assim é um puro contador de histórias.

Machado de Assis

O princípio social do Rio de Janeiro, como se sabe, é o doce de coco e a compota de marmelos.

Machado de Assis

Sumário

Prefácio

É apaixonante a história da cidade do Rio de Janeiro, história essa que se confunde um pouco com a do Brasil, pelo menos desde a transferência da capital de Salvador para cá em 1763. Após a chegada da família real portuguesa e da instalação da Corte no Rio, então, isso é inegável.

Propor diferentes abordagens sobre o lazer carioca dos anos 30 do século XIX aos anos 30 do século XX é um grande achado, ainda mais quando essa tarefa é desempenhada pelo time de historiadores que vem a seguir.

O teatro, o circo, as praças, a literatura, os jogos de salão e de azar, a música, os esportes, enfim, aquelas coisas que estão relacionadas ao lazer e ao entretenimento do carioca são analisadas de forma leve e ao mesmo tempo consistente, oferecendo um panorama espetacular do Rio Imperial até os primeiros anos da República.

São cem anos de grandes embates políticos, de fortes turbulências e reviravoltas. Período em que a cidade foi elevada à Corte e em que se começou a talhar as características que posteriormente seriam as marcas registradas de seus moradores – um povo identificado com a alegria e o prazer, a rua e a sociabilidade.

É um momento impressionante.

A partir da necessidade de se construir uma sociedade letrada e de identidade própria, é muito interessante observar o surgimento de uma indústria do entretenimento no Rio de Janeiro, o jeito como o carioca sempre utilizou o espaço público, ocupando a rua tanto para o lazer quanto para o trabalho, assim como os interesses divergentes dos diversos grupos na hora de definir as suas formas de encontro.

O carioca sempre cultivou o hábito de falar da cidade e de suas histórias. Desde os tempos em que faziam sucesso as crônicas memorialistas de Joaquim Manuel de Macedo, antes mesmo disso, nos saraus em casas de família, nas ruas, nas boticas, depois nas livrarias e nos cafés. Fico imaginando os encontros informais que aconteciam na livraria de Paula Brito no então Largo do Rocio, hoje Praça Tiradentes, as corridas de touros no Campo de Santana, os bailes dançantes das sociedades carnavalescas da virada do século XIX pro XX...

São tantas situações interessantes e dignas de estudo que fica um gostinho de quero mais, sugerindo um segundo volume. Fica então a humilde sugestão.

Rodrigo Ferrari, livreiro e editor.

Janeiro de 2010

9

Apresentação

Andrea Marzano
e Victor Andrade de Melo

Teria o lazer uma história? Através de histórias do lazer, seria possível contribuir para a História, a disciplina, iniciada com letra maiúscula? Seria o lazer um momento de supressão das fadigas e dos conflitos do cotidiano? Ou seria, ao contrário, uma arena em que os conflitos apareceriam de outras maneiras, por vezes escondidos sob a máscara do riso e da descontração?

Como mostra Peter Burke (1995), essas questões têm mobilizado os historiadores pelo menos desde os anos 1960, especialmente quando o renomado periódico *Past and Present* publicou uma série de conferências e debates ligados ao tema, entre as quais se destacaram as considerações de Keith Thomas[1]. Outros autores que trabalharam o tema no período foram E. P. Thompson, no clássico *A formação da classe operária inglesa*, concluída e impressa pela primeira vez em 1963[2], e Eric Hobsbawm,

[1] A revista *Past & Present* foi fundada por um grupo de historiadores marxistas britânicos na década de 1950, representando novas tendências da história social. Segundo Eric Hobsbawm (1990), a mudança então operada na história social britânica foi também alimentada por influências internacionais, como do grupo francês dos Annales.

[2] Sobre a influência da antropologia e a importância de temas relacionados à cultura popular na trajetória intelectual de Thompson, ver THOMPSON, 2001, p. 227-267.

na *História social do jazz*, escrita entre 1959 e 1961. O fato de esta última ter sido publicada inicialmente sob pseudônimo mostra que a inclusão de um tema como aquele nos domínios da história social ainda podia gerar polêmica.

Nos anos 1970, no âmbito das propostas da Nova História Cultural, que apontam as práticas culturais como assuntos de primeira grandeza, a diversão se configura mais claramente como um relevante objeto de estudo. Assim, na esteira das mudanças operadas na historiografia, os momentos de não trabalho vêm sendo debatidos fartamente no cenário internacional, direta ou tangencialmente.

Peter Burke lembra, nesse sentido, que a 26ª Semana de Estudos em História Econômica, realizada pelo Instituto Datini na cidade italiana de Prato, teve como tema central o lazer e o tempo livre, evidenciando o alargamento das fronteiras da história econômica em direção à história social e cultural. Também no Brasil vemos crescer o número de historiadores que se debruçam sobre questões ligadas à diversão sem nunca perderem de vista os conflitos políticos e econômicos existentes nas sociedades (CUNHA, 2002, SOIHET, 1998, entre muitos outros).

O presente livro tem, a exemplo da coletânea organizada pelo francês Alain Corbin (2001), o lazer como tema central, articulando autores que o abordam sob diferentes pontos de vista e perspectivas. Cabe discutir alguns dos sentidos que atribuímos à expressão "lazer" quando projetamos o volume, já que tais sentidos constituem um importante fator de coesão entre os textos que se seguem.

Se a diversão tem sido buscada por homens e mulheres desde as épocas mais remotas, a ideia de lazer como algo marcadamente distinto do trabalho, um direito de todos e exercido em momentos delimitados, parece ser recente. A partir da Revolução Industrial, e mais incisivamente no século XIX, observa-se um processo de artificialização do tempo do trabalho, que progressivamente se afastou do ritmo da natureza e passou a ser ditado pelas marcas do relógio, um objeto cada vez mais difundido (THOMPSON, 1998, p. 267-304). Paralelamente, houve um esforço crescente, por parte das autoridades e das classes dominantes, de controle e vigilância sobre os trabalhadores, no intuito de que "o tempo da vida se torn[asse] tempo de trabalho, que o tempo de trabalho se torn[asse] força de trabalho, que a força de trabalho se torn[asse] força produtiva" (FOUCAULT, 1999, p. 122).

Os trabalhadores não permaneceram passivos diante das tentativas de disciplinarização do seu tempo e dos seus corpos. Revertendo para seus interesses a obsessão pelo controle do tempo, reivindicaram a delimitação das horas a que teriam direito para si mesmos, excluindo-se as dedicadas ao trabalho e ao sono[3]. Dessa forma, contribuíram para a (re)elaboração da ideia de lazer, atribuindo-lhe um sentido novo. Lazer, desde então, tornou-se o prazer usufruído no tempo livre, do não trabalho.

Evidentemente, tanto a industrialização quanto a delimitação das jornadas de trabalho seguiram calendários e ritmos próprios em cada parte do mundo. O que não impediu que a concepção de lazer como o uso do tempo do não trabalho se tornasse uma das características centrais das modernas aglomerações urbanas.

A ideia de lazer, assim entendida, nasce do conflito e o atualiza, apesar de conter grandes doses de riso e descontração. Essa nova organização da diversão, surgida do ideário das elites – detentoras por excelência do tempo livre –, mas também das pressões dos trabalhadores, se configura em sociedades cada vez mais

[3] A ideia de que os trabalhadores foram capazes de reverter para seus interesses a obsessão pelo controle do tempo é inspirada, em grande medida, nas afirmações de Thompson sobre o domínio da lei, que, apesar de ser um instrumento de dominação de classe, pode ser usada para impor limites a essa mesma dominação (THOMPSON, 1987a).

marcadas pelas noções de espetáculo e consumo, que valorizam progressivamente as vivências públicas, cenários por onde desfilam tensões e conflitos sociais. Dessa forma, os lazeres exercidos fora do âmbito privado se inscrevem, indubitavelmente, na arena das disputas em torno dos usos do espaço público, maneiras privilegiadas de cada grupo inscrever a sua presença na cidade.

Se essas dimensões parecem marcar o cotidiano do que se poderia definir como vida moderna, é imperioso considerar as peculiaridades do caso brasileiro. Em um país marcado pela presença da escravidão até fins do século XIX[4], pela existência de uma lógica paternalista que permeava o conjunto das relações sociais, por uma economia substancialmente agrária e, portanto, por um limitado processo de industrialização, a formalização de direitos dos trabalhadores em códigos legais ainda teria um longo caminho a percorrer. Seria adequado usar o termo "lazer" para designar as diversões de uma sociedade que ainda não conhecia a limitação legal das jornadas de trabalho e, com ela, o reconhecimento do direito ao tempo livre? Não haveria aí um equívoco conceitual?

No século XIX e nas primeiras décadas do século XX, o Rio de Janeiro, capital do Império e depois da República, abrigava intensos debates em torno da civilização e da modernidade. Em meio a esses debates importava-se da Europa, sobretudo da França e da Inglaterra, produtos, modas, artistas, tecnologias. Na esteira do crescimento do comércio internacional e da dinâmica de contatos entre povos, uma determinada ideia de lazer chegou até nós como mais um símbolo dos novos tempos. Com as novidades do

---

[4] A presença da escravidão no Brasil durante quase todo o século XIX torna peculiar a inserção do país nos quadros da modernidade, tanto para os intelectuais dos Oitocentos quanto para aqueles que se debruçam, hoje, sobre essa história. Se a razão da existência dos escravos era, em si mesma, o trabalho, e se eles não dispunham, teoricamente, de direitos, certamente buscaram conquistá-los, no cotidiano, através de um mecanismo de resistências e acomodações. A conquista do direito ao lazer talvez tenha sido, para eles, uma importante brecha pela qual podiam vislumbrar o indescritível prazer da liberdade.

mundo europeu, por aqui adentrou o desejo de reproduzir ou recriar a nova dinâmica da diversão das modernas aglomerações urbanas.

Os debates sobre a modernidade também encontraram expressão nas tentativas de remodelação da cidade, que tiveram na administração do prefeito Pereira Passos (1902-1906) seu momento mais fulgurante[5]. Dessa forma, a ânsia pela civilização em moldes europeus se materializou em intensos conflitos em torno dos usos do espaço público, simbolizados exemplarmente, nos anos 1870, pelo ajardinamento e gradeamento do Campo de Santana, antigo local de realização de uma das mais populares festas da cidade, em homenagem ao Divino Espírito Santo (ABREU, 1999, p. 296-298).

Intelectuais e autoridades defendiam que as diversões da cidade – não só nas praças como também nos teatros e outros espaços – deveriam atestar o seu grau de civilização, enquanto variados segmentos sociais insistiam em (re)afirmar, principalmente nos momentos de lazer, suas escolhas, preferências e visões de mundo. As hierarquias e conflitos não desapareciam nesses momentos. Mais do que expressar conflitos de classe, o lazer evidenciava divergências no interior de um mesmo segmento social. Até quando reunia diferentes parcelas da sociedade em um mesmo espaço, na ainda embrionária formação de uma cultura de massas, o lazer também dividia: cada grupo se divertia à sua maneira, de acordo com códigos culturais específicos.

As práticas de lazer podiam ser oportunidades para a ostentação do luxo, da riqueza e de um determinado lugar social, reforçando as hierarquias. Mas também, não poucas vezes, foram uma afirmação de valores e escolhas dos subalternos, que eventualmente se espalharam por outros segmentos da sociedade, em

---

[5] As reformas urbanas, observáveis pioneiramente em Londres, Chicago, Nova York e Paris, serviram de estímulo para a remodelação de cidades em várias partes do mundo, constituindo uma das marcas da modernidade.

uma aculturação de baixo para cima que, se não suspendia as hierarquias, parecia ameaçá-las.

Nos espaços privados, tais práticas podiam configurar papéis sociais, como a domesticidade e o recato das mulheres que, por sua posição de classe, estavam afastadas do mundo do trabalho e da vida pública. Mas podiam, também, propiciar oportunidades para pequenas transgressões, como os namoros escondidos, as leituras impróprias, as conversas proibidas.

O lazer podia ser, cada vez mais, uma oportunidade de ganhar dinheiro, dando margem a um número crescente de empreendimentos – teatros, circos, salões de novidades, edições baratas, casas de jogos proibidos e de mulheres de má fama. Assim, emergiam histórias de ascensão social e atualizavam-se conflitos em torno dos sentidos da arte, da literatura, da boa música, dos espetáculos e das diversões.

Nesse livro, o lazer é acima de tudo expressão da variedade, do dinamismo e da complexidade da sociedade carioca, entre 1830 e 1930. Embora os diferentes autores abordem divertimentos e recortes temporais específicos, o resultado é um diálogo entre os textos, que evidencia questões como a diversidade da população, a formação de uma indústria do entretenimento, a multiplicidade das opções de lazer e, sobretudo, a existência de amplos debates em torno das melhores maneiras de se vestir, de amar, de dançar e de se comportar nos espaços públicos e privados, dos quais participavam, de diferentes maneiras, os diversos segmentos da sociedade.

Este livro foi projetado como um esforço interdisciplinar de reflexão sobre o lazer. Buscamos agrupar autores de diferentes instituições e áreas de conhecimento que contribuem, com suas análises, para a história social do Rio de Janeiro, cidade que, no período aqui delimitado, começava a construir para si a imagem de maravilhosa.

Abrindo o livro, Mary Del Priore aborda a domesticidade e os lazeres privados. Fazendo recuar o recorte temporal e tecendo considerações sobre outras cidades e mesmo sobre o mundo rural, fornece um panorama geral que abre caminho para as análises que se seguem. Também adotando uma perspectiva panorâmica no que diz respeito ao tempo, Victor Melo investiga o esporte ao longo do século XIX e nas primeiras décadas do século XX, relacionando práticas esportivas, concepções de modernidade e usos do espaço público. Carlos Terra, após uma breve tipologia dos jardins e seus usos, discorre sobre os jardins públicos e privados do Rio entre o final do século XVIII e as últimas décadas do século XIX. Enfatizando a diversidade do público, dos espetáculos e dos locais de representação, Andrea Marzano focaliza, após breves considerações sobre o período colonial, a atividade teatral do Oitocentos, enquanto Ermínia Silva aprofunda a teatralidade circense no século XIX e nas primeiras décadas do século XX.

Na sequência, os textos adotam perspectivas menos panorâmicas, com recortes temporais mais curtos. Juliana Teixeira Souza aborda a proibição e a persistência dos jogos de azar na Corte Imperial, especialmente entre 1830 e 1850. Mônica Leme analisa a publicação, a comercialização e o consumo de música popular impressa entre 1870 e 1920. Também revelando um público leitor sem grandes bibliotecas, Alessandra El Far investiga a literatura pornográfica, especialmente nas últimas décadas do Oitocentos.

Enfatizando a afirmação de um mercado de diversões, Ana Cavalcanti descortina as Exposições Gerais da Academia Imperial de Belas Artes, entre 1879 e 1907. Na mesma linha, William de Souza Nunes Martins focaliza, através da trajetória de Pascoal Segreto, o impacto do cinematógrafo e do teatro no Rio de Janeiro, tecendo considerações sobre o público e a formação de uma indústria do entretenimento. Por fim, fincando o pé no final da Primeira

República e num interessante bairro do subúrbio carioca, Leonardo Pereira aborda, através dos clubes dançantes de Bangu, a construção da identidade dos trabalhadores e a participação deles nos debates que mobilizavam intelectuais em torno da questão racial e da identidade nacional.

As histórias desse livro dizem algo sobre poderes, apropriações, expropriações, explorações e conflitos. Evidenciam compartilhamentos, negociações, acomodações e resistências. Contam sobre ritmos, músicas, danças, risos e outros prazeres, mostrando que a vida podia (e pode) ser divertida apesar de tudo.

Bibliografia

ABREU, Martha. *O Império do Divino*: Festas religiosas e cultura popular no Rio de Janeiro (1830-1900). Rio de Janeiro: Nova Fronteira, 1999.

BURKE, Peter. The invention of leisure in early modern Europe. *Past & Present*, v. 146, n. 1, p. 136-150, fev. 1995. Disponível em: [http://findarticles.com/p/articles/mi_m2279/is_n146/ai_17249828/]. Acesso em: 10 maio 2009.

CORBIN, Alain (Org.). *História dos tempos livres*. Lisboa: Teorema, 2001.

CUNHA, Maria Clementina Pereira (Org.). *Carnavais e outras f(r)estas*: Ensaios de história social da cultura. Campinas: Editora da Unicamp, 2002.

FOUCAULT, Michel. *A verdade e as formas jurídicas*. Rio de Janeiro: Nau, 1999.

HOBSBAWM, Eric. *História social do jazz*. São Paulo: Paz e Terra, 2008.

HOBSBAWM, Eric; MOURA, Gerson; MOURA, Margarida Maria. Uma entrevista com Eric Hobsbawm. *Estudos Históricos*, Rio de Janeiro, v. 3, n. 6, p. 264-273, 1990.

SOIHET, R. *A subversão pelo riso:* estudos sobre o carnaval carioca da Belle Époque ao tempo de Vargas. Rio de Janeiro: Editora Fundação Getúlio Vargas, 1998.

THOMAS, Keith. Work and leisure in pré-industrial society. *Past & Present*, n. 29, p. 50-62, dez. 1964.

THOMPSON, E. P. *As peculiaridades dos ingleses e outros artigos*. Campinas: Editora da Unicamp, 2001.

______. Costumes em comum. São Paulo: Companhia das Letras, 1998.

______. Senhores e caçadores. A origem da lei negra. Rio de Janeiro: Paz e Terra, 1987a.

______. A formação da classe operária inglesa. 3 volumes. Rio de Janeiro: Paz e Terra, 1987b.

17

"Em casa, fazendo graça": domesticidade, família e lazer entre a Colônia e o Império

MARY DEL PRIORE

Em 1789, no seu *Pequeno Elucidário de Palavras e Frases*, o padre Joaquim de Santa Rosa de Viterbo ignorou olimpicamente o termo "lazer". Outros filólogos, contudo, o repertoriaram desde o século XII. A significação? Do latim *licere*, lazer significava "ser permitido". A palavra expressava o estado no qual era permitido a qualquer um fazer qualquer coisa. O senso comum consagrava um uso: o do período de tempo fora do trabalho, tempo esse passado, na maior parte das vezes, em atividades domésticas. Ao longo da Idade Moderna, a ideia de lazer se consolidaria ao mesmo tempo do que aquela de privacidade.

Como é sabido, a história da vida privada no Brasil[1] teve sua especificidade e nela, o lazer ganhou espaço singular. Nos primeiros séculos, o lazer era algo em construção: um conceito exíguo, desfalcado mais do que conquistado, além de negociado nas brechas de uma existência provisória. Afinal, o Brasil foi, por muito tempo, uma colônia de exploração. O tipo de atividade econômica predatória que se desenvolvia no Novo Mundo impunha uma compulsão do trabalho. O envolvimento de quase

[1] Ver os quatro volumes do mesmo título, *História da Vida Privada no Brasil*, na coleção dirigida por Fernando A. Novais. São Paulo: Companhia das Letras, 1997, 1998, 1999, 2000.

todos os atores sociais – homens e mulheres, livres e escravos – com a terrível luta pela sobrevivência se somava à mobilidade das populações, à precariedade de suas vidas e ao convívio com uma massa de escravos, deixando pouco tempo "para qualquer um fazer qualquer coisa".

Além do pouco tempo livre, o cristianismo zelava pela observância dos seus preceitos, dentre eles, o combate ao ócio. Comer o pão da preguiça era cometer um dos sete pecados capitais. "Cabeça vazia, oficina do diabo", dizia o ditado popular. Representada pelo demônio Belphegor, a preguiça era a recusa de realizar tarefas necessárias. Cruzinhas de madeira pregadas à porta, imagens de santos em oratórios ou reproduções em tela ou papel, nas paredes, se encarregavam de vigiar o cotidiano de nossos antepassados, evitando moleza. Mergulhados em certo pieguismo barroco, se nossos avós não eram consumados ortodoxos – como demonstrou o antropólogo historiador Luis Mott –, eram permeáveis à doutrinação que a Igreja católica colocara em funcionamento (MOTT, 1987, p. 155-220).

Vale lembrar, ainda, que apesar da terrível exploração em que vivia grande parte dos habitantes, livres e escravos, eles não escaparam a acusações que faziam do Brasil o "berço da preguiça" – nas palavras do professor de latim Luís dos Santos Vilhena, ao início do século XIX (apud ARAÚJO, 2008). Afinal, nossos antepassados seriam ociosos, com tempo de sobra para o lazer ou oprimidos por um faminto sistema mercantil? Ambos. Por isso mesmo, percebê-lo na documentação do período colonial não é fácil. Mas isso não impede que ali e aqui se descubram fragmentos da vida humana, que, entrando na historiografia, imiscuem-se entre as informações que temos sobre a vida social e cultural no passado. E, por meio dessa modesta coleta, perceber que, nos primeiros séculos, nosso lazer começou a se construir modelado por muitos constrangimentos.

No princípio era o verbo entreter...

No mundo disperso, precário e rural em que viviam nossos antepassados, visitas eram sempre esperadas ao longo do dia. As dos mascates, então, aguardadas ansiosamente. Com seus armarinhos às costas, repletos de produtos comprados às embarcações atracadas no porto do Rio de Janeiro, eles batiam em todas as portas. Organizados em pequenas tropas para se proteger de perigos, seguiam em burros cargueiros, esmagados sob o peso da mercadoria. No avarandado da casa desenrolavam tecidos diversos, exibiam fitas e rendas ou artigos de perfumaria, como sabonetes de violeta, encantando sinhás e sinhazinhas com notícias da Corte. Quando no interior ou arredores da cidade, levavam novas de outras fazendas. Além de mascates, recebiam-se, também, as visitas de moradores da vizinhança. As mulheres, com vestido novo e xale de ramagens dos grandes dias, sentavam-se pelo chão em esteiras e conversavam sobre remédios caseiros, conselhos matrimoniais ou receitas. Algumas trocavam presentes: galinhas gordas, rendas, um mimo de ovos.

No Vale do Paraíba, durante estação da colheita, gente das fazendas próximas também vinha aos engenhos ajudar a catar as frutas em tabuleiros. Acompanhada de mucamas que levavam em cestas o farnel do almoço, começava a colheita cedo. As moças e crianças colhiam as mais baixas e os rapazes as mais altas. Quando o calor começava a ficar insuportável, estendiam-se esteiras no chão e os convivas se sentavam à volta da mesa improvisada. Danças depois das refeições permitiam alguma familiaridade entre rapazes e moças, que viviam trancadas a sete chaves.

No campo ou na cidade, durante a faina diária, não faltavam interrupções ou momentos em que lazer e gestos repetitivos se misturavam: nas fontes ou rios, onde se reuniam as lavadeiras, "enterravam-se vivos e desenterravam-se mortos". Nos mercados da cidade ou nas atividades agrícolas que juntavam homens e mulheres noticiavam-se, esmerilhavam-se e comentavam-se os acontecimentos locais, notadamente os escandalosos ou ridículos. Entre homens, "praticar a boa conversação" – expressão que aparece recorrentemente nas denúncias ao Santo Ofício da Inquisição –, durante ou depois do trabalho, ou, entre mulheres, enquanto coziam, lavravam ou faziam trancinha em suas almofadas de bordar, era forma comum de entretenimento. Um exemplo: certa Maria de Azevedo "desceu abaixo a falar com o pedreiro João Nunes em presença de Gaspar da Silveira, purgador do engenho, e assim falando todos os três", Maria acusou um vizinho de defecar num penico, sobre um crucifixo. De uma conversação maldosa qualquer, podia nascer um judaizante, um herético, um somitígo[2]! Então, mexericar era, sim, uma forma de distração. E tão comum que havia mesmo uma lei, nas Ordenações Filipinas, código legal que perdurou até 1830, que proibia as intrigas. No livro V, pode-se ler:

> Dos mexeriqueiros: Por se evitarem os inconvenientes que dos mexericos nascem, mandamos que se alguma pessoa disser á outra que outrem disse mal dele, haja a mesma pena, assim cível como crime que mereceria, se ele mesmo lhe dissesse aquelas palavras que diz que o outro terceiro dele disse, posto que queira provar que o outro o disse.

Outra prática que reunia alegremente as pessoas, mas que era considerada pelos estrangeiros de passagem pelo Brasil como "repugnante", era o do cafuné: "Catar ou fingir catação de piolhos e lêndeas é uso utilitário e processo prolongador de êxtase e preguiça, em quase todo o mundo", interpretou o etnólogo Luís da Câmara Cascudo (CASCUDO, 1983, p. 171). Distração e prazer que tinha inúmeros entusiastas, a vagarosa fricção, acompanhada ou

---

[2] Ver *Primeira Visitação do Santo Ofício às Partes do Brasil:* Denunciações e Confissões de Pernambuco, 1593-1595. Recife: Governo de Pernambuco, Fundarpe, 1984 (Coleção Pernambucana, v. XIV).

não por estalos, era executada à sombra, depois das refeições, sobre as esteiras de piripiri ou nos alpendres. E de noite, também no quintal, quando a família buscava um entretenimento, quer de cavaqueira, quer de passatempo, mãos exclusivamente femininas pousavam as cabeças das crianças e companheiros no colo, para "revolver os dedinhos e ouvir os estalinhos", como cantou o poeta.

Estudando a vida doméstica na América portuguesa, Leila Mezan Algranti lembrou o papel dos jardins como um espaço de sociabilidade e intimidade, portanto, de lazer (ALGRANTI, 1997, p. 114). Varandas que se abriam para o quintal monopolizavam o burburinho das atividades, e este último se transformava em espaço de confinamento e fiscalização de mulheres da elite, cujos momentos de lazer ao ar livre eram, às vezes, controlados por seus familiares. O viajante Saint-Hilaire, em 1822, acrescentou: "os jardins sempre situados por trás das casas, são para as mulheres uma fraca compensação de seu cativeiro, e como as cozinhas, interditadas aos estrangeiros".

Algranti destacou, ainda, a presença de baralhos e tabuleiros de xadrez e gamão nos inventários e testamentos entre os séculos XVI e XVIII, expressão da vontade de reunir e se divertir com familiares ou amigos: "banquinha com jogo de damas e cartas de madeira de cores embutida", informava um desses. Muitos indivíduos foram denunciados ao Santo Ofício, no século XVI, por blasfemarem enquanto jogavam cartas ou gamão, como sucedeu com André Távoras, que, enquanto jogava "ao trunfo as cartas" em sua casa, com alguns amigos, perturbado disse que "descria ou renegava de Deus", tendo sido censurado pelos presentes. Dois séculos mais tarde, nos arredores de São João Del Rei, entre os bens apreendidos ao inconfidente José Ayres Gomes, estão relacionados: "tabuleiro de jogar gamão com suas tabelas respectivas e um jogo de dados e suas tabelas de marfim", dando a entender ser prática bastante difundida na Colônia que perdurou no tempo".

Os jogos estavam na moda: o bilhar desde o século XVI. Os dados – que tiveram início com gregos e romanos – a partir de então se disseminaram. Produzidos na Europa e exportados para as Américas, os baralhos, com vivas pinturas, se tornaram uma febre. Presentes nas casas de família ou em espaços públicos, não poucas vezes suscitavam brigas, "indignações, execrações, perjúrios e escândalo do povo". Por isso mesmo as chamadas "tabolagens" eram proibidas a eclesiásticos ou seculares, sob pena de pagamento de mil réis. Em domingos e dias de festa, só eram facultadas depois da missa ou dos demais ofícios para evitar tensões no dia santo. Cabia às justiças seculares perseguir as "casas de jogo públicas", informam-nos as Constituições do Arcebispado da Bahia, leis aplicadas na Colônia, desde 1707.

O baralho ou *baralha*, sinônimo de confusão e tumulto, foi introduzido no Ocidente pelos sarracenos, no século XIV. Gil Vicente, no *Auto da feira*, indica o caminho das cartas então chamadas *naipe*. Quem arma a sua tenda, é o próprio Diabo, que diz:

> E trago de Andaluzia
> Naipes, com que os sacerdotes
> Arrenegam cada dia
> E joguem té os pelotes.

As cartas maiores ou nobres eram os reis, damas e valetes. Os quatro reis eram representados por David, Alexandre, César e Carlos Magno; as rainhas por Minerva, Argina, Raquel e Judite; os valetes, Heitor, um dos oficiais de Carlos II, Ogier o cavaleiro andante, Lancelote do Lago e Lahire, nome de guerra de um gentil-homem, Etiénne de Vignolles. Jogava-se o bacará, a bisca, a espadilha, o *lasquenê*, a manilha, a primeira. A partir do século XVI, disseminou-se a adivinhação pelas cartas: copas e paus anunciavam felicidade. Espadas e ouros, os infelizes ou maus, etc. Nas cortes europeias, cartomantes eram recebidas por reis e rainhas de verdade e a leitura do *tarot* se tornou outra mania.

À volta das mesas – poucas – ou no chão, sobre esteiras, comum também era o jogo das pedrinhas, o *Bato*, vindo de Portugal, mas de origem grega. Usando seixos ou ossos, jogados sucessivamente ao ar até serem todos reunidos num montinho, era o passatempo de adultos e crianças. A Finca ou jogo do pião, que consistia em aproximar o brinquedo de uma "casquinha" de louça ou madeira, pousada no solo, atraía os mesmos aficionados.

Ao final de um dia de trabalho e depois de rezar as avemarias que soavam, ao longe, nos sinos das pequenas cidades, mulheres reuniam-se para pentear os cabelos e catar piolhos às crianças e adultos. Ou para "fiar ao serão", velha tradição portuguesa que se valia do trabalho doméstico feminino em torno das rocas, criando momentos de distração. Às vezes, ajuntavam-se vizinhas e comadres para fiar juntas; cada qual fornecendo um pouco de azeite para a candeia. À volta do fogo de lenha, caçarola na trempe, a família se reunia, conversando e rindo. Os fatos do dia, lendas, contos e adivinhas eram aí desfiados. Cantar "cantigas honestas", evitando as difamatórias e desonestas, também era permitido. Aos homens, o emprego da viola era constante e "fazer hua dança e folgar" também são verbos que aparecem nos documentos do século XVI e XVII. Não à toa, o viajante alemão Johann Moritz Rugendas reproduziu um desses momentos em um dos desenhos que deixou, quando de sua passagem pelo Brasil, entre 1822 e 1825.

Nos sobrados urbanos ou nas fazendas do Vale do Paraíba, o entardecer era o momento em que mucamas e rapariguinhas que viviam na casa-grande ouviam à volta da mesa de costura ou nas lides da cozinha a senhora lhes contar histórias extraídas da Bíblia Sagrada, como registrou em suas memórias uma filha de plantadores de cana, D. Anna Ribeiro de Góes Bittencourt (1992).

No oratório, com suas abas pintadas com santos, as mulheres, com as crianças entre as pernas, se reuniam para rezar.

Faziam preces para pedir chuva, nos tempos de seca, quando os crepúsculos pareciam fornalhas e os vigários exortavam os fiéis a repetir ladainhas à Virgem. Com as portas abertas para o terreiro, às suas vozes vinha se unir o coro de escravos, de joelhos ao ar livre. Descia a noite sob a melodia simples e monótona de versinhos, ou do canto da gente da casa. Ouviam-se, também, repetitivos acalantos. Na sala, jogavam-se prendas, o queijo do reino sobre a mesa. Uma escrava idosa vinha então colocar sobre a canastra a lamparina, repetindo as palavras usuais: *Louvado seja Nosso Senhor Jesus Cristo!* Sentavam-se todos à volta da mesa e começava a conversa animada. Nela, os assuntos prediletos eram a lavoura, as chuvas e a estiagem. A política era assunto para os jornais que começam a ser publicados a partir de 1808: a *Gazeta do Rio de Janeiro*, entre outros.

À luz de candeeiros, vozes murmuradas distribuíam predições de chuva, colhidas na experiência dos astros: "Choveu na primeira e oitava de Santa Luzia. Fevereiro e março vão ter chuvas. Os porcos estão carregando mato: sinal de chuva". Outro assunto de predileção, mas, este, na cozinha, eram as visagens, assombrações e histórias de gente que se "envultava" nas encruzilhadas dos caminhos ou perto dos cemitérios. No silêncio do sono, ouviam-se vozes de crianças que tinham morrido sem batismo a pedir o sacramento. Além do temor dos mortos, os vivos também faziam medo: quilombolas fugidos rios acima, aninhados pelos matos tiravam definitivamente o sono dos senhores. Crianças iam dormir com o susto de bichos infernais: o caipora, os homens amarelos que chupavam fígado de menino, o zumbi, o lobisomem.

O lazer coletivo em casa

Além de pequenas formas de lazer introduzidas no ritmo da vida privada ou nos pequenos gestos repetitivos do cotidiano, havia momentos associados a festividades que ocorriam em casa. Eram as comemorações familiares em torno de batizados, noivados, casamentos e aniversários que, até fins do século XIX, chamavam-se funções. Em *Memórias de um sargento de milícias*, evocando uma festa de batizado, realizado na cidade do Rio de Janeiro, Manuel Antonio de Almeida assinala: "Já se sabe que houve nesse dia função...". A palavra "baile" era, então, desconhecida e, em 1842, Padre Lopes Gama, moralista e jornalista de *O carapuceiro*, registrou escandalizado, sobre as consequências de tais festas:

> Viola, minha viola
> Viola do coração
> Cantava uma cabra pachola
> Tocando numa unção.
> Não há função, nem brincadeira
> Que não acabe
> Por bebedeira.

Durante as mesmas festas caseiras, os convidados ficavam nas tulhas, ou seja, nos celeiros suspensos. Acendiam-se grandes fogueiras, trovas ao som da viola eram improvisadas em desafio, realizavam-se banquetes e pagodes sob um barracão protetor de panos ou em salões ornamentados, onde as sinhás rodopiavam ao som da clássica quadrilha francesa, da valsa, da mazurca, do xote. Nessas ocasiões, cantar versos de autoria de poeta conhecido na região era obrigatório.

Além das funções, outra festa era regularmente celebrada em áreas rurais, nas cercanias do Rio de Janeiro, onde se plantava muita cana: a da botada. O título designava o ato de botar o engenho a moer, nas fazendas de cana-de-açúcar, precedido de bênção do capelão e seguido de jantar dado pelo senhor de engenho aos seus lavradores, escravos, vizinhos e amigos. Henry Koster, inglês que se tornou senhor de engenho, em 1813, assim traduziu o evento:

> Tudo ficou pronto pelo fim do mês de agosto e mandei buscar um padre para benzer o engenho. Sem que essa cerimônia seja realizada, nenhuma das pessoas empregadas no engenho, seja homem livre ou escravo, quer começar sua tarefa e se algum acidente sobrevém, é explicado como justo castigo de céu pela falta de observância religiosa. O padre veio e disse a missa, depois da qual almoçamos e fomos para o engenho. O feitor e muitos homens livres e negros estavam ao pé da máquina[...] Duas velas acesas foram colocadas perto dos cilindros sobre a plataforma que sustenta as canas e foi disposta entre elas uma imagem de Nosso Senhor na cruz. O padre tomou seu breviário e leu várias orações e, em certos momentos, com um ramo de arbusto preparado para esse gesto mergulhado na água benta, aspergia o engenho e os presentes (KOSTER, 2002, p. 411).

Em muitas fazendas, era a dona da casa com suas mucamas enfeitadas quem trazia os primeiros feixes de cana, envoltos em fitas coloridas, para serem bentos e passados na moenda.

A casa de vivenda, a do engenho, os paióis, as senzalas extensas eram caiadas e limpas. A escravatura recebia timões de baeta azul e roupa de algodão para o gasto do ano. E de oito a quinze dias antes da moagem procedia-se ao corte das canas que chegavam em carros de bois e ficavam sob alpendres ou em depósitos especiais. De véspera, a casa do engenho e mais construções se enfeitavam no terreiro, as bandeiras flutuavam nas extremidades de bambus verdes. Matava-se um boi para o banquete dos senhores e carneiros e galinhas para a refeição dos escravos. Os compadres e amigos que tinham vindo de longe com suas famílias chegavam um dia antes. Foreiros ajudavam escravos nos preparativos da música e dos fogos.

No dia da botada, visitantes acorriam sobre carros de bois, toldos de esteiras ou de chitão lavrado. Muitos vinham a pé, descalços, trazendo os sapatos ao ombro. E o engenho moía com prazer. Nesse dia, com exceção da gente envolvida com a festa, ninguém mais trabalhava. Os escravos batucavam depois do jantar, os foreiros cantavam e dançavam; os senhores presenteavam as crioulas e mulatas de estimação com cortes de chita ou de cassa, fios de corais e brincos de ouro. Em outras ocasiões festivas, o ritmo era dado pela roda de figuras dançando e batendo palmas ao toque de tambores e ganzás. As letras cantadas faziam referência ao corte da cana, à moagem e ao preparo do açúcar. Era o coco. Fora das festas, escravas se divertiam com a dança do jongo, ao som de tambores e canto de pontos.

Quando as mulheres livres se reuniam para festas de colheita ou outras, passeios sobre bestas luzidas de passo trotado eram apreciadíssimos. Eles tanto se podiam realizar dentro da própria fazenda quanto nos arredores, em fazendas de vizinhos. Selas femininas, com seus arreios apropriados, assim como roupas de montar, atestam que, algumas senhoras de engenho eram, também, exímias amazonas. Luisa Borges de Barros, futura Condessa de Barral, que começara cavalgando no cabeçote da sela do pai, seria, mais para frente, uma delas[3].

No início do século XIX, entrou em cena um modismo europeu: o do jogo de prendas, alegria dos salões burgueses e fidalgos. Chamado na França de *jeux de gages*, sob Luís XIV, era passatempo de gente moça e de salões sem música, segundo Câmara Cascudo. Recebemos a nossa influência de Portugal, onde vicejou durante o reinado de D. João V. Totalmente inocente, inquieto e inventivo, o jogo de prendas tinha imaginação inesgotável no que dizia respeito a penitências e recursos impostos aos jogadores. Dividia-se em duas partes: a colheita das prendas, multas por engano e omissões ocorridas durante a brincadeira e o cumprimento da pena. Servia para gente de todas as idades.

Os escravos não ficavam alheios aos momentos de lazer. Numa época em que esse conceito não estava totalmente

---

[3] Sobre o tema da vida das mulheres de elite nos engenhos, ver o meu *Condessa de Barral:* a paixão do Imperador. Rio de Janeiro: Objetiva, 2008.

desenhado, não faltavam oportunidades para misturar diversão e trabalho, apesar da exploração e da pobreza material em que viviam. A historiadora Mary C. Karash, em seu *A vida dos escravos no Rio de Janeiro*, revela muitos desses instantâneos de diversão. Depois do almoço, era a hora de apanhar o instrumento africano, fabricado com os materiais encontrados na cidade, extraindo-lhes sonoridades. Um casal sentado junto, ao som extraído da marimba, revivia "lembranças de casa nas canções de sua terra natal", anotou o viajante americano Thomas Ewbank em seu *A vida no Brasil*. Os tambores que muitos carregavam consigo serviam como linguagem de comunicação. No trabalho, os escravos usavam instrumentos da profissão para fazer música: o chocalho como acompanhamento de peças pesadas era comum.

Segundo Karash, os escravos cantavam em todas as ocasiões possíveis. Embora tais coleções de música não tenham sobrevivido, há informações sobre a capacidade que tinham os cativos de improvisar com palmas e vozes. A dança vinha junto. Diz Karash, "assim que dois ou mais começavam a dançar, outros se juntavam ao grupo", com "todas as variedades concebíveis de contorções e gesticulações", segundo observou, em 1890, o viajante inglês Robertson. Nas senzalas ou nos zungus, pontos de reunião espalhados pela cidade, não faltavam os batuques, que muitos estudiosos percebem como o berço do samba. Duelos de trabalho, notadamente entre as raspadeiras de mandioca, que se desafiavam sentadas nas tulhas e casas de farinha, eram outra maneira de se divertir trabalhando.

Nas horas vagas, nas fazendas e engenhos, ou na cidade, dedicavam-se à feitura de belos objetos funcionais, religiosos e decorativos – lembra Karash. Os urdidos com fibras naturais eram os mais comuns: esteiras, cestos, chapéus de palha e capas. Na tecelagem decorativa, os angolanos se revelavam artistas excepcionais.

Os cuidados com a cabeça, o corpo e os dentes também os ocupavam. As cuidadosas escarificações no rosto e braços, assim como os engenhosos penteados, revelavam a pertença de cada indivíduo a um grupo étnico e religioso ou estado civil. A confecção de colares com contas, búzios e amuletos mágico-religiosos vindos da África, ocupava-os longamente. E a variedade de estilos de dentes limados e cortados revelava, igualmente, a importância dada à aparência como forma de identificação.

Atento, Câmara Cascudo detectou um jogo muito praticado entre os cativos. Trata-se do Ai-I-Ú: um jogo africano de tabuleiro, com frutos escuros. As doze partes côncavas de um tabuleiro recebiam pequenos frutos, aí retirados ou alocados numa tradição conhecida em quase todo o continente africano.

Lazer e chegada da Corte

Até o período em que se deu a Independência, as características não variavam: o Brasil continuava a ser um país agrário, cuja atividade básica era a produção agrícola apoiada no braço escravo. A capital, por exemplo, era cortada por ruas estreitíssimas e sujas. Bairros como Botafogo ou Catete eram considerados arrabaldes, encerrando casas de campo abraçadas pela vegetação. O Passeio Público representava a melhor área de lazer para a população. Nas noites de luar, era à beira d'água que as famílias se reuniam, entoando modinhas e lundus ao som do violão. Foi nesse Rio de Janeiro que desembarcaram, a 8 de março de 1808, o futuro monarca e a família real. Algumas consequências adviriam dessa longa viagem, pois a sonolência tradicional na qual estavam mergulhados os cariocas iria conhecer algumas novidades.

A primeira delas vem com a chegada de milhares de pessoas – há divergências quanto ao número exato –, gente que fazia parte da burocracia de Estado. Mas não só. Além de fidalgos, vieram colonos e administradores de outras partes do Império português, além de refugiados, saídos de países sul-americanos tomados por revoluções republicanas. Um número crescente de escravos fez da baía da Guanabara o maior terminal negreiro da América e do Rio de Janeiro uma "cidade negra", nas palavras de um historiador. Mercadores e comerciantes, vindos de Minas Gerais e outras partes do país, instalavam-se na Corte em busca de espaço para suas mercadorias. O comércio continental, graças ao ouro, fizera medrar fazendas, roças, vendas e vilas no interior, azeitando idas e vindas entre o litoral e o planalto. Com exceção da capital, Rio de Janeiro, e de alguns centros – onde a agricultura exportadora e ouro tinham deixado algumas marcas, caso de Salvador, São Luís do Maranhão ou Ouro Preto –, a maior parte das vilas e cidades não passava de pequenos burgos isolados com casario baixo e discreto, como São Paulo, Curitiba e Porto Alegre. Mesmo na Corte, as mudanças eram mais de forma do que de fundo. Pachorrentas seriam as notícias publicadas pela imprensa oficial da época. Até a inauguração do Real Teatro de São João, palco onde se exibiam companhias estrangeiras e artistas como a "graciosa Baratinha", as atividades culturais cariocas não eram suficientes para quebrar a monotonia cotidiana.

Fora disso, o evento social mais importante continuava a ser a missa dominical. A missa? Sim. A missa que tinha, então, uma importância, hoje, inimaginável. Ela era o melhor lugar para conversas, mexericos e namoros. Em 1817, não escapou ao professor de dança na Corte, Louis de Freycinet, que o acanhamento e timidez, resultado da pouca vida social, sumiam na hora de ir para a igreja[4]. Nela, se conversava com as jovens na frente de seus pais e

[4] Sobre essas observações, ver meu *História do amor no Brasil*. São Paulo: Contexto, 2000.

os olhares trocados estabeleciam verdadeiros códigos secretos. Por sua vez, Carl Seidler, mercenário e autor de um livro sobre nosso país, observara que a igreja era o teatro de todas as aventuras amorosas na fase mais ardente: a inicial. Só aí, as mulheres se aproximavam e até cochichavam algumas palavras com seus interlocutores. A religião encobria tudo. O mínimo sinal bastava para ser compreendido e enquanto se fazia devotamente o sinal da cruz pronunciava-se, no tom da mais fervorosa prece, a declaração de amor. "Tudo sem afetação ou disfarce." E os riscos? "Os homens, apesar de sua ciumenta atenção, podiam a cada momento ser enganados", ponderava o viajante.

A baronesa de Langsdorff, em 1843, acrescentava ter hesitado em achar que estava numa igreja de tanto que homens e mulheres falavam entre si. O diário da sinhá-moça Madalena Antunes conta que os cavaleiros iam enluvados, trazendo rebenques de prata presos aos punhos e botinas com esporim. Os cavalos também faziam bonito presos na árvore mais próxima à porta da igreja, e os que tinham cães de raça aguardavam debaixo do alpendre o início da missa. As moças iam atraentes nas suas *toilettes*, cada qual fazendo o possível para impressionar. Em 1853, a escritora e feminista Nísia Floresta confirmava que um dos aspectos originais da população eram os namoros em adros e capelas. Vamos ouvi-la: "É possível observar as mulheres a trocar olhares compridos e doces com os jovens que passam de um lado para o outro ou se detêm, mesmo para continuar melhor esse jogo, durante o transcurso da cerimônia".

Por volta de 1840, cronistas locais ainda assinalavam os poucos divertimentos que se limitavam, no Rio, ao Teatro São João e alguns teatrinhos e a piqueniques e *soirées* em que se bailava a gavota, a mazurca e as quadrilhas francesas. Música e dança serviam para traduzir, sutilmente, o que não podia ser vivido de maneira mais direta. Afinal, enlaçar uma jovem, tocar-lhe a ponta dos dedos enluvados, sentir a distância o perfume de seus cabelos era o máximo de intimidade que teriam entre si um homem e uma mulher.

Mudanças do lazer em casa vieram com os professores de dança, de origem francesa, despertando em Schlichthorst um crítico comentário:

> Infelizmente também no Rio de Janeiro a dança francesa começa a suplantar a nacional. Não conheço nada mais desenxabido do que os chamados *entrechats* e *ailes-de-pigeon* (saltos coreográficos em que os pés batiam uns nos outros ou salto em que se imitava o bater de asas dos pombos) eternamente repetidos e que lembram um boneco de engonço a mover braços e pernas, conforme se puxa o fio. Mesmo uma gavota prefiro dançada no Brasil, de maneira a exprimir a ideia do amor que nega e consente.

Como se vê, tanto o conteúdo da música, escolhida e cantada quanto a maneira de dançar – negando e consentindo – podiam traduzir sentimentos. O papel da sensualidade no olhar e na dança protagonizada por mulheres, na intimidade de suas casas, não escapou a Adéle Toussaint-Samson – nas memórias sobre seus anos de Brasil –, que as viu bailar em festas de São João, em fazendas próximas da Corte. Lamentando a tradição que começava a desaparecer, ela afirmava que tais costumes começavam a se perder no Rio de Janeiro, mas eram conservados religiosamente no interior do país. "Vi, nesses dias", diz ela,

> algumas damas brasileiras dançar, a pedido, o lundu, dança nacional que atualmente as mulheres jovens quase já não conhecem, e que consiste em uma espécie de passeio cadenciado, com um movimento de quadris e de olhos não desprovido de originalidade, e que todo mundo deve acompanhar estalando os dedos como castanholas [...] Nessa dança, o homem, de alguma maneira, não faz mais do que girar em volta da dama e persegui-la, enquanto ela se entrega a toda espécie de movimentos de gata dos mais provocantes.

Quanto mais maduras, segundo outro cronista, "mais dengues, e buliçosas".

Na Corte, durante as festas familiares que juntavam homens e mulheres, as quadrilhas começavam às 9 da noite e o último "galope" era tarde. Às 3 da madrugada. Senhoras revezavam-se ao piano, móvel aristocrático francês e inglês, importado em massa, a partir de 1850, cujos acordes serviam para impressionar o sexo oposto. A partir da mesma década, por influência francesa, surgem as *soirées*. Aí se multiplicavam as pianistas, as *diseuses de poémes*, os recitais de canto, na maior parte das vezes para exibir a menina casadoira. Outros tantos saraus não passavam de uma produção familiar, como no caso do conselheiro Pereira Franco, que reunia em sua casa em Botafogo, Rio de Janeiro, um harém de cunhadas e sobrinhas, especialistas em cantar e dançar. Todavia, enquanto as danças brasileiras, com tudo o que tinham de sedutoras, iam se entrincheirando nas áreas rurais, na cidade tudo se copiava do estrangeiro. Polcas e lundus enchiam os ares, alguns deles, com letras de duplo sentido: "Senhora, dona, guarde o seu balaio" ou "Não bula comigo, nhonhô". Paula Brito, um dos maiores agitadores culturais do tempo do Império, aproveitando que se chamava "marrequinha" ao laço do vestido amarrado na altura das nádegas femininas, não hesitou em cantar suas rimas:

> Iaiá, não teime
> Solte a marreca
> Se não eu morro
> Leva-me à breca

Outra novidade vinda do estrangeiro foi o *cotillon* – pequenos papéis com nomes de casais da literatura, tipo *Romeu e Julieta* ou *Tristão e Isolda* –, distribuído entre os jovens. A moda, vinda dos salões franceses, obrigava os jovens tímidos a participar das atividades sociais normalmente desenvolvidas em casas de familiares ou amigos. E não faltavam os críticos da velha guarda, que viam, nesses encontros, só os aspectos ridículos, procurando corrigi-los pelo humor. O Padre Miguel Lopes Gama, conhecido jornalista, avesso a novidades, era um desses especialistas.

Vale a pena acompanhá-lo num de seus artigos publicados em O Carapuceiro:

> Muitos que nunca dançaram, nem jeito têm para isso, matricularam-se numa sala de dança, e aprendendo a dar meia dúzia de pernadas a compasso estão habilitados para passar à festa às mil maravilhas. Algumas senhoritas estão com grande empenho aprendendo às escondidas as modinhas mais modernas, não para se passarem por cantoras, mas para darem boa conta de si, no caso de serem rogadas ou de ter que pagar uma prenda, o que sempre fazem depois de muitas escusas, queixando-se impreterivelmente de rouquidão e de defluxo. Ainda não ouvi cantar uma só senhora que primeiro não dissesse que tem a garganta incomodada (LOPES GAMA, 1996, p. 367).

"Todos sabem", continua o cronista,

> que as contradanças foram inventadas na Europa com o fim primário de agitar e esquentar o corpo contra os rigores do frio, que em alguns países chega a matar. Nós brasileiros, que temos uma mania irresistível para macaquear, também contradançamos, não para espantarmos o frio, porque o não há, mas para aumentarmos a calma e moermos os nossos corpos debaixo de simetria e compasso. Causa lástima ao observador filósofo o ver como saem castigadas de uma contra-dança as nossas senhoritas.

Apertadas de um verdadeiro cilício chamado espartilho, os pulmões estão oprimidos e não podem dilatar-se, como a sua natureza pede. Todos os demais órgãos, segundo o Padre Lopes Gama, participam a este arrocho e aos saltos, rodopios e passa-pés, indispensáveis nas contradanças. Segundo ele, um suor copioso, inundava as coitadinhas, as artérias pulsavam descompassadamente. E tudo sem dar um pio... "E quando acabam dessa folia", conclui,

> dizem muito satisfeitas que se divertiram à grande, porque só lhes faltou botar a alma pela boca. Ah! Quantas hemoptises, e muitas tantas enfermidades de nomes gregos e todos feios, não tem causado, sobretudo no belo sexo, o tal divertimento das contradanças! Mas que importa isso, se as contradanças são tão lindas, e se as inglesas, francesas etc., fazem o mesmo.

A leitura como forma de lazer feminino

Sabe-se que, mesmo no século XIX, a precariedade dos centros educativos, a instrução primária de curta duração e má qualidade e o estado de ignorância em que as mulheres eram mantidas foram alvo de críticas de viajantes estrangeiros, vindos de países onde as diferenças de educação entre os gêneros quase não mais existia. A ênfase na vida doméstica e o escravismo só faziam agravar o "ritmo lento e pouco imaginativo no qual se desenrolava a vida das senhoras no Brasil"[5]. O inglês John Mawe, por exemplo, nelas acusava a falta de educação e de recursos de espírito além dos conhecimentos superficiais. Segundo o mesmo observador, ocupavam-se de trabalhos leves que nada tinham a ver com o que se aprendia na escola. Ao contrário, a instrução poderia colocar em risco o esquema de controle sobre esposas e filhas cujo apetite intelectual deixava a desejar; não deveriam dedicar-se à leitura, nem precisavam escrever, porque "poderiam fazer mau uso da arte". Lindley tampouco as via ler: "poucas mulheres podem ler", anotava, taxativo.

Mas nada, contudo, as impedia de saber ler e de contrariar os pais, lendo livros para distração e lazer. As escolas para meninas de elite começavam a multiplicar-se. Em 1814, anúncios na *Gazeta do Rio* indicavam a presença de professores particulares que as ensinavam "ler, escrever e contar". De passagem por Recife, o francês Tollenare observou que os preconceitos sobre a educação feminina começavam a diminuir. Abertas para as influências europeias – leia-se, as modas e os modismos –, as jovens educadas por freiras não se contentavam mais em aprender só "a costurar e

[5] A imagem é de Tânia Quintaneiro, autora de *Retratos de mulher:* o cotidiano feminino no Brasil sob o olhar de viageiros do século XIX. Petrópolis: Vozes, 1995, p. 95, a quem empresto as informações a seguir.

a ler" (TOLLENARE, 1972, tomo II, p. 452). No Rio de Janeiro, livros eram oferecidos em lojas nas quais também, comerciava-se toda a sorte de quinquilharias: cartas de jogar, cera da Índia, tinta de escrever, estampas e desenhos, lustres, encerados e tapetes, vidros da Boêmia, imagens sacras e móveis europeus. Eram livros de pintura, de viagens, atlas, dicionários históricos, geográficos e mitológicos junto com xales, leques e objetos de prata (NIZZA DA SILVA, 1981, p. 151). É de se imaginar que as compradoras de tais artigos tão femininos acabassem por manuseá-los. O número 13 da *Gazeta do Rio de Janeiro* anunciava por sua vez um produto irresistível: leitoras interessadas em magia poderiam achar livros sobre a matéria "na loja da Gazeta". Entre outros, a *Defesa de Cecília Faragó acusada de feiticeira* por 1$280, o *Breve tratado sobre as ações do Demônio*, por 1$280, a *história das imaginações extravagantes de Oufle*, o célebre mago francês por 2$400.

De passagem pelo Rio de Janeiro em 1822, a inglesa Maria Graham pode travar contato com uma dessas discretas mulheres leitoras. Uma delas, a jovem Dona Carlota, filha do poderoso Brás Carneiro Leão e de D. Ana Francisca Maciel da Costa, baronesa de São Salvador de Campos de Goitacazes, especial por "seu talento e cultura acima de suas companheiras", levou a viajante a conhecer a biblioteca do desembargador da Relação, composta por livros de direito, história e literatura geral, principalmente inglesa e francesa. E com a imperatriz D. Leopoldina, no dia dos anos de D. Pedro, diz ter conversado "um bom pedaço [...] sobre autores ingleses e especialmente acerca das novelas escocesas" (GRAHAM, 1956, p. 359). Embora possuidora de uma imensa biblioteca com obras de naturalistas e relatórios de viajantes, D. Teresa Cristina era mesmo ávida consumidora dos romances de José de Alencar. As mulheres da família imperial liam e gostavam de livros.

Como diversão, as novelas eram o grande sucesso, não apenas entre as mulheres da família imperial, mas entre outras leitoras; novelas de "grande merecimento", "acabadas de sair à luz", "mui galantes e divertidas" eram anunciadas por catálogos ou em anúncios de jornais. Marlise Meyer informa que, a partir de 1816, "pode-se falar em explosão de novelas entre nós" (MEYER, 1996, p. 28). Narradas por autores, na sua grande maioria, anônimos, nelas cruzavam-se "histórias" várias, sicilianas, inglesas, turcas, napolitanas, de ilustres aventureiros ou misteriosos desconhecidos. Virtudes e desgraças mil. Esposos que não o eram, órfãos perdidos ou abandonados, Joaninhas e Susaninhas, condessas, Anas de ..., salteadores, cavernas subterrâneas, ruínas, capelas permitiam evocar o famoso romance "negro" inglês [...] e muitíssimos títulos recorrentes, em edições várias: *Sinclair das Ilhas, Amanda e Oscar* e *Celestina, ou Os esposos sem o serem* (MEYER, 1996, p. 29). Que leitora não gostaria desses envolventes assuntos?

Em 26 de setembro de 1843 um anúncio do *Jornal do Commercio* dá o toque da presença da verdadeira novidade do momento, anunciador da erupção prestes a sacudir a imprensa cabocla: "quem tiver a obra *Mystères de Paris*, por Eugène Sue, e quiser vendê-la, dirija-se à rua do Ouvidor, 87, loja de Mongie". Segundo Meyer, o folhetim, em volume, em francês, já devia estar em franca circulação no Brasil. Enquanto isso, a Casa do Livro Azul anunciava, no começo do ano de 1844, a prata da casa:

> O filho do pescador: Novela feita para o entretenimento de uma moça bonita, cuja ação se passa no Rio, no lugar chamado Copacabana, composta por A. Teixeira (MEYER, 1996, p. 282). Entre 1839 e 1842, os folhetins-romance são praticamente cotidianos no Jornal do Commercio. Devorados pelas mulheres, o assunto era até fruto de comentário em jornais outros. É o caso, por exemplo, de A Vida Fluminense referindo-se "as leitoras do herói Rocambole" (MEYER, 1996, p. 290).

O fato é confirmado por Machado de Assis, que registrou:

> [...] é a curiosidade das filhas de família que leem todos os dias o folhetim do Jornal do Commercio, cada qual mais doida para chegar ao fim da história. E a curiosidade de uma mulher é como

> uma mariposa ao redor da luz: não descansa enquanto não se satisfaz (apud MEYER, 1996, p. 291).

E o que seguiam lendo? Orientadas por maridos e confessores, os tradicionais livros de oração, tratados morais que pareciam a Elizabeth Agassiz cheios de "banalidades sentimentais e frases feitas". Mas não só. Nossas irmãs do passado já devoravam os romances franceses de Balzac, Eugène Sue, Dumas, pai e filho, George Sand. Liam também as já mencionadas "intrigas em pacotilhas e folhetins de jornais", criticados por um viajante mais severo, não levando em conta, que foram tais leituras que criaram um público feminino para o romance, na Europa (WHITE, 1990). Como bem diz Roger Chartier, lá

> o romance foi lido e relido, memorizado, citado e recitado. Os leitores eram tomados pelos textos que liam; eles viviam o texto, identificando-se com os personagens e com a trama. Toda a sua sensibilidade estava engajada nesta nova forma de leitura intensiva. Leitores (frequentemente mulheres) eram incapazes de controlar suas emoções e suas lágrimas (CHARTIER, 2000, p. 25).

Isso certamente aconteceu quando as leitoras tiveram acesso, em 1844, à tradução portuguesa de *Os miseráveis* de Victor Hugo ou de *A moreninha* de Joaquim Manuel de Macedo, à venda na inaugurada Livraria Garnier (1854), que chegava a instituir até rifas para incrementar a leitura. Veja-se, por exemplo, o trecho abaixo de um romance-folhetim de época em que a personagem identifica-se com o conteúdo de suas leituras. A história é simples: D. Rita, viúva de posses modestas, sonha com um marido rico para a filha e sofre de enxaquecas. Nesses dias,

> proibia que lhe falasse, gritava com a filha que deleitava-se com romances cortados em tiras sujas e encardidas de rodapés [...] Júlia levantava-se tarde; sentia um prazer vago em estar sempre deitada e, com os folhetins debaixo do travesseiro, lia sempre antes de levantar-se; identificava-se naquela leitura,, tinha interesse nas mortes dos personagens, tornava-se cúmplice nos assassinatos e nos adultérios; sentia-se apaixonada e com desejos de fazer o mesmo [...] à tarde, vinha para a janela, esperava a noitinha; o namorado passava e d. Rita sentada na

> sala de jantar não a via receber uma carta e falar debruçada [...] lia à noite a carta e, com expansões exageradas imitadas dos romances, sentia lágrimas, o coração apertava-se-lhe (apud MEYER, 1996, p. 295).

A mulher, explica Meyer, a "gentil leitora", é o destinatário "natural" do romance. Repetiu-se no Brasil aquela "situação de leitura" a que se refere Roger Chartier, largamente representada na pintura pré-romântica, que multiplicou as "cenas de leitura feminina", sendo típica aquela que mostra uma mulher jovem, recostada languidamente, livro no colo, olhos perdidos, envolvida pelos efeitos emocionais da leitura romanesca (MEYER, 1996, p. 379).

Comentando as mudanças de costumes na passagem do patriarcado rural para o urbano, Gilberto Freyre sublinha as consequências de tais leituras entre as jovens:

> Bem dizia em 1885 D. Ana Ribeiro de Góis Bettencourt, ilustre colaboradora do *Almanaque de lembranças Luso-Brasileiro*, alarmada com as tendências românticas das novas gerações – principalmente com as meninas fugindo de casa com os namorados – que convinha aos pais evitar as más influências junto às pobres mocinhas. O mau teatro. Os maus romances. As más leituras. Os romances de José de Alencar, por exemplo, com "certas cenas um pouco desnudadas" e "certos perfis de mulheres altivas e caprichosas [...] que podem seduzir a uma jovem inexperiente, levando-a a querer imitar esses tipos inconvenientes na vida real.

Romances ainda mais dissolutos estavam aparecendo; autores ainda mais perigosos escrevendo livros, chegando alguns até a pretender que "a união dos sexos promovida somente pelo amor seja tão santa e pura como a que a religião e a sociedade consagram". E ainda mais, santo Deus! a "desculparem o adultério da mulher!" Contra o que D. Ana Ribeiro recomendava os romances de Escrich e os que ela própria escrevera: *A filha de Jehte* e o *Anjo do perdão*" (FREYRE, 1981, p. 133).

O Rio de Janeiro, a partir de meados do século XIX, assistiu também ao surgimento de uma infinidade de jornais e revistas dedicados à mulher e à família. Esse tipo de imprensa dividiu com a leitura de romances e folhetins a esfera privada e íntima, na qual vivia maior parte do público feminino, sendo um aliado no lazer, na diversão e na educação de nossas avós.

Leituras masculinas e os livros que se liam com uma mão só

No campo da leitura, a oferta era imensa, sobretudo na capital do Império. Na rua "d´Ouvidor" alugavam-se livros "*chez P. Plancher Seignot*". O livreiro Crémières, por exemplo, tinha cerca de 400 volumes que arrendava por "um mês ou por dias", reproduzindo um hábito instalado em Paris, desde os fins do século XVIII. Do porto do Havre chegavam cargas de livros vendidas ao soar do martelo: "*Livres d´ocasion à vendre pour cause de départ*" é título de anúncio publicado regularmente. Seguia-se a lista de livros, de variados gêneros: Boileau - o historiador de Luís XIV, Mirabeau – o *Ensaio sobre o despotismo* ou as *Cartas para Sofia,* Madame de Stäel – os *best-sellers Corinne* e *Delphine*, recheados de adultério e amores frustrados, dicionários de "Francês de algibeira" – os primeiros livros de bolso. Ofereciam-se desde manuais de "*Éloquence Judiciaire*", tão ao gosto de nossos homens de gabinete, a curiosidades como certo almanaque para conhecer a idade das mulheres e saber se um indivíduo tinha dinheiro no bolso. Não faltavam traduções de "moderníssimas novelas", como anunciava a *Gazeta do Rio de Janeiro*, entre elas, *Sinclair das ilhas*, folhetim que teria despertado em José de Alencar sua vocação de romancista e que encantou Machado de Assis. Nessa época, o lazer masculino se fazia cada vez mais fora de casa: cafés, livrarias e *cocottes* estavam a seu dispor nas ruas e nascia a imagem do *flaneur* a percorrer as ruas da Corte.

Livro nas mãos, o "gamenho" – nome que se dava ao almofadinha ou ao *dandy* – dirigia-se para os principais pontos de encontro, então: os cafés-literários ou o "cafedório" como eram chamados na *Belle Époque*: o Café do Rio, no cruzamento da rua do Ouvidor com a rua Gonçalves Dias; o Java, no largo de São Francisco; o Paris, o Globo. No Café Jeremias ou na Americana reuniam-se os "rapazes instruídos". Já no Papagaio, os frequentadores só consumiam café. Não tinham dinheiro para a "virgem loura" – a cerveja – e muito menos para o *whisky*, bebida que começava a se incorporar aos hábitos urbanos e mundanos.

Outro ponto de predileção das celebridades literárias e de seus leitores eram as confeitarias Colombo e Pascoal. Ali se consumia a "musa" ou "fada verde", o absinto, e devoravam-se empadas com apetite. Foi ali que, certa tarde, João do Rio, ainda garoto, ouviu certa senhora de sociedade, a baronesa de Mamanguape dirigir-se a uma fisionomia simpática: "Sr. Olavo Bilac...". Ambas as casas abriam para "aperitivos" às três da tarde, conta-nos Bastos Tigre:

> Aí se traçaram planos de grandes revistas de arte, de jornais de combate, de poemas, de romances, planos nunca realizados. Ficaram nos fundos dos copos. Mas se falharam os grandes projetos, nasceram belos versos de Bilac, de Murat, de Emílio, de Severiano de Resende, de Guimarães Passos, conferências que, tudo somado, resulta num cascalho literário onde fulgem alguns diamantes do melhor quilate. E saiu o que de melhor possuímos na sátira, na literatura chistosa, alegre que vai do mais fino "*esprit gaulois*" (a França, sempre!) à chalaça [...] e a piada nacional.

Mas não era só na grande literatura que mergulhavam os leitores masculinos da época. Nesse momento, começaram a circular os chamados "livros para homens", eufemismo para literatura pornográfica, ou esses livros que – como disse um historiador francês – se liam com uma mão só; a outra? Bem... a outra estava ocupada onde se pode imaginar.

Estudos realizados por Alessandra El Far demonstram que no extenso universo de leituras da segunda metade do Dezenove, tais obras não faltaram. Na forma de brochuras com inúmeras gravuras e estampas, os textos eram um sem-fim de prazeres e gozos. Considerados "sujos", imorais e torpes, inspiravam-se de toda a sorte de temas, já explorados por autores franceses no século XVIII. A vida amorosa dos grandes homens e, sobretudo, os amores conventuais sempre na moda como se pode ver pelos *Serões do convento, Suspiros de um padre, A mulher e o padre*. Não faltavam títulos mais picantes como *Amar, gozar, morrer, Os prazeres do vício, Gritos da carne, História secreta de todas as orgias*, entre outros. O assunto da mulher adúltera, virgem, devassa ou pertencente às altas rodas de prostituição também figurava entre os *best-sellers*: *Eva, Carmem, Isaura, Júlia de Milo, A divorciada, A mulher do doutor*, eram das tantas que não deixavam a imaginação dormir.

Muitos textos havia que se limitavam a descrever uma sucessão de cópulas. Palavras chulas em francesas como "pica", "caralho", "porra" eram cuidadosamente substituídas e viravam "varinha de condão", "lança", "instrumento", "furão" ou um nada sensual "apêndice varonil", que na tradução ficava assim: "a língua de Joana tocando ao de leve, os apêndices do querido cetro, causava-lhe um prazer que se traduzia na rapidez dos movimentos e nos suspiros que soltava". O excesso de cenas libidinosas não dava lugar para mais nada. Desejos secretos, depois de realizados, eram seguidos de cruéis castigos. Afinal, trair o aconchego amoroso da vida conjugal e burguesa para se prodigalizar, solitariamente, em prazeres proibidos não podia terminar, numa sociedade moralista, senão com um fim trágico.

Aconselhadas para dias de "impotência e fraqueza", tais leituras foram certamente de grande utilidade para o contingente maciço de imigrantes que chegou aos portos brasileiros, em especial no Rio de Janeiro, como o demonstrou Carlos Lessa, na segunda metade do século. Encontraram aí um quadro desproporcional entre homens e mulheres, tendo de se satisfazer, nas horas de lazer, com os livros e... a mão mesmo.

Lazer à europeia: de casa para a rua

A primeira época do reinado de D. Pedro II, entre 1840 e 1867, até a Guerra do Paraguai, se copiavam tanto os esplendores do Segundo Império francês quanto os costumes. Paris dominava o mundo. O Rio de Janeiro se contagiava por imitação. Nos diferentes bairros, proliferavam *Sociedades* com títulos preciosos: Vestal, Sílfide, Ulisseia. A dupla piano & charuto torna-se inseparável: a mocidade abandonara o rapé, preferindo olhar a fumaça com volúpia. Rapazes pareciam sonhar com um charuto entre os lábios, enquanto a jovem atacava uma valsa no piano. Lia-se Byron, solfejavam-se óperas como *Nabuco* ou *Otelo*. O Catete, "o bairro do bom-tom, da elegância, do espírito, da aristocracia – o *faubourg Saint-Germain* do Rio de Janeiro, tinha salões onde ecoavam canções em francês: *"– Dieu ma conduit vers vous... Oui, je doute de l´esperance et de l´ amour..."*. Tudo era pretexto para reuniões e encontros: São João, Reis, Natal com dança depois da missa, bailes à fantasia em que mimosas pastoras ou lindas escocesas, iluminadas por velas, eram tiradas para dançar. O tempo de festa do Natal, segundo Padre Perereca, era o mais propício para os jovens. Nele se pescavam amores novos e começavam namoricos para o ano inteiro. Nele se organizavam jogos de prendas, cantavam-se modinhas e fazia-se muito barulho. "E acabado tudo cada um vai para seu ninho murmurar e desenferrujar a língua a custa dos amigos", anotava, maldoso.

Outro momento de lazer era o dos banhos de mar. Sobre as praias cariocas, contam os missionários anglicanos Kidder e Fletcher, em 1851:

> É divertido verem-se as moças e os rapazes brasileiros correndo pela praia, soltando gritos de prazer toda a vez que uma onda mais pesada rola por cima de um grupo e os atira cambaleando sobre a areia [...] senhoras em roupa de banho de tecido escuro, soltam as tranças. Homens e mulheres de mãos dadas entram no espumoso elemento e, assim os que não são bem adestrados em natação podem resistir ao embate das ondas mais fortes que caem sobre eles. De vez em quando algum gaiato grita: 'Tubarão! Tubarão!', molhando as senhoras, para provocar o riso dos garotos (DEL PRIORE, 2000, p.134).

As estreitas ruas nas capitais, até finais do século, ruas como a do Ouvidor, por exemplo, também tinham seu papel de mediadoras de amores. Até Machado de Assis escreveu contra o seu alargamento:

> [...] se a rua ficar mais larga para dar passagem a carros, ninguém irá de uma calçada a outra, para ver uma senhora que passa – nem a cor de seus olhos, nem o bico de seus sapatos, e onde ficará em tal caso o "culto do belo sexo" se lhe escassearem os sacerdotes?

E de fato, leitor, as ruas eram a vitrine na qual elas desfilavam, com o pretexto de ver as outras vitrines – as comerciais – sobretudo depois que se instalaram lampiões de gás na década de 1860. O *flirt*, palavra que aparece no início deste século para designar amores mais ou menos castos, era feito nas ruas principais de cada cidade. Ele tinha um verdadeiro ritual: bengalas à mão, monóculos, para dar um ar de seriedade, os jovens leões – como eram chamados os belos nordestinos ricos que vinham estudar no Rio de Janeiro – andavam aos pares. Postados nas calçadas, procuravam embaraçar

> o trânsito das moças passantes, e aí levam palestrando, sabe Deus sobre o quê! Quando o rancho feminil se aproxima, eles se afastam para o meio da rua, e deixam passar as belezas da terra, os anjos do céu, as estrelas errantes, as flores animadas, e o cavalheiro que conduz as senhoras se descobre, com um

> sorriso nos lábios e a gratidão no coração. O agradecimento simbólico é imediatamente correspondido pelos dignos e amáveis cavalheiros que acodem depois a seu posto, à espera que o novo rancho que aí vem lhes dê novamente o ambicionado incômodo, e a cena de apresentação das armas se reproduz, e o chefe do novo batalhão feminil passa, abatendo também as suas bandeiras, [conta-nos José de Alencar, em 1855](DEL PRIORE, 2000, p.135).

E finalmente, a ópera – introduzida por D. Teresa Cristina, esposa de D. Pedro II – e os teatros, que tinham se multiplicado durante o Segundo Reinado, também estimulavam formas de sociabilidades, lazer e – por que não – namoros a distância: um código de olhares por sobre os leques, o ruge-ruge de tafetás e sedas entre frisas e camarotes, pois as moças se sentavam e levantavam para exibir suas *toilettes*, encomendadas especialmente para a ocasião, o rubor das faces, resposta a um olhar masculino mais prolongado. Encontros e conversas tinham início em passeios a cavalo, piqueniques, ou nos bailes que se seguiam à formatura geral das tropas militares. Eram comuns as recepções com representações particulares de teatro, com jovens ajudantes de ordens e damas a encenar os papéis importantes. Não faltavam recepções oferecidas por militares mais graduados. O ponto alto da temporada era a grande festa anual do "Imperador do Divino", celebrada com a presença de cavalheiros em uniformes de gala e damas ricamente vestidas.

Da Colônia, onde a representação sobre o lazer fabricava-se, ainda contaminada pelo mundo do trabalho e, enquanto sinônimo de preguiça, passou-se a uma outra. A do lazer, descolado da casa, da família e dos amigos. A do lazer de rua e de consumo. A representação sobre o lazer deixa de estar articulada com a noção de possibilidade – "ser permitido fazer algo" – para se tornar a expressão de uma liberdade. Ela se transforma no tempo de que se pode dispor, não mais dentro, porém fora do mundo do trabalho. Não mais surrupiado em meio a tarefas e responsabilidades cotidianas, domésticas e familiares, mas quase um direito. Lazer passa, então, a ser sinônimo de distração, de tempo para si, de algo que é dado para ser desperdiçado em descanso e em repouso, dentro ou fora de casa. Com um detalhe: os lazeres masculinos encontravam-se, no decorrer do século XIX, portas afora. E o feminino, ainda portas adentro. A vida pública foi uma conquista mais lenta para as mulheres. Esse foi, enfim, um tempo de sutis transformações, lentamente consolidadas, incorporadas à vida cultural e social e, mais à frente, também analisadas neste livro.

Bibliografia

AGASSIZ, Luiz; CARY, Elizabeth. *Viagem ao Brasil 1865-1866*. Brasília: Edições Senado Federal, 2000.

ALGRANTI, Leila Mezan. Famílias e vida doméstica. In: MELLO E SOUZA, Laura (Org.). *História da vida privada no Brasil*, v. 1. São Paulo: Companhia das Letras, 1997.

ARAÚJO, Emanuel. *O teatro dos vícios:* transgressão e transigência na sociedade urbana colonial. 3. ed. Rio de Janeiro: José Olympio, 2008.

BALABAN, Marcelo (Org.). *Bastos Tigre*. Instantâneos do Rio Antigo. São Paulo: Mercado das Letras, 2003.

BITTENCOURT, Anna Ribeiro de Góes. *Longos serões no campo*. Rio de Janeiro: Nova Fronteira, 1992.

CABRAL DE MELO, Evaldo (Org.). *O carapuceiro*. São Paulo: Companhia das Letras, 1996.

CASCUDO, Luís da Câmara. *Dicionário do folclore brasileiro*. São Paulo: EDUSP; Belo Horizonte: Itatiaia, 1983.

CHARTIER, Roger. As revoluções da leitura no Ocidente. In: ABREU, Márcia (Org.). *Leitura, história e história da leitura*. São Paulo: Mercado das Letras, 2000, p. 19-31.

DEL PRIORE, Mary. *Condessa de Barral, a paixão do Imperador*. Rio de Janeiro: Objetiva, 2008.

______. *História do Amor no Brasil*. São Paulo: Contexto, 2000.

EL FAR, Alessandra. *Páginas de sensação:* literatura popular e pornográfica no Rio de Janeiro (1870-1924). São Paulo: Companhia das letras, 2004.

EWBANK, Thomas. *A vida no Brasil*. São Paulo: EDUSP; Belo Horizonte: Itatiaia, 1976.

FREYRE, Gilberto. *Sobrados & mucambos:* decadência do patriarcado rural e desenvolvimento do urbano. Rio de Janeiro: José Olympio, 1981.

GRAHAM, Maria. *Diário de uma viagem ao Brasil*. São Paulo: Brasiliana, Editora S/A, 1956.

KARASH, Mary C. *A vida dos escravos no Rio de Janeiro*. São Paulo: Companhia das Letras, 2000.

KOSTER, Henry. *Viagens ao nordeste do Brasil*. Recife: Massangana, 2002.

LANGSDORFF, E. *Diário da Baronesa E. de Langsdorff, relatando sua viagem ao Brasil por ocasião do casamento de S.A.R. o Principe de Joinville: 1842-1843.* Florianópolis: Mulheres – EDUNISC, 1999.

LARA, Sílvia Hunold (Org.). *Ordenações Filipinas, livro V.* São Paulo: Companhia das Letras, 1999.

LESSA, Carlos. *Rio de todos os Brasis:* uma reflexão em busca de auto-estima. Rio de Janeiro: Record, 2002.

LOPES GAMA, Miguel do Sacramento. *O carapuceiro* - crônica de costumes. Introd. Evaldo Cabral de Mello (1840). São Paulo: Companhia das Letras, 1996.

MEYER, Marlise. *Folhetim:* uma história. São Paulo: Companhia das Letras, 1996.

MOTT, Luiz. Cotidiano e vivência religiosa: entre a capela e o calundu. In: MELLO E SOUZA, Laura de (Org.). *História da vida privada no Brasil.* v. 1. São Paulo: Companhia das Letras, 1997.

NIZZA DA SILVA, Maria Beatriz. *Cultura no Brasil colônia.* Petrópolis: Vozes, 1981.

NOVAIS, Fernando A. (Dir.). *História da vida privada.* São Paulo: Companhia das Letras, 1997,1998, 1999, 2000 (coleção em 4 volumes).

OITEIRO, Madalena Antunes. *Memórias de uma sinhá moça.* Natal: A.S. Editores, 2003.

OLIVEIRA COSTA, Albertina et.al. *Rebeldia e submissão.* São Paulo: Fundação Carlos Chagas/Vértice, 1989.

PRIMEIRA Visitação do Santo Ofício às Partes do Brasil – Denunciações e Confissões de Pernambuco, 1593-1595. Recife: Governo de Pernambuco, Fundarpe, 1984. Coleção Pernambucana, vol. XIV.

QUINTANEIRO, Tânia. *Retratos de mulher:* o cotidiano feminino no Brasil sob o olhar de viageiros do século XIX. Petrópolis: Vozes, 1995.

RENAULT, Delso. *O Rio Antigo nos anúncios de jornais.* Rio de Janeiro: José Olympio, Editora, 1969.

TOLLENARE, Louis-François de. *Notes dominicales prises pendant un voyage... au Brésil en 1816, 1817 et 1818.* Paris: PUF, 1972.

TOUSSAINT-SAMSON, Adele. *Uma parisiense no Brasil.* Rio de Janeiro: Capivara, 2003.

WHITE, Ian. *A ascensão do romance.* São Paulo: Companhia das Letras, 1990.

O esporte como forma de lazer no Rio de Janeiro do século XIX e década inicial do XX

VICTOR ANDRADE DE MELO

Introdução

Ainda que a palavra *sport* tenha origem no século XV, é mesmo no decorrer do século XIX que essa prática assume o seu formato atual, isto é, que se delineia o campo esportivo, imerso no conjunto de mudanças que marca a modernidade. Desde então, em linhas gerais, essa manifestação cultural é marcada por: se organizar em entidades representativas (clubes, federações, confederações); possuir um calendário próprio (já não mais seguindo estritamente outros tempos sociais ou rituais); envolver um corpo técnico especializado cada vez maior; gerar um mercado ao seu redor[1].

É também nesse momento que a palavra "lazer" (*leisure*), que existia desde o século XIV, assume os sentidos e significados que até hoje persistem. As relações entre os dois conceitos, que sempre foram fortes (na verdade, em muitos momentos, *sport* foi entendido como sinônimo de "divertimento"), tornam-se ainda mais relevantes: não se pode compreender uma "sociedade esportiva" fora do entendimento da configuração de uma "sociedade do lazer", da mesma forma que a configuração desta

[1] Para mais informações, ver BOURDIEU, 1983, e MELO, 2009.

última é, em boa parte, devedora da força do fenômeno esportivo.

Essas definições "modernas" dos conceitos e das práticas sociais *sport* e *leisure*, mais do que ocorrerem em um mesmo momento histórico, pioneiramente se estabelecem em um país, a Inglaterra, que, dado um conjunto de ocorrências em curso desde o século XVII, no decorrer do século XVIII assume a vanguarda das mudanças (econômicas, sociais, políticas e culturais) que vão caracterizar a modernidade[2].

A princípio, portanto, uma "invenção britânica", logo a prática esportiva desembarcou em outros países no seio dos contatos materiais e simbólicos que marcaram fortemente o século XIX com seus navios a vapor e comércio mundial (basta lembrar que na ocasião a Inglaterra possuía a maior marinha do mundo e era, antes das outras nações, uma potência industrial). Certamente que, nesse processo, as influências não foram lineares, sempre dialogando com as peculiaridades históricas e culturais locais.

Aliás, essa talvez seja uma das chaves para entendermos a rápida popularização da prática esportiva, para além do fato de que sua organização em muito expressa o novo *modus vivendi* em formação: mesmo que seja um dos primeiros produtos explícitos de um processo de mundialização (talvez um dos mais eficientes produtos de exportação dos ingleses), ainda que guarde em si uma dimensão bastante global, historicamente demonstrou uma grande capacidade de se ajustar às diferentes formações culturais.

Por aqui também os momentos iniciais da prática esportiva devem-se a ingleses, que no Rio de Janeiro (entre outras cidades brasileiras) se estabeleceram por razões de comércio e por posições políticas junto à Corte portuguesa (desde 1808) ou junto ao imperador (a partir de 1822). A organização de eventos "esportivos" (nesse momento o campo ainda não estava efetivamente

---

[2] Para mais informações, ver PORTER, 2001, e MELO, 2009.

delineado) era uma das formas de recriar típicas atividades britânicas de diversão, de gerar mecanismos de autoidentificação, de minimizar as dificuldades de viver em uma cidade que parecia bastante provinciana para quem vinha de um país em grande efervescência.

Sabe-se que a colônia britânica na cidade, que constituía uma sociedade à parte, organizava constantemente piqueniques, bailes, passeios e alguns "jogos ingleses". Essas primeiras experiências do "esporte moderno" no país são ainda pouco conhecidas. Alguns indícios podem ser encontrados, por exemplo, nos diários de Graham Eden Hamond, que no Rio de Janeiro esteve em 1825, comandando o navio que trouxe Charles Stuart, embaixador responsável por negociar o reconhecimento português da Independência brasileira, e entre 1834 e 1838, como almirante em chefe da esquadra do Atlântico Sul.

Nas suas anotações relativas a 31 de julho de 1825, Hamond registra:

> De todos os dias da semana quem, na Inglaterra, suporia que domingo seria o favorito para esse divertimento? Aqui, entretanto, esta manhã bem cedo, estavam sendo feitos os preparativos para uma corrida de cavalos, e a arenosa praia de Botafogo tornou-se, desde logo, um cenário animado (HAMOND, 1984, p. 14).

Nas notas de rodapé, o tradutor (Paulo Geyer) informa que se tratava das primeiras corridas de cavalos organizadas na cidade, na qual tomaram parte os animais dos ingleses James Moulet e Clot, do português Manuel Algarve, entre outros, acompanhados por grande assistência de curiosos. Na verdade, eventos dessa natureza já se realizavam nas areias da Praia de Botafogo desde 1810, sempre com britânicos envolvidos em sua organização.

Em outra das suas anotações (8 de setembro de 1836), Graham informa que foi convidado para um jogo de cricket em

São Cristóvão:"Há grande interesse no jogo e lamentarei não ter ido" (HAMOND, 1984, p. 77). De fato, sabemos que por aqui os ingleses desenvolveram tal esporte em seus clubes restritos. Tal prática, contudo, não chegou a se popularizar ou ser muito apreciada pela população.

A agremiação pioneira foi fundada em 1864, exatamente no bairro imperial, o British Cricket Club, seguindo-se vários clubes de curta duração: o Artisan Amateurs Cricket Club (1864), o Rio British Cricket Club (1865), o Anglo Brazilian Cricket Club (1870), o British and American Club (1871) e o Rio Cricket Club (1872, de Botafogo), este de vida mais longa, que existe até hoje com o nome de Paissandu Atlético Clube. Nas suas dependências foram realizadas as primeiras provas de "jogos athléticos inglezes" (primórdios do atletismo) e um dos primeiros jogos de futebol da cidade, organizado por Oscar Cox, já na transição dos séculos XIX e XX.

Essas agremiações, como se pode ver, somente seriam fundadas na segunda metade do século XIX. No momento em que os ingleses promoviam as primeiras experiências, ainda não havia uma ambiência cultural que estimulasse o desenvolvimento e consolidação do campo esportivo, embora naquele instante outra atividade já chamasse a atenção e mobilizasse os habitantes da cidade: as touradas.

As corridas de touros realizavam-se no Brasil desde o século XVIII, comumente em conjunto com as cavalhadas, normalmente por ocasião de datas festivas. Luis Edmundo (2000)[3] relata que, no tempo dos vice-reis, algumas datas do calendário real (português) eram comemoradas com pompa, uma forma de demonstração da fidelidade colonial. No programa das festas, que chegavam a durar muitos dias, as touradas ocupavam lugar de destaque e eram bastante apreciadas pela população.

[3] A primeira edição desse livro é de 1932.

Nas primeiras décadas do século XIX, essas atividades eram também constantemente realizadas por ocasião das festividades promovidas pelos representantes da Corte, já desde a comemoração da chegada da família real ao Rio de Janeiro (1808). Uma corrida de touros que merece destaque foi a realizada como parte da celebração do casamento de D. Pedro, nosso futuro imperador, com D. Leopoldina, em 1817. Outra importante festividade foi a organizada por ocasião da aclamação de D. João VI, em fevereiro de 1818.

Maria Beatriz Nizza da Silva é explícita no que se refere à popularidade da prática:

> Quer as corridas de touros, quer as cavalhadas, eram consideradas a parte nobre do espetáculo na praça de curro, e às vezes realizavam-se umas, às vezes outras, pois os festejos duravam vários dias [...]. A repetição era aliás necessária para permitir que maior número de pessoas pudesse presenciar nas bancadas as corridas [...] (SILVA, 1978, p. 64).

Constantemente cercada de críticas, notadamente a partir do instante que se tornaram mais explícitos os projetos de modernização da cidade, as touradas ainda seguiram existindo até a década de 1920[4]. Em muitos momentos de sua trajetória, foi grande sua popularidade.

O desenvolvimento do esporte, notável a partir da metade do século XIX, de alguma maneira tem relação com a valorização crescente das vivências públicas de diversão, uma das marcas da modernidade, algo que já existia precocemente na cidade, como vimos, desde as décadas iniciais da centúria.

Nosso intuito neste capítulo é discutir como a configuração do campo esportivo tem relação com essa nova dinâmica pública que progressivamente se instaura (e se deseja instaurar) na capital do país, uma marca de um novo tempo que está por vir.

---

[4] Para mais informações, ver MELO, 2008.

Assim o memorialista Luiz Edmundo, já no século XX, fala da importância das corridas de cavalo no Rio de Janeiro do século XIX:

> Que se há de fazer se na desamparada cidade não existem bons divertimentos, lugares de certa distinção, onde se possa encontrar um pouco de elegância e alegria? A alegria dos homens tristes do tempo, a elegância das sobrecasacas do Raunier, das cartolas, da chapelaria Watson, dos vestidos de Madame Estiougheit, que a esses lugares sempre se foi menos para assistir cavalos desabridos, sob a ação furiosa de chicotes, correndo em prélios tumultuosos, que para gozar a polidez ou a louçania de um ambiente cheio de animação e espiritualidade (EDMUNDO, 1957, p. 843).

Curiosamente, em sentido semelhante, um certo Rogério, no *Jornal do Brasil* de 31 de janeiro de 1893, enaltece os hipódromos como uma das únicas formas de diversão da cidade, pois, segundo ele, no Rio de Janeiro, ao contrário da Europa, "não se encontra absolutamente nada. Nem vida de cafés, nem vida de teatro, nem vida de passeios" (p. 5).

Certamente, como vemos em outros artigos deste livro, estavam esses personagens exagerando: a cidade já tinha uma vida cultural bastante ativa, ainda que distante da excitabilidade pública que já marcava alguns países europeus que estavam na vanguarda do capitalismo internacional, entre os quais França e Inglaterra, duas grandes influências no desenvolvimento de novos hábitos no Brasil.

De qualquer forma, vale destacar que os esportes foram sempre encarados, em vários sentidos, como divertimentos "úteis". Eram claramente concebidos como uma forma de identificação com o "mundo civilizado europeu", de demonstração de avanço ou constatação do atraso social, como podemos ver nas falas anteriores, no que se refere ao turfe, e em uma matéria publicada em uma edição do *Correio Mercantil*, em 1861, que assim apresentava o remo, na época ainda dando seus primeiros passos: "*utile et dulce*. Nós somos um povo essencialmente importador: não admira, portanto, que importemos as regatas da Inglaterra" (apud RENAULT, 1978, p. 209).

Outros argumentos eram mais curiosos. Vejamos, por exemplo, os comentários de Jorge Odemira, publicados na sessão Folhetim da *Gazeta de Notícias* de 6 de setembro de 1875. Ao comentar com entusiasmo as regatas realizadas na cidade do dia anterior, o autor reivindica, inclusive, investimentos governamentais para garantir a sua continuidade, segundo ele, uma estratégia para "diminuir o número de incêndios e suicídios"!

Os argumentos mais comuns estavam mesmo relacionados à contribuição das práticas para a economia nacional. As agremiações de turfe, desde o pioneiro Club de Corridas, criado em 1849, sempre contemplaram em seus regulamentos, baseados nos modelos franceses e ingleses, dois argumentos para justificar a importância das corridas de cavalos: proporcionar uma diversão para a população e o aperfeiçoamento da "raça cavalar brasileira", considerada de menor valor perante as raças europeias e argentinas. Da mesma forma, os clubes de remo constantemente ressaltavam seu valor para o progresso da armada nacional.

Na verdade, o principal mesmo era o potencial de constituir um espaço de visibilidade, um teatro público relacionado à valorização de certos princípios em vigor e/ou construção, causa e consequência da gestação de uma sociedade civil mais ativa. As instalações esportivas eram locais ideais para ver e ser visto, marcando inclusive as diferenças sociais.

Os hipódromos eram divididos em quatro setores: público em geral; sócios; autoridades e convidados especiais, onde os sócios tinham relativo trânsito; um setor especial para a imprensa (sempre importante para divulgar as atividades). As arquibancadas montadas por ocasião das regatas, até a criação do Pavilhão (em 1906), somente eram acessíveis aos sócios de agremiações, convidados especiais e autoridades, que também faziam uso de barcos fundeados na baía de Guanabara; a população em geral se espalhava pela orla.

Na verdade, as diferenças entre os dois esportes que primeiro se sistematizaram, o turfe e o remo, bem dramatizam as mudanças pelas quais passou a sociedade carioca no decorrer do século XIX em seu processo de "modernização".

O turfe: luxo e glamour

Podemos considerar as décadas de 1850 e 1860 como o período embrionário do turfe. Foi um momento marcado pela indefinição dos caminhos da modalidade, algo relacionado às próprias peculiaridades de uma sociedade que se abria para uma maior vivência pública, mas que ainda mantinha antigos padrões familiares que valorizavam mais as experiências privadas.

A partir de meados da década de 1870, novos clubes são criados e se consolidam. Aumenta a popularidade da prática, como se pode ver registrado nos jornais:

> Todas as classes da sociedade concorrem com seu contingente, vai povo de todos os pontos e de todas as castas; é que há ali com que satisfazer a todos os paladares [...] Vamos pois às corridas! Ricos e pobres, moços e velhos, velhas e moças! (SENNIOR, L. Folhetim. *Gazeta de Notícias*, Rio de Janeiro, 8 set. 1875, p. 1).

Um dos motivos relacionados a tal consolidação foi o desenvolvimento de um melhor sistema de transporte urbano. Eduardo Pacheco é um dos que chama a atenção para a importância desse fato:

> Os modernos frequentadores de corridas que para chegarem aos atuais hipódromos vão pendurados às colunas dos bondes, ou arriscam-se a viajar de pé nas plataformas dos carros da estrada de ferro [...] imaginem as conduções públicas de 1851 a 1854 (PACHECO, 1893, p. 5).

Se em 1869, Angelo Agostini, na charge "Corrida na Estação do Caminho de Ferro", ironiza a dificuldade de se pegar um trem até o hipódromo do Jockey Club[5], na década final do século Olavo Bilac já afirma que:

> Às quintas-feiras e domingos, abriam-se ao povo, três, quatro, cinco prados de corridas. Os bondes levavam gente nos bancos, nos estribos, nas plataformas, nos tejadilhos. As locomotivas da Central arrastavam comboios de dez e doze vagões atulhados de uma multidão risonha e bulhenta (apud COSTA, 1961, p. 280)[6].

Assim, na década final do século XIX, "a cidade, sem possuir, ainda, um milhão de habitantes, dá-se, no entanto, ao luxo de exibir nada menos que quatro prados. [...] E todos eles cheios. E todos eles realizando corridas sensacionais" (EDMUNDO, 1957, p. 957). As corridas de cavalos se tornaram uma grande diversão, um evento da moda, onde os cavalheiros e as damas das elites iam desfilar seus trajes novos e sua pompa, e os populares encontravam um pouco de divertimento, iludidos pela possibilidade de melhorar de vida em função das apostas. Nos jornais, bares e restaurantes, eram fartamente discutidos os resultados do dia anterior e os prognósticos para as próximas provas. Afirmava-se no *Jornal do Brasil* de 2 de julho de 1891: "Nos bondes, nos cafés, em toda parte e até nas igrejas, homens, senhoras, crianças, todos discutem e sustentam que no cotejo Luendro II dê um galope firme" (p. 3).

---

[5] Dizia a charge: "Esta corrida, apesar de não ser anunciada no programa, foi a mais porfiada de todas. Houve gritarias, grosserias, berrarias, pancadarias, vozeria, com acompanhamento de implicações, empurrões, beliscões, bofetões, atropelações, amarrotações, cachações, maldições e etc. etc. etc" (apud CARVALHO, 1998, p. 37).

[6] Desde 1861 já existia a estação São Francisco Xavier, depois renomeada para

Nas crônicas de Olavo Bilac podemos encontrar um panorama das provas de turfe. Em "As corridas" (apud COSTA, 1961, p. 280) afirma:

> E era ver o espetáculo do prado, - as arquibancadas, como vastos canteiros de flores humanas, pompeando ao sol o esplendor das claras toaletes de verão, num delírio de cores, num emaranhamento deslumbrante de fitas, de plumas, de rendas; o recinto da pesagem, cheio da turba dos *sportsmen* suados e ofegantes, discutindo, rixando, berrando; e os bolos de gente ávida, junto dos guichês, disputando as pules a murro e a pontapé; e os botequins reboantes de clamores, de tinir de copos, de estalar de rolhas; e a raia, embaixo, lisa, batida, inundada de luz, por onde os cavalos voavam em nuvens de poeira dourada, entre as aclamações delirantes!

Bilac continua a crônica indicando como o turfe até mesmo ditava alguns comportamentos:

> Era uma coisa assombrosa! Todo mundo falava a gíria do *sport*. Todos os homens usavam na gravata o alfinete clássico da ferradura. As fazendas, em que as senhoras cortavam os seus vestidos, tinham estampagens de chicotes, de loros, de casquetes de jóquei. E se acontecia adoecer um cavalo dos bons, dos gloriosos, dos que mais vivamente mereciam o amor dos entusiastas, - que mágoa, que terror, que consternação na cidade!

Indícios da forte presença do turfe na cidade podem ser identificados nos mais diferentes aspectos. Por exemplo, na vestimenta. Era comum dizer que em grandes cerimônias e ocasiões especiais, os homens deviam ir vestidos "à jockey". No teatro se representava a comédia *Entrei para o Jockey Club*, uma comédia de costumes de Joaquim José de França Júnior.

Nem todos, contudo, eram tão empolgados quanto o poeta (que era fã ardoroso dos esportes, para ele um indicador de que "civilizava-se" a sociedade brasileira). Eduardo Pacheco (1893), por exemplo, é mais crítico no que se refere ao público:

> Eram leques, abanos e abanilos de todas as cores, tamanhos e feitios; figuras grotescas penduradas ali e acolá [...]. O terraço

---

São Francisco Xavier-Hippódromo, que facilitava a chegada do público. Em 1885 também seria inaugurada a estação Derby Club.

> da imprensa foi transformado em um parreiral de moscatel em plena frutificação, como muita uva e pouca parra. Tudo bonito e custoso (PACHECO, 1893, p. 6).

Durante muitos anos o Jockey Club, bastante ligado ao setor agropecuário, foi a principal agremiação de turfe da cidade. Na virada da década de 1890, tornou-se uma instituição modelar, muito confortável, e começou a testar algumas inovações: atividades noturnas, que não lograram êxito já que ainda não havia condições adequadas de iluminação; corridas de carros romanos; provas de equitação. Também algumas provas de ciclismo eram realizadas entre os páreos de cavalos. Tudo valia para tornar mais atraentes as corridas e levar ainda mais público aos hipódromos.

Nos anos finais da década de 1880, contudo, surgira outra agremiação que começou a ganhar espaço: o Derby Club, ligado mais a um estrato urbano das elites, contribui para uma ainda maior popularização das corridas. Seu hipódromo, o Prado Itamaraty, construído já nos primeiros momentos de existência do clube, situava-se mais perto do centro e das áreas residenciais da cidade naquele momento, no bairro do Maracanã (exatamente onde hoje está construído o Estádio Mário Filho - Maracanã).

Desde sua reunião inicial, o Derby se destacou por sua organização e pelo sucesso de público: divulgação bem feita, bilhetes de entrada vendidos com antecedência, maior conforto nas arquibancadas, sistema de transporte farto e adequado (com bondes e trens), programa cumprido sem problemas e a presença sempre destacada de influentes governantes. O evento no Prado Itamaraty parece ter sido um grande acontecimento social:

> Como era esperado, foi esplêndida a festa de inauguração do Derby Club. Cerca de 8000 pessoas[7] assistiram às corridas, que estiveram animadíssimas, e que se realizaram sem haver motivo para reparo ou reclamação alguma. A diretoria foi de extrema amabilidade para com todos os seus convidados (*Gazeta de Notícias*, Rio de Janeiro, 2 ago. 1885).

---

[7] Alguns jornais da época estimaram que esse número chegou perto dos 10.000.

Curioso é o caso de um prado que se instalou em São Cristóvão, o Guarany, próximo a uma pequena vila de operários, onde três outras sociedades de curta duração organizaram suas corridas: o Sport Club, o Hippódromo Fluminense e o Sport Fluminense. Tratava-se de um espaço com características mais populares:

> as arquibancadas eram de madeira e sem cobertura e os animais que tomavam parte em sua carreira, em sua maioria, eram peludos ou já afastados das pistas do Jockey Club e do Prado Vila Isabel. Um pradoziinho de 3ª ordem (COSTA, 1961b, p. 63).

Luiz Edmundo também lembra do Prado Guarany como um local de segunda categoria, associando-o a um lugar de tumulto constante:

> Qual velho não se lembrará, hoje, do famoso prado que se chamou Vila Guarany, cognominado Maxixe, que existiu para as bandas da Praia Formosa e do qual se pode dizer que, sendo o mais tribofeiro entre todos os de seu tempo, foi, ainda, o que mais sofreu a ação violenta e justa da massa popular, que vivia constantemente a depredá-lo? (EDMUNDO, 1957, p. 849).

Vale a pena falar um pouco sobre os "tribofes", confusões das mais diferentes ordens: suborno de jóqueis, árbitros que ocasionalmente se equivocavam com os resultados (já que na época não havia muitos recursos eletrônicos); árbitros subornados que "fabricavam resultados"; alguns episódios descaradamente desonestos. Muitas vezes esses tumultos eram marcados por violência, depredação dos hipódromos, surra nos jóqueis e proprietários dos animais. Eram observáveis em todos os clubes de turfe[8], mas eram mais comuns e graves no Prado Guarany.

Esses clubes mais populares contavam com a presença de bom público, inclusive devido aos preços mais baixos de entradas e de apostas. Embora tivessem instalações menos

---

[8] Por exemplo, uma confusão acontecida na reunião do Jockey Club de 20 de outubro de 1880, quando esteve presente o Imperador, teve grande repercussão negativa na imprensa (COSTA, 1961b).

luxuosas, cavalos de segunda categoria e um programa muito confuso e eclético, realizaram muitas corridas animadas. Essas agremiações vieram a falir em função de sua própria desorganização, mas também em decorrência das restrições impostas pelos clubes "nobres" da cidade, incomodados tanto com seu sucesso quanto com a falta de controle sobre o que se passava por lá.

É importante, portanto, perceber que, de alguma forma, os populares também interferiam ativamente no espetáculo esportivo. Se não podiam dirigir os clubes e as competições, se não podiam frequentar as tribunas de honra, não eram também incautos quanto às peculiaridades da prática. Quando se consideravam ludibriados, interferiam de forma peremptória.

No que se refere ao turfe, um último ponto merece referência: expressa e reforça uma nova presença feminina no cenário público. Nos eventos turfísticos as mulheres estavam sempre presentes, acompanhando seus maridos e desfilando seus vestidos de última moda. Sua presença nos acontecimentos esportivos era também concebida como mais uma forma de apresentá-las à "nata da sociedade", predispondo-as a um vantajoso matrimônio. Para as solteiras, era até mesmo uma possibilidade de flertar. Delso Renault resume bem a trajetória feminina no decorrer do século, assim como o papel do turfe nessa mudança de rumos:

> Nos idos coloniais a mulher saía para orar na igreja mais próxima. Seu traje era simples, barroco. Depois passou a frequentar o teatro, os passeios e sua toalete se apurou. Agora ela se enfeita, também, para ir ao Prado Fluminense, aos bailes, aos saraus, às exposições, às confeitarias (RENAULT, 1982, p. 152).

A despeito do aumento de sua participação como público nos hipódromos, não consegui identificar a presença de mulheres nas diretorias dos clubes ou entre os organizadores de competições; somente algumas poucas corridas especiais com jóqueis mulheres foram realizadas. Isso pode significar que a elas era reservado um papel secundário: meras assistentes constantemente exaltadas por "embelezarem" e demonstrarem o quão familiar era o espetáculo. De qualquer forma, não se pode negar que foi uma alternativa de maior participação social em um momento de muitas restrições[9].

O remo: novos corpos, novos tempos

O remo já existia na cidade do Rio de Janeiro desde a década de 1860, mas a princípio sua consolidação se dava a passos lentos. As restrições à prática estavam relacionadas: à estética corporal dos remadores, fortes e com a musculatura desenvolvida, pouco usual em uma época onde se valorizavam os tipos físicos magros e fracos; à pouca quantidade de roupa que eles usavam, o que ocasionava críticas quanto ao pudor da prática; à sua compreensão enquanto uma atividade física intensa, quando os exercícios eram muitas vezes considerados prejudiciais à saúde e de menor valor perante às atividades intelectuais.

Nas duas décadas finais do século XIX, todavia, melhor se delineia na cidade um conjunto de mudanças, o forjar de novos parâmetros culturais a partir da ideia de construção de um "projeto de modernidade", que contribui para fazer declinar as restrições ao esporte náutico, que se, a partir de então, melhor se estrutura, passa cada vez mais a ser aceito pela população, bem como encarado como uma atividade propícia dos novos tempos.

Deve-se ter em conta que, desde meados do século, a prática dos banhos de mar vinha ganhando espaço na cidade, paulatinamente abandonando o exclusivo caráter terapêutico que marcou seus primeiros momentos. Observava-se, inclusive, a

[9] Para mais informações sobre o turfe, ver Melo, 2001. Para mais informações sobre a participação feminina nos primórdios da prática esportiva, ver Melo, 2007.

gestação de um mercado ao seu redor. Os aluguéis na Praia de Botafogo, por exemplo, tornaram-se mais caros, sempre sendo ressaltadas nos anúncios as facilidades que esse bairro oferecia para o acesso ao litoral. As empresas de bonde também utilizaram o mar como estratégia de publicidade, oferecendo opções de acesso às praias. Os passeios marítimos e as excursões para os balneários mais distantes (como, na época, Copacabana) se tornaram mais frequentes. Os banhos de mar passam a ser utilizados como pano de fundo para propagandas ligadas a remédios e tônicos, também apresentados como vantagem oferecida por casas de saúde e hotéis.

Em um contexto em que se observa uma valorização das vivências públicas, reduzem-se as restrições relativas à exposição corporal, observa-se o aumento da aceitabilidade de um novo modelo de corpo, da valorização da ideia de saúde, o que induz à ocupação das praias com outros sentidos que não somente terapêuticos. Paulatinamente torna-se possível assistir a homens "nus" competindo nos mares.

Um dos que mais exaltou o remo, para ele um indicador de um novo momento da sociedade brasileira, foi Olavo Bilac. Em uma de suas crônicas publicadas no início do século (apud MENDONÇA, 1909, p. 398), vemos como apresenta o espetáculo das regatas, valorizando as imagens de uma nova estética corporal:

> As arquibancadas estavam cheias, as carruagens custavam a mover-se, e o povo aplaudia, com entusiasmo e alegria, a robustez e a máscula beleza dos bravos rapazes que conduziram [...] as suas esbeltas baleeiras.

Para ele, naquele momento:

> O que era mania de poucos mudou-se na religião de muitos. Hoje, os clubes de regata são oito ou dez; e os *rowers* não são apenas estrangeiros: são brasileiros também, são quase todos os rapazes do comércio e das escolas.

Na verdade, há que se destacar, o remo tornou-se o esporte preferido de um setor urbano das elites, que não poucas vezes estabelecia críticas a determinadas práticas que deveriam ser abandonadas por lembrarem um passado rural (e poucas não foram as tensões com as próprias agremiações de turfe). O esporte náutico passou a ser compreendido como expressão do novo homem, desafiador e pronto para conduzir com seus próprios braços a nação.

O remo tornou-se uma moda nos anos iniciais do século XX. Como lembra João do Rio (apud COSTA, 1961, p. 278):

> Rapazes discutiam "muque" em toda parte. Pela cidade, jovens, outrora raquíticos e balofos, ostentavam largos peitorais e a cinta fina e a perna nervosa e a musculatura herculeana dos braços. Era o delírio do *rowing*, era a paixão dos esportes. Os dias de regatas tornavam-se acontecimentos urbanos.

O público que comparecia às regatas era originário de diversas camadas sociais; contudo, os locais nos quais assistiam à competição eram diferenciados segundo sua condição econômica: arquibancadas, janelas das casas, parapeitos do cais. É importante observar que a movimentação das elites extravasava as areias das praias. Era uma oportunidade para abrirem suas casas, oferecerem recepções luxuosas, receberem seus pares, abrirem e exibirem seus salões[10], mais um indicador da mudança nos hábitos das elites cariocas do fim do século. De qualquer forma, bem define Luiz Edmundo:

> A enseada inteira se engalana para os dias de certame marítimo. O povo trepa no cais. Cruzam carruagens. No lado do mar há barcas da Cantareira, pejadas de povo, com charangas, com

[10] Os salões tinham uma função semelhante a dos clubes (local de contato entre os membros das elites, de expressão de *status* e distinção), com o diferencial de que eram ainda mais seletivos: como aconteciam nas residências, era menor o círculo de convidados, que passavam algumas horas tocando piano, conversando, recitando. Era, logo, um espaço intermediário entre o caráter privado da família e o caráter público dos clubes. Mais informações podem ser obtidas em NEEDELL, 1993.

danças e namoros. Além das barcas, rebocadores e lanchas pejadas de famílias. Até as 6 horas da tarde é um delírio no mar, na praia. [...] Respira-se, em todo o caso, um ambiente de alegria, de mocidade, de festa, que agrada e que faz bem (EDMUNDO, 1957, p. 840).

Com tamanha popularidade e ajustado às novas dimensões culturais valorizadas na transição dos séculos XIX e XX, não surpreende o número de iniciativas governamentais de apoio e incentivo ao remo. Para os clubes, uma solução para que não dependessem nem precisassem recorrer tanto ao patrocínio das empresas; além do prestígio que significavam o auxílio e a presença dos governantes nas competições. Para o governo significava estimular uma prática bastante adequada ao conjunto de mudanças que estava sendo implementado.

Entre outras ocorrências nesse sentido, vale destacar a relação das agremiações com Pereira Passos, pelo significado que o na época prefeito do Distrito Federal teve para a implementação de um projeto de modernidade na cidade do Rio de Janeiro. Esse relacionamento nos permite perceber como o esporte náutico esteve imbricado nas propostas de reformas dos anos iniciais do século XX.

Pereira Passos também estabeleceu contatos com outros esportes. Sua presença e seu apoio eram constantemente solicitados (e atendidos), por exemplo, pelos clubes de ciclismo, atletismo e turfe. Com o remo, todavia, a relação era mais direta e constante, indubitavelmente pelo significado que esse esporte tinha para seus projetos. O prefeito ofereceu prêmios para competições, conseguiu subvenções públicas para estimular a prática, construiu instalações provisórias para algumas regatas, reduziu impostos para a importação de barcos mais velozes, constantemente convidou remadores para celebrar (e "enfeitar") o lançamento e a inauguração de obras.

Ainda mais, em uma cidade em pleno processo de reforma e saneamento, incluiu a construção de instalações para o remo nos projetos de intervenção urbana. Se a construção da avenida Beira-Mar era uma de suas prioridades, nada como celebrar tal avenida simbólica com um divertimento moderno e civilizado.

Em 1905, Pereira Passos mandou construir barracões que funcionaram como garagens de barcos para os clubes Botafogo e Guanabara[11], melhorou as condições dos locais onde a população se banhava com frequência (a praia de Santa Luzia e a praia do Boqueirão) e concedeu uma das solicitações mais antigas das agremiações: a construção de um espaço permanente para a realização das competições – o Pavilhão de Regatas, instalado na Praia de Botafogo, na altura das ruas D. Carlota e São Clemente.

Mais do que servir somente às regatas, o Pavilhão rapidamente transformou-se em um centro de divertimentos para as elites. Possuindo coretos para duas bandas de música, área central para autoridades, duas arquibancadas no térreo, espaço para o *buffet*, além de situado em um local com bela e aprazível vista, já em 1906 estava dotado de luz elétrica (o que permitia que funcionasse até a madrugada) e inaugurara um bar com orquestra, uma casa de chá, além de oferecer excursões de barco pela baía de Guanabara:

> Naquele belo recanto da cidade está desde ontem instalado com todo conforto e apurado gosto um pavillon-bar de onde se desfruta a par de um panorama lindíssimo, tudo o que de moderno se pode exigir em estabelecimentos deste gênero, havendo grande profusão de bebidas e gelados [...]. No pavimento superior do pavilhão, artisticamente mobiliado, estão instalados aqueles serviços e no superior vai ser, de amanhã em diante, introduzido o de *tea room* (*Jornal do Commercio*, Rio de Janeiro, 6 maio 1906, p. 8).

A despeito da bela construção, o Pavilhão, como muitas ações do prefeito, não gozou de unanimidade. Por exemplo, quando Olavo Bilac publicou uma poesia exaltando a nova instalação, Carlos de Laet pediu a ele que também escrevesse sobre as

[11] Tal obra foi inaugurada em 1905, como parte de comemoração do aniversário do prefeito, mas foi concluída apenas em 1906.

dificuldades pelas quais passava a cidade:

> mas daqui lhe pedimos, ao estimado poeta, que também nas suas horas vagas componha algumas elegias, deplorando as torturas a que vivemos sujeitos pelas demolições irrefletidamente feitas (apud BRENA, 1999, p. 483).

Se, nas atividades turfísticas, as mulheres encontraram espaços de maior presença social, com o remo houve seguimento desse processo. Na verdade, já os banhos de mar, mesmo que com muitas restrições, tiveram um importante significado para elas. Encarados como uma atividade ligada à saúde, acabavam por lhes permitir uma nova oportunidade de convívio social.

A princípio, as mulheres "de respeito" tomavam banho de madrugada, quando o dia ainda não clareara, e usando uma indumentária muito pesada e rigorosa. Ainda assim, isso significou uma grande distensão nos costumes da cidade e durante muito tempo mexeu com a imaginação dos homens. Nos jornais, era comum encontrarmos observações como esta:

> curioso ver uma moça, quando é benfeita ou, como se diz, quando é bem-acabada, sair e entrar no mar. [...] Quando sai a roupa adere ao corpo [...] se nota muito a cintura benfeita, muito seio bem contornado (*Gazeta da Tarde*, Rio de Janeiro, 1882, apud RENAULT, p. 173).

Na década final do século XIX, Hermínia Adelaide (uma conhecida artista) ainda escandalizava a população ao banhar-se, na Praia do Flamengo, com roupas coladas ao corpo, desenhando suas belas formas físicas. Todos paravam para olhar; as moças de família, encabuladas, viravam o rosto para os lados, e os homens, com a cabeça povoada de fantasias, não sabiam bem que atitude tomar (RODRIGUES FILHO, 1945, p. 37). Os banhos de mar, se já eram mais aceitos, deveriam ainda seguir normas estéticas/morais rígidas. Mas as mudanças continuavam rapidamente em curso.

Foi possível identificar três iniciativas de participação de mulheres como remadoras. Ainda assim, somente uma pode ser caracterizada como uma tentativa de envolvimento com as competições. Dois fatos se deram por volta de 1882/1883, quando três francesas remavam em Niterói (senhoritas Massiere, Tribouillet e Vianna), enquanto algumas inglesas faziam o mesmo em São Cristóvão (irmãs Fox).

A terceira e mais notável iniciativa foi a criação do Grupo de Regatas Feminino da Ilha de Pombeba (pequena ilha na baía de Guanabara), em 1901, que não sobreviveu muito tempo, disputou apenas uma prova contra remadoras do Club Cajuense e sequer chegou a ser aceito para participar das regatas organizadas pelos clubes "masculinos".

Isso não significa uma desvalorização da participação feminina. A presença de mulheres nas regatas era constantemente ressaltada e estimulada: à mulher era atribuído o papel de torcedora saudável e atenta aos novos tempos. Assim, não surpreende que os jornais publicassem notícias como essa relativa a uma importante regata realizada no dia 9 de agosto de 1903:

> Desde 10 horas que começaram a chegar os convidados e entre eles aquelas caravanas de peregrinas jovens, trajando vestes alegres, quais sorrisos infantis das alvoradas de agosto [...]. Era enorme o número de senhoritas, de toilletes claras e elegantes (*A Canoagem*, Rio de Janeiro, ano 1, n. 7, p. 6, ago. 1903).

Vejamos outra menção em matéria sobre as provas realizadas em 11 de outubro de 1903:

> As arquibancadas ficaram repletas de convidadas e com um belo aspecto devido às variadas cores das toilletes das gentis senhoritas que iam dar o tom alegre a esta festa *sportiva* (*A Canoagem*, Rio de Janeiro, ano 1, n. 16, p. 3, out. 1903).

A despeito do tom das matérias, não se pode considerar que as mulheres tinham uma atitude passiva frente o espetáculo esportivo. Como lembra Araújo (1993),

> a intensidade e rapidez das transformações urbanas na virada do século XX deu novo impulso à dinâmica familiar,

> neutralizando a supremacia do poder masculino, diversificando as formas de socialização da mulher. (ARAÚJO, 1993, p. 58).

Para Etelvina Trindade, era inegável a cada vez maior ocupação de espaços, fato ainda mais notável exatamente nos momentos de lazer:

> O lazer é responsável por uma invasão feminina dos espaços da cidade. Trata-se de um novo domínio, oriundo em grande parte do desenvolvimento urbano, no qual a mulher que a sociedade conservadora oitocentista segregara nas dimensões do privado, retorna às ruas para nelas despender seu tempo livre nas lojas, nos parques, nas casas de espetáculos, nos campos de esportes, nos salões dos clubes recreativos (TRINDADE, 1996, p. 112).

Jeffrey Needell (1993), contudo, pondera e chama a atenção para que não se confunda um maior mundanismo com liberação. Para ele, a ampliação da possibilidade de participação feminina estava também inserida no contexto das necessidades dos homens dos "novos tempos". Além disso, se a urbanização trazia interferências na reformulação dos papéis sociais, as mentalidades não mudariam tão rapidamente. Durante muito tempo ainda estaria associada à mulher uma ideia de beleza frágil, fundamentalmente situada na aparência e no vestuário. Assim sendo, por exemplo, durante algum tempo permaneceriam afastadas de uma atuação como atletas: tal postura se chocaria com os comportamentos delas esperados.

Creio que valha a pena adotar uma postura intermediária. Ao mesmo tempo que o aumento da presença feminina na sociedade (inclusive nos eventos esportivos) atendia a interesses masculinos, é inegável que também significou uma conquista. Se não era um indicador de libertação propriamente dita, era uma abertura de novos canais, indicadores claros de que uma mudança estava em curso[12].

---

[12] Para mais informações sobre o remo, ver Melo, 2001. Para mais informações sobre a participação feminina nos primórdios da prática esportiva, ver Melo, 2007.

Conclusão:
Uma cidade esportiva

Segundo Delso Renault (1982), no ano de 1886 foram disputados 63 páreos de corridas de cavalos, tendo sido vendidos 549.613 pules, "soma elevada para uma população de cerca de 400.000 habitantes" (p. 200)[13]. Alguns anos mais tarde, o *Jornal do Brasil* de 30 de abril de 1891 noticia que o aumento de apostas foi de tal ordem que o Turf Club, em 1891, chegou a aumentar em 40% o salário do pessoal da casa de pule.

Uma das chaves para entender a grande popularidade do turfe é mesmo a existência das apostas. Mesmo aqueles que não podiam ir aos prados (os "operários", segundo um jornal da época), ou que não apreciavam a modalidade, tinham a alternativa de testar a sorte nos muitos *bookmakers*, casas de apostas, espalhados pela cidade. Os clubes chegaram mesmo a criar modalidades de apostas mais baratas, para atender os menos abastados.

Jogava-se realmente muito na cidade e o que cada vez mais parecia interessar aos organizadores e ao público era a possibilidade de ganhar dinheiro, em detrimento de um suposto "caráter esportivo":

> as apostas entre meninos, senhoras e cavalheiros consistiam em doces, brinquedos, perfumarias [...] e os proprietários apostavam entre eles grandes somas em seus animais [...] mas depois da loteria de corridas? Nem mais se falava em pares de luvas, nem em rosários de balas, era a loteria para ganhar dinheiro (*Jornal do Brasil*, Rio de Janeiro, 3 de jan. 1896. p. 3).

Em função disso, eram tantos e tão comuns os escândalos que ironiza a *Gazeta de Notícias* em sua edição de 20 de junho de 1897:

---

[13] Já segundo Cássio Costa, 1961, baseado em dados do *Jornal do Commercio*, foram vendidas 532.160 *poules*. Isso pode ter ocorrido porque o periódico não computou os dados do clube do Prado Guarany.

> Tanto se tem gritado contra a ladroeira nas corridas que os tribofeiros andam corridos. Passam-se corridas e corridas sem que haja um desses arranjos que fazem honra ao talento de quem os planeja e põe em execução. As corridas estão, portanto, se tornando monótonas, e a que ontem se realizou no Turf-Club esteve nesse caso. Andou tudo muito direito, sem uma reclamaçãozinha, sem uma cabeça quebrada ao menos. E chame-se aquilo de divertimento (p. 3).

As regatas chegaram a ter apostas, mas, a partir de 1895, as agremiações náuticas passaram a excluí-las das competições, combatendo o caráter de jogo de azar e apresentando o remo como um "esporte saudável", tanto física quanto moralmente. O amadorismo passa a ser uma palavra de ordem. Para garantir o encaminhar dessas compreensões, aumenta-se o controle sobre a prática (com a criação de federações com rigorosos regulamentos) e se entabulam iniciativas de a tornar reconhecida na cidade, inclusive pelas autoridades governamentais. Por trás dessas decisões estava o próprio processo de mudanças pelo qual passava a sociedade carioca naquele *fin de siècle*. Bilac, ao exaltar o remo, lembra que está em construção uma nova ideia de esporte:

> Houve tempo em que o *sport*, no Rio de Janeiro, era apenas a capa em cujas dobras se mascarava o jogo. Não se compreendia um *sport*, uma escola prática de força, de agilidade, de destreza, de saúde, sem o condicionamento da poule" (apud *A Canoagem*, Rio de Janeiro, ano 1, n. 1, p. 5, jul. 1903).

O remo assim superaria uma comum ocorrência, se filiando a um claro projeto de regeneração:

> Depois dos prados de corridas, a cavalo, a pé, ou em bicicleta, apareceram os frontões e os boliches e nas pernas do jóquei, nas plantas dos pés dos corredores, nas rodas das bicicletas, nas palmas das mãos dos pelotaris e dos jogadores de bola, o que a multidão via não era a regeneração e o aperfeiçoamento da raça humana, era o palpite, era o azar [...] era a sedução do mais empolgante de diabólico de todos os vícios (apud *A Canoagem*, Rio de Janeiro, ano 1, n. 1, p. 5, jul. 1903).

Assim define o poeta as contribuições do esporte náutico:

> Basta comparar a grande geração, que atualmente envelhece no Rio de Janeiro, à geração nova que aí se está formando com

> o exercício do remo, para ver que benefícios se estão colhendo do desenvolvimento do sport-náutico. Ver essa mocidade, exuberante de saúde e de alegria - é coisa que encanta e orgulha. [...] O contacto diário com o ar livre e com os perigos do mar salva-a do desânimo e do abatimento moral (apud MENDONÇA, 1909, p. 397).

Nesse mesmo cenário, cada vez mais o esporte seria apresentado como um substituto para as antigas práticas tradicionais da população, entre as quais as brigas de galo, as touradas, a capoeira. Consideradas como bárbaras e violentas, passaram a ser tidas como indignas para um país que se pretendia moderno. Tal processo de "saneamento" parece ter sido semelhante ao que aconteceu em alguns países europeus.

Douglas Reid, analisando processo que ocorreu na Inglaterra do século XIX, demonstra o confronto entre os que defendiam o fim das brigas de galos e das touradas, em nome do processo de civilização, e os que, a despeito disso, continuavam frequentando tais atividades. Para o autor, o que efetivamente ocorreu é que tais práticas continuaram sendo observadas entre as camadas populares, de forma clandestina, mesmo quando outros esportes "civilizados" ocuparam espaço significativo. Podemos claramente identificar que o mesmo se passou no Rio de Janeiro.

Enfim, nos anos iniciais do século XX já estavam lançadas as bases e estabelecidos os sentidos básicos do que Nicolau Sevcenko chama de "febre esportiva" (1998); que vinha se desenvolvendo desde meados do século XIX. Naquela primeira década, outras práticas esportivas já estavam em processo de organização: atletismo, natação, polo aquático, ciclismo, equitação, esgrima, tiro ao alvo, tênis, automobilismo e a prática que mais marcaria a cidade e o país, o futebol. A ginástica e o halterofilismo também começavam a cair no gosto da população. Já algumas modalidades não se desenvolveriam por motivos diversos: o jogo das pelotas seria perseguido pela grande relação com as apostas, o críquete nunca se tornaria popular.

De qualquer maneira, o esporte já se constituía em uma das principais práticas de lazer para todos os estratos da população. O Rio de Janeiro já era uma cidade *sportiva.*

Bibliografia

ARAÚJO, Rosa Maria Barboza de. *A vocação do prazer:* a cidade e a família no Rio de Janeiro republicano. Rio de Janeiro: Rocco, 1993.

BOURDIEU, Pierre. Como é possível ser esportivo? In: ______. *Questões de sociologia.* Rio de Janeiro: Marco Zero, 1983. p. 136-163.

BRENNA, Giovanna Rosso Del (Org.). *O Rio de Janeiro de Pereira Passos:* uma cidade em questão II. Rio de Janeiro: Index, 1999.

CARVALHO, Ney O.R. (Ed.). *Jockey Club Brasileiro - 130 anos.* Rio de Janeiro: um século e meio de turfe. Rio de Janeiro: Imprinta Gráfica e Editora, 1998.

COSTA, Cássio. *O turfe de outrora.* Rio de Janeiro: Vida Turfista, 1961.

COSTA, Nélson. *Páginas cariocas.* Guanabara: Secretaria Geral de Educação e Cultura, 1961.

EDMUNDO, Luiz. *O Rio de Janeiro do meu tempo.* 2. ed. Rio de Janeiro: Conquista, 1957.

______. *O Rio de Janeiro no tempo dos Vice-Reis: 1763-1808.* 3. ed. Belo Horizonte: Itatiaia, 2000.

HAMOND, Graham Eden. *Diários do Almirante Graham Eden Hamond.* Rio de Janeiro: Editora JB, 1984.

MELO, Victor Andrade de. *Cidade Sportiva*: primórdios do esporte no Rio de Janeiro. Rio de Janeiro: Relume Dumará/Faperj, 2001.

______. Mulheres em movimento: a presença feminina nos primórdios do esporte na cidade do Rio de Janeiro (século XIX - primeira década do século XX). *Revista Brasileira de História*, v. 27, n. 54, p. 127-152, jul-dez. 2007. Disponível em: <http://www.scielo.br/pdf/rbh/v27n54/a08v2754.pdf> Acesso em: 10 maio de 2009.

______. O que é "sport"? Tensões na definição do campo esportivo na cidade do Rio de Janeiro do século XIX. *Revista do Instituto Histórico e Geográfico Brasileiro,* ano 169, n. 439, p. 9-36, 2008.

______. *Esporte e lazer:* conceitos. Rio de Janeiro: Editora Apicuri, 2009.

______. Corpos, bicicletas e automóveis: outros esportes na transição dos séculos XIX e XX. In: DEL PRIORE, Mary; MELO, Victor Andrade de (Orgs.). *História do esporte:* do Império aos dias atuais. São Paulo: Editora da Unesp (no prelo).

MENDONÇA, Alberto B. *História do sport náutico no Brazil.* Rio de Janeiro: Federação Brazileira de Sociedades de Remo, 1909.

NEEDELL, Jeffrey D. *Belle Époque tropical.* São Paulo: Companhia das Letras, 1993.

PACHECO, Eduardo. *Crônicas do turf fluminense.* Rio de Janeiro: s.n., 1893.

PORTER, Roy. Os ingleses e o lazer. In: CORBIN, Alain (org.). *História dos tempos livres.* Lisboa: Teorema, 2001, p. 19-58.

REID, Charles A. Beasts and brutes: popular blood sports - 1780-1860. In: HOLT, Richard. *Sport in the working class in modern Britain.* Machester: Manchester University, 1990.

RENAULT, Delso. *Rio de Janeiro:* a vida da cidade refletida nos jornais 1850-1870. Rio de Janeiro: Civilização Brasileira/MEC, 1978.

______. *O dia a dia do Rio de Janeiro segundo os jornais - 1870-1879.* Rio de Janeiro: Civilização Brasileira/MEC, 1982.

RODRIGUES FILHO, Mário. *Histórias do Flamengo.* Rio de Janeiro: Irmãos Pongetti Editores, 1945.

SEVCENKO, Nicolau. A capital irradiante: técnica, ritmos e ritos do Rio. In: ______. (Org.). *História da vida privada no Brasil.* v.3. São Paulo: Companhia das Letras, 1998, p. 513-519.

SILVA, Maria Beatriz Nizza da. *Cultura e sociedade no Rio de Janeiro (1808-1821).* São Paulo: Editora Nacional, 1978.

TRINDADE, Etelvina. Cidade moderna e espaços femininos. *Projeto História,* São Paulo, n. 13, p. 109-120, junho/1996.

75

O prazer no jardim

Carlos Gonçalves Terra

Os jardins e seus prazeres

O século XIX é um período privilegiado para o estudo dos espaços ajardinados, em virtude das grandes transformações que nele ocorreram, ocasionadas sobretudo pela Revolução Industrial.

Ethel Medeiros, referindo-se ao "lazer" no século XIX, lembra que "os passatempos ganharam refinamento vindos de além-mar [...]. Era *chic* ir ao *lunch* nas casas de chá, participar de pequeniques na Tijuca ou no Jardim Botânico [...]" (MEDEIROS, 1971, p. 38). Em relação aos escravos, Ethel comenta que "suas poucas oportunidades de diversão eram, vez por outra, prestigiadas pelos amos" (MEDEIROS, 1971, p. 17). Gilberto Freyre, analisando as diferenças sociais evidenciadas na utilização dos espaços públicos, comenta:

> Porque os jardins, os passeios chamados públicos, as praças sombreadas de gameleiras, e, por muito tempo, cercadas de grades de ferro semelhantes às que foram substituindo os muros em redor das casas mais elegantes, se limitaram ao uso e gozo da gente de botina, de cartola, de gravata, de chapéu de sol – insígnias de classe e ao mesmo tempo de raça, mas principalmente de classe, no Brasil do século XIX e até dos princípios do século atual (FREYRE, 1981, p. 42, v. 1).

O jardim abarca uma apreciação muito mais ampla que a meramente ótica, pois engloba todos os nossos sentidos, através dos seus diversos elementos. Ele se mostra à nossa visão pelo conjunto de formas, volumes e cores de sua vegetação; ao nosso olfato pelo perfume de suas plantas odoríferas e suas flores; ao nosso tato pelo contato com a diversidade de superfícies que o compõem; ao nosso paladar pelo prazer que ele nos proporciona ao provarmos os frutos que ele oferece e, finalmente, à nossa audição pelo canto das aves que o povoam ou pelos diversos ruídos transmitidos pelo movimento da água em suas diversas formas – riachos, cascatas, etc.

Mara Miller, tratando o jardim como um objeto de arte, analisa várias definições de diferentes dicionários e observa que essas definições sempre deixam a desejar, em razão da grande diversidade e finalidades dos jardins. Acreditamos que uma definição que sintetize, de maneira clara, a ideia de jardim seja:

> Jardim é o trecho da natureza onde houve a interferência humana mais ou menos profunda. Associa elementos naturais – vegetais, pedras, água e animais – com os artificiais – arquitetura, mobiliário, escultura e, inclusive, pintura (MILLER, 1993, p. 6-10).

Com a evolução das estruturas sociais e culturais, surgiram variados tipos de jardins para satisfazer às diversas necessidades do ser humano, da sobrevivência ao lazer. Os primeiros, denominados utilitários, para suprir as exigências materiais (os que têm uma utilidade prática: hortas, pomares e/ou de plantas medicinais). Outros, para o estudo das plantas – o jardim científico. Finalmente, para atender as necessidades espirituais ou a vaidade humana surge o jardim do prazer, também denominado ornamental, que representa simbolicamente, na maior parte das vezes, o *status* social do proprietário.

Os jardins têm características próprias, que alteram suas formas de acordo com os estilos de cada período. As interpretações estilísticas estão ligadas ao pensamento estético-paisagístico da época em que o jardim é elaborado, principalmente no que tange ao seu planejamento formal, influenciado pela maneira de perceber a natureza, naquele momento.

O jardim como representação ordenada do mundo natural, segundo imagem do mundo real e com origens em arquétipos mitológico-religiosos, tem suas bases na ideia do Paraíso ou Éden, presente em todas as culturas e religiões.

Desde os períodos mais remotos, o ciclo de nascimento das plantas – seu crescimento, a floração e a frutificação –, acompanhado pela morte e novamente o renascimento, era atribuído à vontade da divindade. Aliado a esse pensamento, julgava-se que o solo também teria sua parcela de contribuição, pois a ele estariam ligadas toda a força e a simbologia relacionadas à natureza. No decorrer dos anos, observando os aspectos naturais, o homem percebeu a diferença das diversas épocas, atribuindo, então, símbolos a cada estação.

No entanto, os deuses começaram a fazer parte dessa estrutura, permanecendo assim, civilização após civilização. Dentre a infinidade de deuses que aparecem, inicialmente ligados aos elementos da natureza e depois à preservação dos jardins, encontram-se, particularmente: Flora, a deusa da horticultura; Pomona, a deusa dos pomares; e Ceres, a deusa da agricultura.

Na elaboração da arte dos jardins, diversos elementos, além dos naturais, estão presentes. Através da evolução desses elementos é que se poderá penetrar no seu mundo mágico, observando-se a transformação da natureza desde a estrutura mais rudimentar até a mais sofisticada. No início, a transformação é ainda simplesmente representada pela abertura de clareiras para o preparo do solo, utilizando, também, esses mesmos espaços com uma proposta estética em sua organização, pois na colocação dos vegetais está presente o pensamento racional. Pouco a pouco, a transformação vai se acentuando e chega-se à elaboração do projeto de um espaço específico para o jardim.

Partindo-se do Jardim do Éden, espaço criado para o homem e no qual Deus conferiu a Adão o domínio sobre todas as coisas vivas (GÊNESIS, I, 28), é possível observar-se a presença de um conjunto de crenças e mitos sobre o Paraíso Terrestre. A partir do momento em que a natureza é moldada, trabalhada e até mesmo racionalizada pelo ser humano – arquiteto, jardineiro ou paisagista –, ela se emancipa, deixando de pertencer ao mundo natural para fazer parte do mundo elaborado pelo homem, seguindo, dessa maneira, seu próprio curso no decorrer das sucessivas civilizações.

Muitos são os aspectos da fruição das áreas verdes representadas pelos jardins: o prazer do lazer, do trabalho, do amor e muitos outros. O "prazer do lazer", em diversas épocas, pode ser conhecido pela observação de várias obras da pintura, em que a realidade fica materializada pela mão de um determinado artista. No quadro denominado *Um domingo à tarde na ilha da Grande Jatte*, de George Seurat, de 1886, o contato com a natureza é o ponto marcante da obra. Em 1988, James Mason decidiu criar uma réplica dessa obra e construiu em Ohio, Estados Unidos, um parque em arte topiária[1] com todos os personagens de Seurat. Em seus aproximadamente 2000 m^2 encontram-se 50 pessoas, oito barcos, três cachorros, um macaco e um gato. A figura mais alta tem 3,5 m.

Outros artistas retrataram o lazer da hora do chá junto à natureza. Eles representam as pessoas, sentadas ao redor de mesas improvisadas ou fixas, reunidas para momentos agradáveis de descontração e conversa. Também os parques públicos, que

---

[1] Topiária ou topiaria é a arte de cortar árvores e/ou arbustos em formas específicas. Derivada da palavra *topiarius*, que originalmente tinha um significado mais amplo e englobava a jardinagem ornamental em geral. Segundo Plínio, o Velho, a arte topiária foi descoberta por Gnaius Mattius (que aparece também com o nome de Cnaeus Martius), um amigo do Imperador Augusto. Plínio data a sua aparição entre os anos 38 a. C e 14 d. C. Provavelmente, a arte de dar formas à vegetação tenha sido absorvida das culturas primitivas do Mediterrâneo e da

surgem a partir do século XIX, e os jardins particulares, proporcionarão momentos agradáveis quer pelos passeios, pelas conversas ou pelo contato com a natureza.

Outro ponto que pode ser apontado é o "prazer do colecionismo", com o surgimento, no século XV, das primeiras *orangeries*[2], as precursoras das estufas aparecidas nos séculos posteriores, quando a ideia de colecionar começa a se manifestar de maneira gradual, primeiramente pelos grandes governantes e depois pelas outras diferentes classes sociais. Colecionam-se flores em vasos ou canteiros, e quanto mais exóticas elas são, mais *status* proporcionam ao seu possuidor. Cultivam-se rosas em grandes caramanchões, além de orquídeas e ninfeias em estufas. As tulipas, por exemplo, tiveram grande destaque a partir do século XVI, quando a cidade de Amsterdã tornou-se um centro comercial e financeiro europeu. Elas atingiram valores elevados e seu apogeu, no século XVII, fez delas um negócio muito lucrativo, mas que levou a grande prejuízo quando seu preço despencou. Colecionar tulipas era sinônimo de possuir *status* elevado. Mackay lembra que "ano após ano, até 1634, a tulipa cresceu em reputação, até se tornar uma prova de mau gosto um homem de fortuna não ter uma coleção delas" (MACKAY, 2002, p. 65). No século XIX, a tulipa passou a ser uma flor da classe trabalhadora inglesa, pois, nesse momento, os preços dos bulbos tornaram-se acessíveis. As novas espécies utilizadas eram a "sweet William" e o "amor-perfeito".

Ainda no aspecto do colecionismo, os jardins povoam-se de anões, gnomos, borboletas, sapos, entre muitos outros elementos decorativos.

Ásia. Cícero, uma vez, usou o nome *Topiarius* para o jardineiro, que tinha especial cuidado com os jardins ornamentais.

[2] *Orangerie* é um edifício com grande número de portas e janelas envidraçadas, uma espécie de estufa, onde eram guardadas as plantas de clima quente, durante o inverno. O nome vem do fato de que, frequentemente, essas plantas eram laranjeiras. Um dos exemplos mais famosos é a *orangerie* dos jardins de Versailles, na França. Definição em CUNHA, Almir Paredes. *Dicionário de artes plásticas*. Rio de Janeiro: EBA/UFRJ, 2005.

O "prazer do amor" também foi representado no recinto dos jardins, por artistas desde a Idade Média. O *Romance da rosa*[3] já descrevia o apaixonado em busca de sua amada e esse prazer termina no jardim.

Um outro livro também importante por esse aspecto é o de Francesco Colonna que se denomina *Hypnerotomachia Poliphili*[4]. Em vários momentos o texto não é descritivo, pois grande parte da ação transcorre num sonho. O início da história começa quando Poliphilo, o herói principal, tem uma noite turbulenta porque Polia, sua apaixonada, havia se separado dele. Ele volta a adormecer em sono profundo e a *hypnerotomachia* começa, ou seja, "a luta no sonho" como pode ser traduzido coloquialmente[5]. A narrativa é completada por uma série de ilustrações incluindo jardins. Entre elas um pequeno bosque com o objetivo de parecer selvagem, um bosque de palmeiras, um templo, uma pirâmide, um arco de triunfo, uma ponte, uma casa de banho, uma pérgola, um tanque de peixes, um labirinto aquático, ninfas, ruínas e um imenso jardim que envolve toda a ilha de Citera, a suposta morada de Vênus.

Os encontros idílicos fortuitos, do século XVIII, foram bem representados por François Boucher, o pintor francês do rococó,

---

[3] O *Romance da rosa* foi elaborado no século XIII. Este grande poema começou a ser escrito por Guillaume de Lorris como uma alegoria do amor cortesão. Foi finalizado por Jean de Meun, que radicalmente mudou a intenção original do poema e fez dele uma sátira em muitos aspectos da vida medieval, especialmente sobre a mulher e o casamento.

[4] Publicado anonimamente, sempre foi atribuído a Francesco Colonna. Liane Lefaivre, em um estudo recente, foi a primeira a questionar essa autoria e atribuí-la a Leon Battista Alberti. Para uma análise profunda da história e da autoria ver LEFAIVRE, Liane. *Leon Battista Alberti's Hypnerotomachia Poliphili*. Cambridge: Mit Press, 1977. Ver também a página eletrônica da "The Mit Press", onde se encontra o livro original da Hypnerotomachia Poliphili: <http://mitpress.mit.edu/e-books/HP>.

[5] Ele é transportado para dentro de uma floresta selvagem, se sente perdido, consegue escapar e adormece novamente. Ele acorda em um segundo sonho onde ninfas o seguram e encontram a rainha delas. Ele deve declarar seu amor por Polia, o que faz naquele momento. Duas ninfas o encaminham para três

como em seu quadro *O Encontro*. Esses são apenas alguns exemplos do prazer que os enamorados encontram naqueles espaços.

O "prazer do trabalho" é representado por Frederick van Valchenborch, artista do século XVI, em sua obra *Esquema de um jardim*, na qual retrata os labores do jardim como um outro prazer que a natureza pode proporcionar ao homem. Nessa obra, as pessoas trabalham organizando, limpando, tratando as plantas, plantando e ordenando, para ao final conseguirem um espaço prazeroso. Esse mesmo prazer é, também, observado no século XIX quando a jardinagem tornou-se uma atividade respeitável nas classes média e alta. Era um *hobby* apropriado para as mulheres da elite econômica e uma atividade almejada para aquelas da classe média. Acreditava-se que as mulheres tinham uma conexão mais direta com a jardinagem e que esta era um dom natural delas.

Jane Loudon escreveu vários livros, entre eles *Gardening for ladies*, de 1840, onde ela dizia que o jardim de flores era eminentemente um departamento das mulheres. O álbum era ilustrado com gravuras de flores e dedicado a um público feminino.

O jardim torna-se indispensável nas residências, a partir da segunda metade do século XIX, e a arte da jardinagem se faz presente nessa natureza domesticada e privada.

Existem muitos outros prazeres, como o "da extravagância". Monumentos arquitetônicos são inseridos na natureza para representar a vontade de homens singulares, como a chamada "Casa Abacaxi", construída por Lord Dunmore, na Escócia; o "prazer da moda", onde a indumentária e seus acessórios buscam elementos da natureza para constituírem a sua estrutura principal,

---

portões. Ele deve escolher um e opta pelo terceiro, onde está sua amada. São levados novamente por ninfas para um templo onde ficam noivos. Enquanto se dirigem para o templo, observam cinco procissões triunfais que celebram a sua união. Os apaixonados são levados para a ilha de Citera em um barco, tendo um cupido como seu contramestre e observam uma outra procissão triunfal. Após essa narrativa, eles são casados, mas Polia se transforma em ar rarefeito quando Poliphilo está para tomá-la em seus braços.

como ocorreu no século XVIII em que foi relativamente comum o uso de penteados em forma de jardim.

Destaca-se, ainda, o "prazer da terapia", pois alguns hospitais têm em suas áreas privadas jardins para auxiliar a cura de seus pacientes. Nesses espaços eles repousam, passeiam, convivem com plantas e flores fazendo com que a sua saúde se restabeleça mais rapidamente. Experiências têm sido feitas e, nesse início de século XXI, começam a se intensificar. Exemplos desse prazer são encontrados na Beneficência Portuguesa, Rio de Janeiro, RJ; no Sanatório Vicentina Aranha, São José dos Campos, SP; no Instituto de Psiquiatria, UFRJ/RJ, e em muitos outros. Neste último tivemos a possibilidade de observar o trabalho ali realizado com pacientes da instituição. Uma atividade séria que fez com que muitos que ali "trabalhavam" retomassem um pouco da consciência de suas vidas. Numa plaqueta feita por um deles podia-se ler "a paciência ajuda brotar a flor". Neste caso os "prazeres" que a natureza proporciona estão no resgate das palavras de um autor desconhecido que disse "Jardinagem é remédio que não precisa uma prescrição [...] e sem limite de dosagem".

Os jardins no Rio de Janeiro

No Brasil, não há uma longa tradição na elaboração de grandes jardins, e a partir do final do século XVIII nasce a preocupação em criá-los. Adaptados ao modo de vida local, vêm estimular a sensibilidade para a fruição da natureza. Essa prática se tornará mais frequente no século XIX, período em que se procederá à transformação da paisagem natural, baseada nas soluções características dos países que têm uma herança significativa na arte dos jardins.

A natureza brasileira sempre foi motivo de admiração por parte de todos os viajantes que aqui vinham por lazer e curiosidade ou na busca de novas espécies da nossa flora. Entre tantos deles, que nos deixaram suas impressões, Herman Burmeister foi um dos mais enfáticos, ao expressar o sentimento que a natureza carioca tinha lhe proporcionado, tendo ficando gravadas em seu íntimo as emoções do primeiro contato. Burmeister registrou em seu diário:

> Esse cenário natural levou-me à tentação de fixar em meu caderno a grandiosa impressão que me causava a vista do Novo Mundo. Sentei-me de pronto numa mesa e esbocei, em cores naturais, aquela paisagem, que ainda hoje guardo na memória com a máxima nitidez. Mais tarde, porém, quando pude contemplar bem de perto aquela natureza cuja vista me deixara extasiado, tudo me pareceu muito mais belo do que se aparentara a distância. [...] uma paisagem virgem iluminada por um céu tropical (BURMEISTER, 1980, p. 48).

Nos primeiros séculos após o Descobrimento do Brasil, os colonos, envolvidos com questões como sobrevivência, conquista e ataques, não estavam preocupados em se apropriar da paisagem natural para recriar jardins de contemplação e deleite. Afinal, sob muitos aspectos, a própria natureza se oferecia como um grande jardim das delícias. O espaço que circundava o homem era um lugar aprazível, isto é, um jardim com plantas ornamentais e alimentícias, ao mesmo tempo que riachos de água pura corriam através dele. Sob todos os aspectos, o homem vivendo nesse ambiente, considerava-se em completo estado de felicidade, a natureza era seu hábitat. Era ali que ele podia também caminhar, às margens das florestas, onde arbustos e trepadeiras cresciam livremente.

Assim, não temos jardim! Seguramente hortas utilitárias, para atender as necessidades da medicina ou da alimentação, mas não o jardim voltado para o sentido da beleza, da satisfação e do prazer. É durante o período da ocupação holandesa que se tem notícias das primeiras modificações nesse *status quo*.

Um dos primeiros jardins públicos construídos no Brasil, já com essas preocupações, foi o Passeio Público, executado justamente em finais do século XVIII, no Rio de Janeiro. Essa obra, iniciada em 1779, foi uma realização de D. Luis de Vasconcelos, que incumbiu Valentim da Fonseca e Silva – mais conhecido como o Mestre Valentim – de projetar um "jardim de prazer", isto é, um jardim público para servir à população da cidade. Esse artista exercia múltiplas atividades, a maior parte por intuição, sendo mais famoso como escultor e entalhador. Porém, foi a ele que se atribuiu esse primeiro projeto de jardim público.

Em paralelo ao discurso higienista nascente, ocorreu a integração dos elementos da flora na própria composição da cidade, como reação e, ao mesmo tempo, solução ao problema do adensamento urbano. As preocupações de ordem higiênica levaram a aterrar a lagoa existente (Lagoa Grande ou do Boqueirão da Ajuda), com o desmonte do outeiro das Mangueiras. Embora destinado a um público restrito, pois era circundado por um muro, o Passeio Público seria o primeiro jardim estruturado nas proximidades do contexto urbano. Inaugurado em 1783, teria sua própria história ligada ao desenvolvimento do Rio de Janeiro. Pelos registros existentes, constata-se que foi traçado nos moldes de um jardim francês – a perspectiva infinita proporcionada pelo mar que chegava até sua beirada, as *pelouses* e os caminhos retilíneos estão entre os diversos elementos utilizados. O seu estado atual corresponde à reforma realizada, já no século XIX, pelo botânico Auguste François Marie Glaziou.

Era um jardim fechado em três lados por um muro alto, onde existiam aberturas, alternadas com panos de paredes cegas, sendo as aberturas ornamentadas com vasos de cantaria. Embora de pequenas proporções e maltratado, era, ainda assim, o lugar de divertimento preferido em relação aos outros sítios do Rio de Janeiro. O mar ia até sua beirada, porém, em 1817, houve necessidade de obras em sua estrutura, já que o terraço estava à mercê das ondas e tendia a desaparecer. Delso Renault lembra que no ano de 1824 ele se tornou o primeiro lugar de recreio dentro do perímetro urbano. E ainda comenta:

> No terraço, com cerca de cem jardas de comprimento e largura proporcionada, existia um parapeito para o lado do mar, onde a gente se debruçava para gozar as delícias da brisa marinha e apreciar a paisagem que se abria diante dos olhos como um quadro raro (RENAULT, 1969, p. 60).

Uma grande avenida, lembrando uma alameda, formava o eixo longitudinal e uma série de caminhos o cortavam. A gruta dos jacarés era encimada por um coqueiro de ferro pintado de verde, com aproximadamente quatro metros de altura.

Ele possuía diversos elementos ornamentais em sua composição, sendo que alguns permanecem até hoje: a fonte dos jacarés, citada anteriormente, o terraço com uma espécie de belvedere à beira-mar – atualmente afastado do mar pelos sucessivos aterros –, lago e fonte do menino com a inscrição "Sou útil ainda brincando, pirâmides de granito com as inscrições "À saudade do Rio" e "Ao amor do público" e o grande portão de entrada.

No terraço, à beira-mar, existiam dois pavilhões quadrangulares, o da esquerda ornado com uma estátua de Mercúrio e o da direita com uma estátua de Apolo, ambas em mármore. Quando os viajantes T. von Leithold e L. von Rango estiveram no Rio em 1819, mostraram certa decepção relacionada a esse lugar:

> O único passeio para os habitantes da cidade é uma praça junto ao mar, cujo tamanho é a metade da nossa Gens d'armes Platz. Pelo traçado dos canteiros, parece mais uma horta comum. É aliás, muito pouco frequentada (RODRIGUÉSIA, 1979, p. 239).

Observa-se, por levantamentos efetuados, que ainda em 1836 o Rio de Janeiro não dispunha de jardins de diversão, com exceção do Passeio Público, que continuava a ser o lugar de recreio da população. Anúncios nos periódicos mostram a necessidade, sentida pela população, que exigia do governo a sua melhoria, a fim de tornar o lugar mais agradável. A expressão "único lugar de recreio" se sucederá e ecoará na sociedade, clamando muitas vezes por mais áreas de lazer.

No ano de 1854, no Rio de Janeiro, a iluminação a gás estava sendo introduzida e o Passeio Público não foi esquecido, como lembra Delso Renault: "Ilumina-se o Passeio Público, cujas luzes, coando-se entre as árvores copadas e refletindo-se no mar, oferecem espetáculo admirável" (RENAULT, 1978, p, 82).

Em 1858, ele terá como diretor Luiz Riedel, constando em periódicos da época que existiam trabalhadores para sua manutenção e um cabo e três soldados veteranos para guardas do portão (ALMANAK LAEMMERT, 1858, p. 102).

Em razão da falta de cuidados e da atenção necessária para com ele, o Passeio Público, a partir de 1862, fica abandonado e por essa razão no ano seguinte é fechado, só voltando a funcionar em 1864, quando Delso Renault lembra:

> Reabre-se também o Passeio Público, local aprazível nas noites de verão. Nele costuma-se apresentar um programa musical, como fez há pouco a banda dos músicos alemães. Lástima que seu portão se feche às dez horas, com o porteiro a advertir os casais sobre a rigidez do horário. Será por economia? Pena. O jornal roga à autoridade que prorrogue esse horário nas noites de luar: "Nem haverá maior dispêndio, porque o luar é mais apreciável que o gás" (RENAULT, 1978, p. 239).

Mas isso não irá durar muito. No ano seguinte começam as reclamações em relação à iluminação ineficiente para um dos poucos jardins de lazer existentes na cidade. A população pede providências e denuncia que "há muito tempo que se não acende mais do que a metade dos lampeões que aí há!" (RENAULT, 1978, p. 252). O Passeio Público tem uma triste história de sucessivas reformas e abandonos. Delso Renault, seu cronista constante, descreve como esse jardim também servia de palco para festas de caridade com a finalidade de angariar fundos para irmandades realizarem obras em suas igrejas.

> Diante do cotidiano de apreensão e sacrifícios a sociedade se retrai. [...] Aquela via será ainda a passarela da moda e do flerte até o findar do século. O Passeio Público é abandonado e, depois de reformado, é local onde se bebe cerveja e se ouve música. A comissão da Irmandade do S. S. da Freguesia da Glória organiza os festejos, visando dar continuidade às obras da matriz do Largo do Machado, paralisada há muito por falta de recursos. Peças escolhidas serão representadas pelos artistas do *Alcazar* no palco armado no terraço do jardim. Iluminação veneziana do ambiente, com pavilhões e pirâmides. Chuvas de fogo no repuxo da entrada. Dois incêndios artificiais no jardim [...] (RENAULT, 1978, p. 268).

Todos os viajantes que marcaram sua passagem pelo Rio de Janeiro deixaram registrada, de uma maneira ou de outra, a impressão que o Passeio Público lhes causava. Os fatos narrados em seus escritos se repetem: a organização formal do jardim; os clamores da população são os mesmos; o encanto de ver uma cidade rodeada de morros e florestas se manifesta fortemente naqueles que para aquele espaço se dirigiam para admirar a paisagem, estudar as espécies botânicas, ou para o simples lazer. Charles Ribeyrolles deixa claros, através de sua impressão, alguns desses elementos:

> É um jardim malcuidado, quase sem arte, sem cultura. Tem realmente árvores soberbas como pinheiros, bombax e algumas palmeiras de coifa abertas em leque. Ali há frescura, flores e sombra. E como última aleia, um magnífico terraço de pedra que defronta com a baía. Dois pequenos pavilhões octogonais [...] estão colocados nas extremidades [...]. Quanta vez, debruçado no peitoril de granito, passei as primeiras horas vespertinas, seguindo na vaga os reflexos do céu, as sombras no horizonte, os sonhos e as recordações na fímbria longínqua da baía (RIBEYROLLES, 1980, p. 191 e 192).

Quer sujo ou bem cuidado, quer abandonado ou restaurado, ou com a população à procura de lazer na sombra de suas frondosas árvores copadas, esse jardim é um marco do paisagismo organizado no nosso país.

No entanto, no século XIX, várias foram as áreas verdes no Brasil que serviram de lugar de lazer e diversão. A chegada da família real fez com que nascessem uma nova sensibilidade em relação à paisagem e uma nova maneira de pensar a natureza no contexto urbano, já que a cidade possuía um grande jardim "natural" ao seu redor. A preocupação em criar novas áreas verdes, como o Jardim de Aclimação, reorganizar e manter funcionando as poucas existentes, como o Passeio Público, já era um avanço para uma cidade precária, malcheirosa, provinciana, suja e descuidada, com ruas na maior parte compridas, tortas e estreitas (SEIDER, 1980, p. 45). Além disso, como lembram Spix e Martius, "a presença da Corte já vai começando a influir favoravelmente no gosto arquitetônico" (SPIX; MARTIUS, 1981, v.1, p. 49) e consequentemente na organização da natureza ao seu redor.

Dentre as iniciativas do regente – D. João –, destaca-se a fundação do Jardim Botânico do Rio de Janeiro. Inicialmente criado com o nome de Real Horto, em 1819 passou a chamar-se Real Jardim Botânico. Sua base inicial foi o cultivo de plantas exóticas e raras. Algumas espécies forneceriam a matéria-prima para o uso na fábrica de pólvora instalada em seu interior. D. João VI acrescentou um jardim com árvores de interesse comercial e industrial, podendo garantir, dessa maneira, a produção de materiais exportáveis, produzindo uma renda razoável para Portugal.

O Real Jardim Botânico era inteiramente privado e, no reinado de D. Pedro I, mais precisamente em 1822, foi aberto à visitação pública, mas era necessária autorização do diretor e mesmo assim os visitantes percorriam seus espaços acompanhados por policiais ou seguranças.

No tocante ao jardim privado, ele vai estar ligado, no início, principalmente ao requinte exigido pelo palácio e depois à própria casa do homem comum. Os membros da corte, ao adquirirem terrenos no bairro de São Cristóvão para a construção de seus palacetes, cuidavam para que a futura residência incorporasse um jardim. As chácaras já existentes na área, ou até mesmo as fazendas de café nos arredores, mantinham seus jardins, e os proprietários solicitavam a embaixadores estrangeiros ou a cônsules sementes e mudas de flores como copos-de-leite, dálias, dracenas, hibiscos, lírios, roseiras de muitas variedades e diversas outras espécies vegetais. Nos diferentes pontos do Rio de Janeiro, a preocupação com a organização do exterior se torna evidente na composição do espaço arquitetônico. Nos bairros das Laranjeiras, do Rio Comprido, do Andaraí e de Santa Teresa, isso se torna claro quando consultamos os autores que mencionaram esses locais em seus livros. Gastão Cruls informa que, em Santa Teresa, uma dessas velhas casas, contendo vastos salões, complementava-se com o jardim que se situava à sua frente. Pela sua descrição, pode-se também perceber o gosto pelas flores na sociedade da época:

> [...] Janelas de sacada à frente dando para um jardim onde não faltavam o repuxo e o caramanchão coberto de jasmins. Onde abundavam as plantas ornamentais: hibiscos sangrando no ponto dos galhos e aqueles crótons de folhas verdes riscadas de amarelo, que serviram de distintivo nacional nos dias agitados que precederam a abdicação de D. Pedro I. Onde as flores eram de todo ano. Manacás cheirosos e espirradeiras vistosas. Muita rosa e muito amor-perfeito. A sala de jantar, [...], abria-se para uma varanda sobre a baía, ao longe, e, embaixo, sobre a copa das árvores que disfarçavam a trilha ziguezagueante do pomar (CRULS, 1965, v. 2, p. 503 e 504).

As grandes chácaras dos arrabaldes não fugiam às anotações de Gastão Cruls, que descreve em pormenores os elementos que, junto com a natureza selvagem[6], compunham os jardins. Uma chácara que pertenceu ao Barão do Andaraí e outra de José Antônio de Figueiredo Júnior, pai do Conde de Figueiredo, localizavam-se no bairro do Andaraí Pequeno (hoje no final da rua Conde de Bonfim), na depressão de um vale, e das vertentes situadas próximas desciam riachos criando sulcos na terra. Cruls acrescenta: "daí a fartura de água, permitindo cascatinhas e piscinas naturais, lagos e tanques, fontes e repuxos" (CRULS, 1965, v. 2, p. 506). E, indo mais além, observa:

[6] A expressão "natureza selvagem" refere-se àquela não alterada no seu aspecto original.

> Os jardins dessas chácaras, com os canteiros cobertos de flores, com os muros vestidos de hera e latadas e caramanchéis entretecidos de trepadeiras, não se contentavam com os enfeites que lhes dava a louça vidrada. Usavam-se também muito na sua ornamentação os chamados *embrechados*. Conchas, cacos de louça e pedrinhas roliças embutidas, à moda de mosaico, na argamassa que revestia a bacia dos repuxos, o respaldo e o assento dos bancos, e até certos murozinhos que acompanhavam o contorno dos canteiros. Além disso, estátuas de mármore, quase sempre representando divindades mitológicas, as quatro estações do ano ou as cinco partes do mundo, surgiam aqui e ali, dentre os tufos de verdura. Ou então eram grandes bolas de vidro brilhante, azul, verde, amarelo ou vermelho que, descansando sobre aramação de ferro, quando batidas pelo sol, refrangiam coruscações ofuscantes (CRULS, 1965, v. 2, p. 506).

O bairro de Botafogo, no ano de 1843, já mostrava determinados elementos que fariam dele, alguns anos mais tarde, o bairro requintado por suas belas chácaras e residências. Delso Renault comenta:

> Os proprietários das residências senhoriais de Botafogo, das chácaras e de outros recantos da cidade embelezam seus jardins e, possivelmente, recorrem aos "jardins floristas franceses", que anunciam "plantas exóticas tais como: camélias, azaleias, espirradeiras, peônias, magnólias [...] roseiras de novas espécies, arvores frutíferas". E continua "As plantas "floríferas e frutíferas" vêm "diretamente da França". Muitos jardins floriram na cidade com as sementes que vinham pelo Atlântico. "Sementes de flores mui lindas e legumes de 1ª qualidade" chegam à Corte nos meados do ano (RENAULT, 1978, p. 196).

As plantas das casas urbanas da burguesia passam a ter formas diferentes. Elas abandonam o modelo tradicional, compacto, e sua composição passa a ter diversas soluções: L, U, T, etc. Uma nova tipologia se estabelecerá na relação "casa + jardim", pois as residências "soltam-se" dos limites dos lotes, para receberem áreas verdes projetadas como complemento da construção. Num primeiro momento, parece haver o recuo da fachada em relação aos limites da via pública. Nesse espaço haverá a incorporação de um jardim, muitas vezes simplificado em razões do espaço pequeno a ele destinado. O segundo tipo adotará a colocação do jardim na lateral, possibilitado pela maior largura do lote. Isso ainda permitia uma melhor aeração e iluminação. Os jardins laterais tornavam-se um complemento dos prédios e, como aponta Nestor Goulart Reis Filho, eram acrescidos de "varandas apoiadas em colunas de ferro, com gradis, às quais se chegava por meio de caprichosas escadas com degraus de mármore" (REIS FILHO, 1970, p. 46). E, finalmente, a edificação ficará centrada em relação ao terreno e cercada, portanto, por um jardim, lembrando em muitos casos, o aspecto das antigas chácaras que foram importantes e que representavam o *status* social de seu proprietário.

Assim como as flores, os materiais empregados eram importados da Europa: cerâmica do Porto (estátuas, vasos, pinhas), estruturas de ferro, principalmente da França e da Bélgica. Além dos jardins privados, inicia-se também a ornamentação das praças e jardins públicos de grande importância no traçado urbano, como reflexo do que também ocorria na Europa. Os chafarizes construídos por Mestre Valentim e Montigny são os precursores dos que ornamentarão os jardins públicos. Além dos chafarizes em ferro, constroem-se coretos e estátuas. Em relação às suas características compositivas, o jardim vai seguir, sobretudo, a solução paisagista. Esse modelo chega ao Brasil na metade do século XIX e é representado pelo jardim inglês, com alamedas, grandes árvores e com um tratamento que lembra a organização "natural". A solução paisagista apresenta, como regra geral, a seguinte estrutura formal: caminhos sinuosos, a utilização de elementos como lagos, pontes, caramanchões, pavilhões, estufas, esculturas e compondo-se de uma vegetação extremamente variada, com algumas plantas importadas, e até tropicais, em alguns exemplos.

Mais uma vez recorrermos a Delso Renault, que descreve a relação casa e jardim no ano de 1853:

> Predominam as vivendas confortáveis com belos jardins, para os quais se apura uma arte do adorno: a topiária. Mudas colhidas no Jardim Botânico não são as únicas que vão crescer e florir nos jardins e nas chácaras. A sociedade cultua a flor e, com isso, atrai a horticultura francesa. São constantes os desembarques de coleções de plantas, flores, arbustos de enfeite, agradáveis

> ao olfato: "camélias do Japão, cravinas da China, magnólias, rhododendron, e rosas dálias, raízes de flores, como anêmonas, gladíolos, íris, crysanthemas, azelia, macieiras, pereiras, cerejeiras, pessegueiros (RENAULT, 1978, p. 66).

Infelizmente, nem todas as espécies foram adaptadas ao nosso clima. Enquanto algumas morriam, outras, quando utilizadas através de enxertia, evoluíam para uma adaptação climática à região.

Outro exemplo de jardim público, onde o lazer também esteve presente no século XIX, foi o Campo de Santana, que tem sua história como logradouro iniciada no século XVIII, pois anteriormente não passava de uma grande área pantanosa, que servia para despejo dos detritos recolhidos na área urbana, sendo conhecido por Campo da Cidade. Quando, próxima a ele, foi erguida a capela de uma confraria de pretos dedicada a São Domingos de Gusmão, começou a ser denominado Campo de São Domingos. O lugar continuou sendo um descampado, e os brejos e pântanos ainda se faziam presentes.

Com o desenvolvimento do centro da cidade, o lugar começou, pouco a pouco, a modificar suas feições, com construções espalhadas que iniciaram a composição de uma nova estrutura do local. O aparecimento de chácaras de grandes dimensões também foi modificando a paisagem.

Foi com Auguste Glaziou e com a colaboração de Francisco José Fialho, que ele chegou à sua forma definitiva e, apesar de mutilado no seu tamanho, mantém praticamente a sua forma original. Em 1871 foi apresentado à Câmara Municipal, um projeto para reformular integralmente o Campo de Santana, sendo o mesmo aprovado em 1872. Glaziou assumiu sozinho o referido projeto.

Jeanne Trindade lembra que

> durante as festividades de comemoração do casamento da princesa Maria Teresa, em 1810, o Intendente-Geral da Polícia, Paulo Fernandes Viana, que ocupava uma posição semelhante

> ao cargo de prefeito municipal dos dias de hoje, construiu no Campo de Santana uma "praça de curro" para festas públicas de cavalhadas e corridas de touros. Durante os espetáculos desses festejos foi executado um jardim provisório, contendo plantas aromáticas e palmeiras e ainda, uma iluminação especial solicitada por D. João VI (TRINDADE, 2000, p. 86).

E ainda comenta que

> durante todo século XIX, o Campo de Santana foi palco de diversos festejos féericos da nobreza, manifestações populares, além de atividades e festas militares. A família imperial e a corte elegeram esse espaço como cenário de suas exibições de pompa e circunstância (TRINDADE, 2000, p. 88).

O Campo de Santana foi gradativamente tornando-se um importante espaço de convergência social, apesar de várias propostas para seu embelezamento serem seguidamente rejeitadas, algumas por serem demasiado caras, outras pelo alto grau de excentricidade que apresentavam, ou, até mesmo, por não estarem de acordo com o objetivo do espaço – lazer para a população.

No decorrer de sete anos, Glaziou transformou o Campo de Santana, que foi tomando uma forma estruturada dentro da concepção inglesa, sendo que 86.587,95 m², da área total, eram ocupados pelas diversas espécies vegetais[7]. O espaço restante destinava-se aos caminhos sinuosos; aos córregos que são transpostos por pontes; à cascata, situada junto a uma elevação do terreno, de onde jorrava a água de uma fonte que abastecia os diversos cursos d'água do jardim. Existiam outros elementos complementares, tais como: grutas artificiais, caramanchões, monumentos arquitetônicos, pontes e esculturas.

---

[7] Ver trabalho de TERRA, Carlos G. *O jardim no Brasil no século XIX*: Glaziou revistado. 2ª ed. Rio de Janeiro: EBA/UFRJ, 2000. No Anexo 4, está o Relatório apresentado à Assembleia Geral na primeira sessão da décima-nona legislatura pelo ministro e secretário de Estado dos Negócios da Agricultura, Comércio e Obras Públicas João Ferreira de Moura, datado de 1885, onde se encontram registradas as principais plantas exóticas e indígenas cultivadas no Passeio Público do Rio de Janeiro e no Campo de Santana. No Anexo 6 estão as principais plantas do Campo de Santana. Ver também a Dissertação de Mestrado de TRINDADE, Jeanne Almeida de. *Campo de Santana*: um patrimônio cultural carioca. Rio de Janeiro: FAU/UFRJ, 2000, que, no Capítulo 3, aborda o projeto de Glaziou, as transformações ocorridas e a legislação utilizada.

O projeto foi elaborado para que o parque pudesse ser vivenciado e apreciado pelos frequentadores, proporcionando-lhes ambientes lúdicos e de deleite, como lembra Trindade "nos quais os usuários do espaço são as figuras mais importantes do projeto e todos os elementos foram criados com o objetivo de proporcionar elementos de beleza e prazer" (TRINDADE, 2000, p. 111).

O *Jornal do Commercio*, em 7 de setembro de 1880, destaca: "Conquanto o jardim do campo da Aclamação já seja um passeio agradável, é só daqui alguns anos que poderá ostentar todos os seus atrativos e riquezas" (TRINDADE, 2000, p. 113).

Sua inauguração ocorreu no dia 7 de setembro de 1880, estando presente ao evento o Imperador D. Pedro II. Na ocasião, Glaziou recebeu do ministro do Império, Barão Homem de Mello, o decreto que lhe conferia o grau de Comendador da Ordem de Cristo. Os elogios ao seu criador e ao local ecoaram por todos os lados, provenientes daqueles que viram o espaço sofrer tal mudança drástica. A imprensa não deixou de noticiar o acontecimento, como o já citado *Jornal do Commercio*, que descreve minuciosamente o jardim, no mesmo dia da inauguração, na Seção Gazetilha (p. 1):

> Este formoso jardim, o mais belo que se pode encontrar no centro de uma capital, vai ser hoje entregue para logradouro do público fluminense.
> [...] Aí fica, pois, o público do Rio de Janeiro de posse de um magnífico logradouro de que tanto carecia para seu recreio e higiene, e bom será que à vista dos custosos sacrifícios que este jardim impôs aos cofres da nação, o nosso público ordeiro e bem intencionado como é zele essa propriedade nacional, como se ela pertencesse a cada um em separado.

Na cidade do Rio de Janeiro do século XIX, com suas ruas estreitas, sujas e empoeiradas, muitas casas possuíam jardins com plantas nativas e exóticas, e nesses espaços seus moradores, nos momentos de ócio, passeavam pelos caminhos cheios de flores, se deliciavam com a vegetação ou repousavam sob um caramanchão. Outros jardins maiores enfeitavam as cercanias para onde a população, às vezes, fugindo do calor, se dirigia nas suas horas de lazer. Nesses jardins públicos conversavam, apreciavam a paisagem, ouviam música ou caminhavam e assim, pelo prazer do lazer, homem e natureza se integravam perfeitamente.

Bibliografia

Almanak Laemmert. Rio de Janeiro: Eduard e Heinrich Laemmert, 1858.

BURMEISTER, Herman. *Viagem ao interior do Brasil através das províncias do Rio de Janeiro e Minas Gerais:* visitando especialmente a história natural dos distritos auridiamantíferos. Belo Horizonte: Itatiaia, 1980.

CRULS, Gastão. *Aparência do Rio de Janeiro*. Rio de Janeiro: José Olympio, 1965. 2 v.

CUNHA, Almir Paredes. *Dicionário de artes plásticas*. Rio de Janeiro: EBA/UFRJ, 2005.

FREYRE, Gilberto. *Sobrados & mucambos*: decadência do patriarcado rural e desenvolvimento do urbano. Rio de Janeiro: J. Olympio, 1981. v. 1, p. 42.

LORRIS, Guillaume de; MEUN, Jean de. *The romance of the rose*. New York: Meridian Book, 1962.

MACKAY, Charles. *Ilusões populares e a loucura das massas*. Rio de Janeiro: Ediouro, 2002.

MEDEIROS, Ethel Bauzer. *O lazer no planejamento urbano*. Rio de Janeiro: Fundação Getúlio Vargas, 1971.

MILLER, Mara. *The garden as an art*. Albany: State University of New York Press, 1993.

O jardim do Passeio Público do Rio de Janeiro: Paisagismo. *Rodriguésia*, Rio de Janeiro, ano XXXI, n. 51, p.235-281, 1979.

REIS FILHO, Nestor Goulart. *Quadro da arquitetura no Brasil*. São Paulo: Perspectiva, 1970. (Debate, 18).

RENAULT, Delso. *O Rio de Janeiro nos anúncios de jornais*. Rio de Janeiro: José Olympio, 1969.

______. *Rio de Janeiro*: a vida da cidade refletida nos jornais. Rio de Janeiro: Civilização Brasileira, 1978.

RIBEYROLLES, Charles. *Brasil pitoresco*: história, descrição, viagens, colonização, instituições. Belo Horizonte: Itatiaia, 1980.

SEGAWA, Hugo. *Ao amor do público:* jardins no Brasil. São Paulo: Nobel, 1996.

SEIDER, Carl. *Dez anos no Brasil*. Belo Horizonte: Itatiaia, 1980.

SPIX e MARTIUS. *Viagem pelo Brasil*: 1817-1820. Belo Horizonte: Itatiaia, 1981. 3 v.

TERRA, Carlos G. *O jardim no Brasil no século XIX:* Glaziou revisitado. 2 ed. Rio de Janeiro: EBA/UFRJ, 2000.

______. *Paisagens construídas:* jardins, praças e parques do Rio de Janeiro na se gunda metade do século XIX. Tese de Doutorado em Artes Visuais. Rio de Janeiro: Universidade Federal do Rio de Janeiro, 2004.

TRINDADE, Jeanne Almeida da. *Campo de Santana:* um patrimônio cultural carioca. Dissertação de Mestrado em Arquitetura. Rio de Janeiro: Universidade Federal do Rio de Janeiro, 2000.

A magia dos palcos: o teatro no Rio de Janeiro do século XIX

Andrea Marzano

O que significava, para literatos, artistas e público, escrever para o teatro, estar no palco ou se acomodar numa plateia do século XIX? Seria o teatro tribuna, escola de costumes, oportunidade de ascensão social, chance de exibir joias e vestidos ou simples entretenimento[1]?

O teatro foi tudo isso ao mesmo tempo. Quando tentamos imaginar o universo teatral do século XIX, lembramos de Martins Pena, considerado o criador da comédia de costumes brasileira, do ator e empresário João Caetano e do famoso revistógrafo Artur Azevedo. Os leitores mais interessados talvez lembrem, ainda, que os maiores expoentes do romance oitocentista, como José de Alencar e Machado de Assis, escreveram textos teatrais. Entretanto, mesmo indicando a importância do teatro naqueles tempos, essas breves informações são insuficientes para dar conta do seu dinamismo, riqueza e variedade.

Tal riqueza se anunciava, mesmo que timidamente, nos séculos anteriores. No período colonial, a atividade teatral era associada à Igreja Católica, aos festejos religiosos e, depois, às Casas da Ópera. Os textos dramáticos de José de Anchieta, encenados

---

[1] Algumas ideias apresentadas neste artigo foram desenvolvidas em MARZANO, 2008a.

nas três últimas décadas do século XVI, são frequentemente apontados como os primeiros da Colônia. Voltados para a catequese e escritos numa mistura de português, espanhol e tupi, eram representados por crianças indígenas que cantavam e dançavam, às vezes em procissão[2].

Ao longo do século XVIII, o teatro foi se desenvolvendo aos poucos, primeiro em Salvador, a sede do Vice-Reinado, depois no Rio de Janeiro e, por fim, em capitanias ricas em ouro e pedras preciosas, como Minas Gerais e Mato Grosso. Nas festas religiosas, comédias espanholas eram representadas dentro ou fora das igrejas e terminavam com danças improvisadas de padres, freiras, monges e fiéis. Depois dos espetáculos, a diversão continuava com cavalhadas, touradas, combates simulados, números musicais, fogos de artifício e desfile de carros alegóricos.

Na segunda metade do século XVIII, coincidindo com a chegada e o sucesso da ópera italiana, foram construídos teatros em várias cidades da Colônia: Rio de Janeiro, Salvador, Recife, São Paulo e Porto Alegre. Conhecidos como Casas da Ópera, esses teatros tinham cerca de 400 lugares e privilegiavam os libretos de Pietro Metastasio traduzidos em Portugal, que de tanto sucesso passaram a ser vendidos nas ruas, por ambulantes.

A Casa da Ópera do Rio de Janeiro, fundada em 1767 e destruída por um incêndio dois anos depois, abrigava um elenco de mestiços e uma orquestra regida pelo Padre Ventura, conhecido pela corcunda e apreciado pelos dotes musicais. Também mestiço, o Padre Ventura costumava se apresentar cantando lundus e dançando o fado, garantindo a alegria do público.

Para além das Casas da Ópera, a atividade teatral era mantida por elencos amadores, que incluíam forros, estudantes, professores de primeiras letras, pequenos funcionários públicos, caixeiros e militares. Dos textos encenados, os preferidos eram os

---

[2] Sobre a atividade teatral na Colônia e no período joanino, ver MARZANO, 2008b.

entremezes ibéricos – pequenos, com muita música e espaço para improvisações –, além das óperas e tragédias chegadas em primeira mão da Espanha, da Itália e da França.

Por volta de 1776, foi construído no Rio de Janeiro, em frente ao Paço, o Teatro de Manuel Luís, logo conhecido como Ópera Nova em oposição à Ópera Velha do Padre Ventura. Seu dono, um bailarino barrigudo e amigo do Vice-Rei Marquês do Lavradio, era também barbeiro, ator e tocador de fagote. Entre os artistas que lá se apresentavam, faziam grande sucesso José Inácio da Costa, negro que improvisava e escrevia versos chistosos e depois se tornou Sargento-Mor do Terço dos Homens Pardos, e a atriz e cantora Lapinha, que atuou em Lisboa e no Porto no final do século XVIII.

Como ainda não existia imprensa regular, os espetáculos eram anunciados por timbaleiros, que percorriam as ruas em meio à algazarra das crianças e de alguns populares. No repertório, eram comuns as óperas de Antônio José, as comédias de Molière, mágicas e cantorias, além do apreciado drama sobre o trágico amor de D. Inês de Castro e D. Pedro, filho do rei português D. Afonso IV. Após a chegada da família real portuguesa, o Teatro de Manuel Luís foi fechado, tornando-se a residência dos empregados do Paço.

No final do século XVIII, as representações teatrais também faziam parte de cerimônias cívicas, nos aniversários dos governadores de província, das autoridades eclesiásticas ou nas homenagens a membros da família real portuguesa. A presença de mestiços nos elencos e a má fama das atrizes demonstravam o descrédito da profissão de ator e sua estreita relação com os segmentos populares, características que se manteriam no século seguinte.

Em 1810, após a chegada da Corte ao Rio de Janeiro, o Príncipe Regente assinou um decreto prevendo a construção de um teatro luxuoso, digno da sede do Império português. Aberto ao público três anos depois na atual praça Tiradentes, então conhecida como Rocio, esse teatro simbolizou o fim do ciclo das Casas de Ópera, tornando-se um dos mais importantes do século XIX e abrigando todos os gêneros teatrais. Seu traçado, em estilo neoclássico, era semelhante ao do Teatro de São Carlos de Lisboa. Além da plateia, que comportava cerca de 1200 pessoas, o teatro contava com quatro ordens de camarotes. O pano de boca, de José Leandro, representava a entrada da esquadra portuguesa na baía de Guanabara, conduzindo a família real.

Inaugurado como Teatro de São João em homenagem ao Príncipe Regente, mudou de nome várias vezes, acompanhando as circunstâncias históricas. Após a proclamação da Independência por D. Pedro I, passou a se chamar Teatro de São Pedro de Alcântara; com a abdicação do primeiro Imperador, ganhou o nome de Teatro Constitucional Fluminense; em consequência da sucessão dinástica, tornou-se novamente São Pedro de Alcântara, até receber o nome de João Caetano, em homenagem a um dos mais importantes atores e empresários que o ocuparam no século XIX.

A sucessão de denominações do Teatro de São João demonstra a ligação íntima, na cidade, entre os acontecimentos políticos e o palco. Essa relação, entretanto, ultrapassava os nomes pelos quais o teatro era conhecido. Foi em seu terraço que, em 26 de fevereiro de 1821, D. Pedro I leu, em nome de D. João VI, o decreto sancionando a Constituição que estava sendo elaborada em Portugal. Em uma de suas salas, no dia 5 de junho de 1821, D. Pedro I jurou as bases da Constituição portuguesa, e também lá se apresentou ao povo, em 15 de setembro de 1822, após proclamar a Independência em São Paulo.

Eventos políticos geraram incidentes violentos no Teatro de São João. Em abril de 1821, pouco antes do retorno de D. João VI a Portugal, o Rio de Janeiro foi palco de grandes agitações. Em todas as noites, os espetáculos eram interrompidos por versos que insultavam a família real, levando muitos *habitués* a desistirem de frequentá-los.

A instalação da família real na cidade não só aumentou a preocupação das autoridades com o bom comportamento nos teatros, como gerou a necessidade de obtenção de recursos para a construção de edifícios maiores e mais requintados. O Teatro de São João foi construído por Fernando José de Almeida, o primeiro empresário teatral a receber subsídios da Coroa. Vindo de Portugal em 1801 como cabeleireiro do Vice-Rei, Fernando José conseguiu isenção do pagamento de taxas alfandegárias sobre todos os produtos comprados para a construção do teatro, além de receber do governo 150 mil-réis pelos camarotes do ministro do Reino, do Encarregado das Armas e do Intendente-Geral de Polícia, e 100 mil-réis pela tribuna real.

Em 1810, foi prometida ao empresário a apuração de seis loterias anuais após a abertura do teatro, inaugurando uma forma comum de subvenção à atividade teatral no Rio de Janeiro do século XIX. No final de 1811, foi concedida a venda, na capitania da Bahia, de bilhetes das loterias do teatro da Corte.

A inauguração do Teatro de São João, em 12 de outubro de 1813, contou com a encenação de um poema musicado pelo maestro Marcos Portugal, que nasceu em Lisboa mas viveu no Rio de Janeiro até sua morte, em 1830. Várias de suas óperas foram encenadas naquele teatro, todas alcançando grande sucesso de público. Por aquela época, o teatro foi ocupado por uma companhia de canto, dirigida por Ruscolli, e uma de balé, dirigida por Lacombe. Outra presença marcante foi a da companhia da famosa atriz portuguesa Mariana Torres, notável em tragédias e enredos amorosos.

Abrigando dramas, óperas e bailados e contando com os incentivos de D. João VI, o teatro recebia, com frequência, companhias estrangeiras vindas, sobretudo, de Portugal. No repertório, faziam grande sucesso, além dos libretos de Marcos Portugal, as óperas de Rossini e Schiller. Reforçando os vínculos entre o teatro e os acontecimentos políticos, após a abdicação de D. Pedro I muitas óperas italianas e peças portuguesas foram substituídas por textos franceses e alemães, quase sempre mal traduzidos e adaptados para incluir alusões aos assuntos políticos do momento. Paralelamente, muitos atores europeus foram substituídos por brasileiros nas companhias.

Embora fosse a mais prestigiada casa de espetáculos do Brasil, frequentada com regularidade pelo Regente e sua família, o Teatro de São João foi descrito por visitantes estrangeiros, como o escritor francês Jacques Arago, como abrigo de representações medíocres, com figurinos pobres e interpretações lamentáveis. A descrição do também francês Victor Jacquemont, que assistiu à encenação de uma ópera de Rossini no final da década de 1820, refere-se a uma sala grande e sem lustres, com lampiões à frente dos camarotes. Mulheres exageradamente enfeitadas e homens em trajes de cerimônia e cobertos de condecorações enchiam o teatro em noites de espetáculo. Na praça em frente, repleta de carruagens, mulas mascavam um capim ralo e empoeirado, cocheiros dormiam, bebiam ou jogavam e centenas de negros viam o tempo passar após deixarem as distintas famílias que ocupavam a plateia e os camarotes (apud PRADO, 2003, p. 35)

A atividade teatral não se resumia ao Teatro de São João. Só no Rio de Janeiro, e apenas no período joanino, foram construídos com apoio de negociantes, além do Teatro de São João, pelo menos dois teatrinhos particulares, inaugurados, respectivamente, em 1815 e 1820. O primeiro deles, nas proximidades do Teatro de São João, chegou a atrair grande público, fazendo com que o empresário concorrente provocasse, por meio de intrigas, a dissolução da sociedade particular que o ocupava dois anos após sua inauguração.

Por outro lado, não há motivos para se acreditar que a atividade teatral fosse restrita, naqueles tempos, às casas regulares de espetáculos. O teatro de bonecos existia, no Rio de Janeiro, desde pelo menos o século XVIII, sendo exibido em portas abertas, divididas em duas partes por cortinas improvisadas. A parte de cima era a boca de cena, onde se via um boneco manipulado por um homem escondido, que depois recolhia contribuições. Mais rudimentares que os primeiros, os espetáculos ambulantes eram feitos por meninos que, escondidos atrás de capas seguradas pelos "empresários", manipulavam bonecos. Por fim, existiam as salas especializadas em teatro de bonecos, que possuíam pequenos palcos e caprichavam nos cenários de papel.

Na primeira metade do século XIX, a companhia teatral que atuou com mais regularidade no Rio de Janeiro foi a do ator João Caetano. João Caetano estreou profissionalmente em Itaboraí, no interior da província, em 1827. Algum tempo depois, tornou-se ator do Teatro São Pedro de Alcântara, ocupado por uma companhia de artistas portugueses. Obrigado a se retirar por se desentender com os colegas, foi reverenciado, em tempos de antilusitanismo, como o primeiro ator e empresário teatral brasileiro. Em 1833, fundou sua própria companhia, que peregrinou por teatros de Mangaratiba, Angra dos Reis e Niterói, ocupando o São Pedro de Alcântara em 1834. Em 1839, começou a receber subsídios governamentais e se transferiu para o Teatro Niteroiense, construído em 1827 e rebatizado como Teatro de Santa Tereza em 1842, em homenagem à futura Imperatriz do Brasil.

A companhia de João Caetano voltou para o São Pedro em 1840 e se abrigou temporariamente, no ano seguinte, no Teatro São Francisco. Após um período de atividade profissional descontínua, em que atuou no Teatro do Valongo, na província e nos teatros São Januário e São Francisco, o ator-empresário se instalou nesse último em 1846, onde permaneceu por dois anos[3]. Em

[3] O Teatro do Valongo foi inaugurado em 1833. O São Januário, inicialmente denominado Teatro da Praia de D. Manuel, foi construído por uma companhia de

1848, transferiu-se para o São Januário. Dois anos depois, ocupou o São Pedro, onde permaneceu até sua morte, em 1862.

Entre 1837 e 1845, a companhia de João Caetano encenou sobretudo tragédias neoclássicas e dramas românticos, divulgando a produção de Victor Hugo e Alexandre Dumas. Após 1845, passou a privilegiar os melodramas, ainda mais apreciados pelo público.

O melodrama é construído sobre um conteúdo sentimental, moralizante e otimista. Entremeado de música, abusa dos cenários faustosos e variados, idealizados para facilitar as muitas e surpreendentes peripécias do enredo. Com concepções morais muito simples e personagens antagônicos, é marcado pela eterna luta do bem contra o mal, em que o vilão vence todas as batalhas, exceto a última. Nele, cada personagem anuncia, em monólogos ou apartes, seus pensamentos e pretensões, não deixando quase nada nas entrelinhas.

A origem do melodrama na França coincidiu com a desagregação das velhas plateias ilustradas do século XVIII e com o ingresso no teatro, propiciado pela Revolução Francesa, de novas classes sociais. O melodrama era, desde a origem, talhado para um público heterogêneo, com gente de muita e de quase nenhuma instrução. "Parente" do circo e do romance-folhetim, com suas emoções fortes e surpresas, tinha tudo para fazer sucesso numa cidade como o Rio de Janeiro.

Ainda na primeira metade do século XIX, foram muito apreciados os espetáculos de ópera, comentados por Martins Pena em folhetins publicados no *Jornal do Commercio* entre setembro

---

atores portugueses, em terreno cedido pelo governo, na rua do Cotovelo, entre a praia de D. Manuel e a rua de mesmo nome. Inaugurado em 1834, quatro anos depois passou a chamar-se São Januário, em homenagem a uma das filhas do imperador. Em 1862, foi rebatizado como Ateneu Dramático, sendo demolido em 1868. O Teatro São Francisco, por sua vez, foi aberto em 1832 pelo francês Jean Victor Chabry, para abrigar uma companhia de artistas amadores franceses, que também eram caixeiros, modistas e contramestres na rua do Ouvidor.

de 1846 e outubro de 1847. Através do personagem "alminha de Manuel Luís", Pena criticava o que considerava mais atrasado e ridículo nas temporadas de óperas líricas francesas e italianas do Teatro São Pedro, como as influências do circo e da farsa, materializadas em violinistas que imitavam gorjeios de pássaros e relinchos de animais, cavalos em cena e cantores aplaudidos pelas habilidades acrobáticas, mais do que pela representação e pelo canto. O que caía no gosto da "alminha", nos folhetins, era justamente o que Pena mais abominava (ARÊAS, 1987, p. 9-12).

Em meados do século XIX, dois acontecimentos renovariam a vida teatral e noturna da cidade: a ocupação do Teatro São Januário pelo empresário Joaquim Heliodoro, em 1855, e a fundação do Alcazar Lirique por Joseph Arnaud, em 1859. Após grandes reformas, o Teatro São Januário recebeu o nome de Ginásio Dramático, em alusão ao *Gymnase Dramatique* de Paris. A mudança de nome indicava um projeto. A companhia do Ginásio pretendia renovar o repertório através da encenação de peças de novos autores brasileiros e franceses, que abordassem temas do cotidiano com linguagem simples e direta, ensinando comportamentos e modificando os costumes das plateias. Pelas ambições pedagógicas, tais textos ficariam conhecidos como peças de tese. Pelo figurino utilizado, roupas modernas que condiziam com a abordagem de situações que faziam parte do cotidiano das plateias, os espetáculos ganhariam o epíteto de dramas de casaca. Pela tentativa de renovar a estética teatral com diálogos naturais e cenários que espelhassem a realidade, todo o movimento, que contou com a simpatia e a colaboração de José de Alencar e Machado de Assis, ficou conhecido como reforma realista da arte dramática (FARIA, 2001, p. 85-144).

O Alcazar, por sua vez, era um cabaré-teatro na rua da Vala, atual Uruguaiana, que escandalizava as famílias e despertava os interesses masculinos. Em alegres espetáculos, oferecia a beleza e a graça de jovens atrizes, supostamente francesas, que dançavam o *cancan* levantando as saias, cantavam com malícia *en français* e levavam bons rapazes e respeitáveis senhores à perdição. Senhoras e senhoritas desejavam ardentemente conhecer o Alcazar e adivinhar os truques de suas rivais que, como Mademoiselle Aimée, descrita por Machado de Assis como um "demoninho louro", pareciam monopolizar as atenções de seus maridos, noivos, pretendentes, filhos e irmãos[4].

Joseph Arnaud, sagaz empresário do Alcazar, logo aproveitou o potencial financeiro de tamanha curiosidade, providenciando a realização de récitas especiais para famílias no respeitável Teatro Lírico, cujos melhores camarotes, segundo Machado de Assis, eram frequentados pelas elites que viviam em Botafogo, Laranjeiras e Andaraí, tinham casa em Petrópolis, nome nas gazetas e ostentavam seu luxo nos bailes do Cassino Fluminense. Seus charutos e coletes, bengalas de castão de ouro e *coupés* permitiam reconhecê-los como pessoas de mérito, nome e posição privilegiada na sociedade (NEVES, 1985, p. 35-38).

Com sua alegria ruidosa e colorida, o Alcazar indicava que novos ventos sopravam a velha Corte Imperial. O *cancan*, as operetas francesas, a dinamização da vida noturna e os escândalos envolvendo as belas atrizes, simbolizavam, a despeito das reações moralistas, a modernização da cidade, mesmo que não exatamente fosse aquela a modernização pela qual ansiavam as autoridades políticas e intelectuais.

A cidade crescia. A população da Corte se tornava mais heterogênea pela presença crescente de libertos e imigrantes de várias nacionalidades. As profissões se diversificavam. Caixeiros, pequenos funcionários públicos, músicos de pouca expressão, coristas, costureiras, artesãos, policiais, formavam a ampla parcela

---

4 Sobre as impressões de Machado de Assis a respeito de Mademoiselle Aimeé, ver REZENDE, 2001, p.19.

de "livres pobres da cidade", que por sua inserção na ordem escravista faziam parte dos segmentos sociais intermediários, entre os despossuídos cativos e os sisudos senhores de casaca.

Mulheres dos sobrados e palacetes se faziam mais presentes nos espaços públicos. Na elegante rua do Ouvidor, apreciavam vitrines e faziam compras, sempre preocupadas em seguir os ditames da última moda de Paris. O novo hábito dos saraus e visitas valorizava as anfitriãs, que deviam tocar piano, recitar poemas – de preferência em francês – e comentar as novidades dos teatros e da literatura. Mulheres das elites transformavam-se, assim, em capitais políticos importantes dos maridos, ostentando o conforto burguês da família e tecendo laços de solidariedade.

Em meio a tantas novidades, alguns teatros esvaziavam. As peças realistas, que buscavam transportar uma suposta realidade para os palcos e transmitir ensinamentos morais, aborreciam o público, que preferia frequentar o Alcazar e os já velhos conhecidos espetáculos circenses. Com seus malabaristas, palhaços, dançarinas e animais ensinados, os circos divertiam gente de várias cores e posições.

A inauguração do Alcazar, agravando o desinteresse do público pelo repertório realista do Teatro Ginásio, trouxe problemas para o seu empresário, que substituiu o ensaiador Arêas por Furtado Coelho, contratou atores queridos do público e inovou o repertório, introduzindo peças de autores realistas portugueses como Mendes Leal Júnior, Ernesto Biester, César de Lacerda, Antonio Mendes Leal e Camilo Castelo Branco (SOUZA, 2002, p. 100-116).

O realismo português tinha características muito peculiares, que o tornavam alvo de severas restrições por parte da crítica ilustrada. Apelidada de drama da atualidade, a comédia realista em Portugal era um gênero híbrido, que associava o pressuposto de representação da realidade à inspiração dos dramas, melodramas e comédias lacrimejantes, contrariando o purismo defendido pelos dramaturgos realistas franceses. O ecletismo dos realistas portugueses certamente tornava suas peças mais interessantes para o público da Corte, tão apegado às emoções fortes dos dramalhões e melodramas do repertório de João Caetano.

Outro exemplo das inovações no repertório, inclusive com a introdução de novos gêneros, foi a encenação no Ginásio, em 1859, de *As surpresas do senhor José da Piedade*, de Justino de Figueiredo, apontada como a primeira revista a ocupar um palco brasileiro. A revista foi, dentre os gêneros ligeiros, o que manteve sucesso por mais tempo nos palcos brasileiros, adentrando o século XX e se atualizando com as vedetes e o rebolado nos anos 1950.

A ascensão dos gêneros ligeiros relacionou-se ao surgimento, na segunda metade do século XIX, de novas formas de vida e sociabilidade nas grandes cidades. Resultando de uma diversificação crescente de profissões, condições sociais, graus de instrução e visões de mundo, os gêneros ligeiros teriam surgido como elementos dinamizadores do início do processo de massificação cultural. A fórmula das revistas de ano, que expunham diferentes pontos de vista sobre os acontecimentos a despeito dos filtros impostos pelos autores, estaria relacionada ao caráter cada vez mais heterogêneo das plateias. Mostrar diferentes interpretações dos fatos, sem que os autores assumissem claramente o papel de formadores de opinião, seria uma forma de agradar a um público cada vez mais diversificado (MENCARELLI, 1999, p. 113-130).

Mas o que eram, afinal, esses gêneros ligeiros? Acima de tudo, tratava-se de um leque de fórmulas teatrais que priorizavam a música, a dança, a improvisação e os efeitos cênicos, considerados mais importantes que os textos e a originalidade literária. Entremeadas de números musicais que iam da valsa ao cancã, as operetas misturavam elementos da comédia e do melodrama na abordagem de temas do cotidiano. As mágicas, por sua vez, utilizavam como principal recurso o encantamento das plateias, apostando mais nos efeitos cenográficos do que nos enredos. Burletas eram pequenas farsas ou burlas, entremeadas de músicas e baseadas em temas de caráter nacional, recorrendo frequentemente a engodos e inversões de papéis. *Vaudevilles* eram comédias divididas em cenas distintas, com enredos simples e diálogos entremeados por canções, reunindo personagens inspiradas em tipos comuns. As óperas cômicas, comédias acompanhadas por pequenas árias, eram uma espécie de desdobramento dos *vaudevilles*. As revistas, por fim, misturavam música, teatro e dança, em uma série de quadros geralmente ligados por um fio condutor. Nelas, as figuras do *compère* e da *commère* eram as responsáveis por passar em revista os principais acontecimentos do ano, geralmente de forma cômica e caricata.

O mote das revistas de ano era algum acontecimento no inferno, no céu, no Olimpo ou em alguma cidade interiorana, que provocava o deslocamento do protagonista para o Rio de Janeiro, onde enfrentaria diversas aventuras. Embora pudesse ser um personagem da revista de ano, quase sempre o *compère* atuava como um mestre de cerimônias, conduzindo o enredo do espetáculo. A *commère*, presente em algumas revistas, podia acompanhá-lo em suas funções. Nesse caso, tinha características elegantes e refinadas, enquanto seu companheiro apresentava hábitos grosseiros. Essa parceria também podia acontecer com dois *compères*. O papel de *compère* era quase sempre desempenhado pelos principais cômicos das companhias, por exigir grande experiência de palco (SANTOS, 2007, p. 50).

Além de permitirem que artistas, empresários e autores mais populares enchessem os bolsos, os gêneros ligeiros atraíram um público amplo e heterogêneo para os teatros. Pelo critério da afluência de público aos espetáculos, a fase áurea dos gêneros ligeiros, entre as últimas décadas do século XIX e meados do século XX, foi o período mais brilhante da atividade teatral no Brasil. Entretanto, para parte da crítica e da historiografia, os gêneros ligeiros condenaram à morte o teatro brasileiro, que só encontraria a ressurreição plena nos anos 1940, com Nelson Rodrigues (SOUSA, 1960, p. 230-235).

Apesar da grande afluência de público, e de sua crescente diversidade, os romances da época são férteis em apresentar uma imagem luxuosa e aristocrática das casas de espetáculos. Em *A moreninha* (1844), de Joaquim Manuel de Macedo, o estudante Fabrício conta como deu início a um amor romântico no Teatro São Pedro.

> Nessa noite fui para a superior [...]. Para ser tudo à romântica consegui entrar antes de todos; fui o primeiro a sentar-me quando ainda o lustre monstro não estava aceso; vi-o descer e subir depois, ornado e brilhante de luzes, vi se irem enchendo os camarotes; finalmente [...] o teatro estava cheio (MACEDO, 1982, p. 18).

O acender do enorme lustre, iluminando a plateia, permitia aos espectadores o desfile e a escolha de possíveis parceiros para o flerte. Corroborando a descrição de Macedo, um folhetinista do *Jornal do Commercio* afirmou, em 1840, que os lustres das salas de espetáculos deviam ficar acesos durante toda a representação. Com o salão mais claro que o palco, "havia o brilho das lindas patrícias", sem muitas outras oportunidades para a ostentação de suas joias e vestidos (*Jornal do Commercio*, Rio de Janeiro, 12 jan. 1840).

Após a escolha dos parceiros, o flerte transcorria através de códigos abordados por Macedo de forma cômica. Após tentar, sem sucesso, obter a atenção de sua escolhida com tosses, um lenço branco e assuadas no nariz, Fabrício decide tomar uma atitude.

> [...] subi para os camarotes e [....] passei junto do camarote de minhas atenções [...]. Eu tinha visto junto à porta [...] um moleque com todas as aparências de ser belíssimo cravo da Índia[5]. Ora, [...] eu podia muito bem mandar-lhe [à moça] um recado pelo qual me fizesse conhecido.

Apesar da ironia dirigida aos códigos românticos, Macedo tece uma imagem aristocrática do teatro: rapazes de casaca, moças elegantes, o lustre brilhante e enfeitado, um moleque na porta do camarote para os recados amorosos. Sugere-se que o teatro era um lugar em que as famílias abastadas exibiam sua riqueza.

O romance *Senhora* (1875), de José de Alencar, reforça esse quadro ao mencionar o intenso desejo de uma senhora e duas moças de vida modesta de conhecerem o Teatro Lírico, um dos mais importantes locais de encenação de óperas apreciadas pelas famílias elegantes. Um dia, mãe e filhas realizaram seu grande sonho.

> Fernando levou ao teatro a família. Foi uma festa para as três senhoras; D. Camila, apesar de sua lhaneza e modéstia, sentiu ao atravessar a multidão pelo braço do filho um aroma de orgulho, mas desse orgulho repassado de susto, que é antes a consciência da própria humildade, do que desvanecimento de egoísmo. As filhas partilhavam este sentimento; e acreditavam que todas as outras moças lhe invejavam aquele irmão.
> Quando Fernando depois de instalar a família no camarote, saiu a percorrer o salão, encontrou um camarada:
> – Ó Seixas, não me dirás onde foste desencovar aquele terno de roceiras? Aposto que andas com tenções sinistras. Uma delas não é nenhuma asneira!... Que temível! [...]
> Ao sair de casa, com pressa e a luz mortiça do candeeiro, não tinha ele reparado no vestuário da mãe e irmãs. No camarote, porém, ao clarão do gás, não escaparam a seu olhar severo em pontos de elegância, os esquisitos do vestuário das três senhoras, tão alheias às modas e usos da sociedade. [...]
> Durante alguns dias andou Seixas sorumbático e preocupado com este incidente (ALENCAR, 1977, p. 37 e 38).

Em sua análise de *Esaú e Jacó* (1904), de Machado de Assis, cujo tempo narrativo vai de 1870 ao final do século XIX, Margarida de Souza Neves reforça a ideia de que era atribuída ao Teatro Lírico

[5] Expressão que, no século XIX, designava escravos muito jovens que transmitiam recados.

uma imagem elegante (NEVES, 1985, p. 35-38). Entretanto, embora aquele teatro como um todo fosse apresentado como local de requinte, era precisamente nos seus camarotes que desfilavam as famílias mais refinadas. O mesmo acontece no romance de Alencar, em que Fernando, apesar de não ser rico, escolhe levar a família a um camarote, e não a um lugar mais barato do Teatro Lírico, onde as exigências de luxo e ostentação talvez fossem menores. Em outras palavras, é provável que os lugares mais baratos do Lírico fossem ocupados por espectadores menos abastados.

Muitos textos literários sugerem que os teatros eram locais de flerte aristocrático, desfile de joias e modas e afirmação de *status*. Entretanto, é possível ir além dessa imagem. Não podemos ignorar que os romancistas da segunda metade do século XIX estiveram engajados no debate e nos projetos de civilização do Império, que se refletiram na defesa de um teatro elegante e europeizado. O mais provável é que tal engajamento tenha influenciado suas descrições dos espetáculos e plateias, contribuindo para a construção de uma memória glamourosa a respeito sobretudo dos teatros Lírico e São Pedro.

A presença de um moleque de recados à porta de um camarote, no romance de Macedo, indica a possibilidade de acesso ao universo teatral elegante, embora mediado pelo trabalho, de escravos, que talvez compartilhassem suas experiências, em outros ambientes, com seus companheiros de cativeiro. Essa possibilidade também aparece delineada em uma comédia de José de Alencar. Vejamos o diálogo do jovem escravo Pedro, que explicava à senhorita Carlotinha que seu irmão, o senhor moço Eduardo, estava zangado por causa de um desacerto com a namorada Henriqueta:

> Pedro – Oh! Pedro sabe como há de arranjar este negócio. Nhãnhã não se lembra, no teatro lírico, uma peça que representa e que tem um homem chamado Sr. Fígaro, que canta assim:

Tra-la-la-la-la-la-la-tra!
Sono un barbiere di qualità!
Fare la barba per carità!...

Carlotinha (rindo-se) – Ah! *O barbeiro de Sevilha*!

Pedro – É isso mesmo. Esse barbeiro, Sr. Fígaro, homem fino mesmo, faz tanta coisa que arranja casamento de sinhá Rosinha com nhonhô Lindório. [...]

Carlotinha – Que queres tu dizer com isto?

Pedro – Pedro tem manha muita, mais que Sr. Fígaro! Há de arranjar casamento de Sr. moço Eduardo com sinhá Henriqueta. Nhãnhã não sabe aquela ária que canta sujeito que fala grosso? (Cantando) '*La calunnia!...*'

Carlotinha – Deixa-te de prosas!

Pedro – Prosa, não; é verso! Verso italiano que se canta!

Carlotinha (rindo) – Tu também sabes italiano?

Pedro – Ora! Quando Sr. moço era estudante e mandava levar ramo de flor à dançarina do teatro, aquela que tem perna de engonço, Pedro falava mesmo como patrício dela: *Un fiore, signorina!* (Disponível em: [www.dominiopublico.gov.br/download/texto/bi000164.pdf, p.31 e 32]. Acesso em: 13 out. 2009).

Podemos imaginar que o conhecimento de Pedro sobre óperas, italiano, dançarinas e namoros tinha a função de criar uma imagem de esperteza prejudicial à vida doméstica, em uma comédia que buscava convencer os senhores da necessidade de eliminação lenta e gradual, por suas próprias atitudes, da escravidão (SOUZA, 1996). No entanto, a passagem acima permite outras reflexões. Mais uma vez, um personagem escravo aparece como frequentador de teatros, responsável pela entrega de mensagens amorosas e, portanto, como figura central na dinâmica do flerte. Sugere-se, dessa forma, a possibilidade de o universo teatral ser atingido por uma quantidade de pessoas superior ao número dos que podiam pagar ingressos por conta própria, incluindo-se cativos.

Considerando-se, ainda, que em certos dias de espetáculos bandas de música tocavam nas portas dos teatros e havia explosão de fogos de artifício, podemos imaginar que muitos moradores ou visitantes da Corte conhecessem indiretamente, por essa via, alguns elementos do universo teatral. Além disso, nem todos os espetáculos aconteciam nos teatros. No final da primeira metade do século XIX, Martins Pena referiu-se, em seus folhetins do *Jornal do Commercio*, a uma cerimônia de coroação do imperador do Divino, com *Te Deum* e música oferecida gratuitamente pela cantora italiana Cardiani e outros artistas. No mesmo dia, à noite, houve iluminação do império, leilão, música e fogos de artifício (ARÊAS, 1987, p. 31).

Também devemos lembrar que o Lírico e o São Pedro não foram os únicos estabelecimentos teatrais da Corte no século XIX. Às vésperas da sua morte, ocorrida em 1863, João Caetano escreveu uma carta para o Marquês de Olinda, ministro do Império, defendendo a criação de uma escola dramática e de um teatro oficial e apresentando suas explicações para a suposta decadência do teatro no Brasil (apud FERREIRA, 1939).

Segundo o ator, a escassez de público e as dificuldades financeiras não atingiam da mesma forma todos os teatros da Corte. Preparados para plateias menores, os pequenos teatros poderiam repetir um mesmo espetáculo muitas vezes. Além disso, a despesa mensal dos grandes teatros seria muito maior, em função do pagamento dos atores e dos gastos com carpintaria e alfaiataria, inexistentes nas pequenas casas de espetáculos.

Para a melhoria da situação do teatro brasileiro, que considerava precária, João Caetano sugeriu um Teatro Nacional, que fosse propriedade da nação e administrado pelo governo. Além disso, defendeu a criação de um regulamento para impedir a ação de empresários aventureiros e especuladores. De acordo com tal regulamento, os espetáculos dos pequenos teatros seriam proibidos às terças e quintas, nos quais apenas o Teatro Nacional poderia abrir as portas.

Um dos elementos mais interessantes da carta de João Caetano é a defesa da criação de mecanismos para livrar o Teatro Nacional da concorrência "de companhias volantes, de espetáculos de animais ferozes ou domesticados". A tentativa de impedir a competição aberta entre as companhias estabelecidas em teatros e os grupos itinerantes ou mambembes – que ofereciam espetáculos marcados pela estética do circo ou propriamente circenses – traz novamente à tona a questão do público. Podemos supor que os frequentadores dos teatros considerados mais elegantes, como o São Pedro, também lotassem as plateias dos circos e similares, cujos espectadores tinham origens sociais muito diversificadas. Em outras palavras, mesmo os mais fiéis apreciadores de um teatro refinado talvez circulassem por opções de lazer mais populares. Também essas últimas circulavam pelas mais importantes casas de espetáculos da corte, cujos programas incluíam, frequentemente, números circenses.

A tentativa de impedir que os pequenos teatros fossem abertos às terças e quintas aponta para a mesma direção. Estaria João Caetano pretendendo atrair para as companhias maiores novos espectadores, até então restritos aos espetáculos itinerantes, de feira e dos teatros menores? Ou o público dos grandes teatros estaria frequentando também pequenas casas de espetáculos, talvez se misturando com espectadores de menor poder aquisitivo[6]?

O universo teatral ia muito além do São Pedro e do Lírico. Até mesmo as cerimônias religiosas eram, no século XIX, marcadas pelo caráter teatral, por vezes com presença de valsas, lundus,

[6] Os pequenos teatros não devem ser definidos necessariamente pelo tamanho, mas pelo pouco valor que lhes era atribuído por intelectuais e artistas que, como João Caetano, tinham algum trânsito entre as elites governamentais e reivindicavam apoio oficial às suas companhias.

modinhas e polcas finalizando a missa. Segundo Vilma Arêas, em 1874 um fidalgo belga registrou a presença de orquestras completas no coro das igrejas, onde mulheres com vestidos de seda cantavam solos dignos das grandes óperas. Fiéis mais exaltados chegavam a gritar *bravos!* para os músicos e cantores (ARÊAS, 1987, p. 32 e 33).

As festas do Divino, realizadas no Campo de Santana até meados do Oitocentos, além de terem barracas com representações teatrais ofereciam atrações como um "império iluminado", leilão, música e fogos de artifício. Nas imediações da igreja se exibiam engolidores de fogo e espadas, equilibristas, acrobatas, levantadores de peso e expositores de tourinhos mecânicos. Aproveitando o movimento, negros sentavam-se no chão e vendiam petiscos, enquanto barracas ofereciam vinhos, charutos e pastéis.

De frente para a igreja, no palco enfeitado, ficava o imperador menino, ao lado dos organizadores da festa, suas esposas e a banda de música, que parava de tocar quando chegava o leiloeiro. Vilma Arêas cita, a esse respeito, a descrição do viajante Thomas Ewbank, americano que visitou o Rio de Janeiro em 1846.

> Logo que a música cessou, apareceu o leiloeiro, vestido de bufão, um jovem de 25 ou 26 anos – um Grimaldi Brasileiro. Sustendo uma enorme torta, suas travessuras despertaram gritos de aprovação. Estendendo-a aos compradores, fez alguns negócios e em seguida desapareceu e num relance reapareceu trajado de Arlequim com sinos semeados na fronte e nas costuras laterais. Fazendo uma profunda reverência ao Imperador, apresentou numa dança cômica um grande galo à assistência. [...] Retirando-se, voltou logo depois envergando os trajes velhos de um general com enormes dragonas e dançou uma dança cômica, acompanhado de música. A cada mudança de passo, ele mudava o aspecto do seu chapéu mágico [...] em cujo oco ele pôs frangos, pombos, tortas, pastéis e confeitos. [...] Nenhum ator dos que compareceram à exibição poderia igualá-lo em graça (ARÊAS, 1987, p. 34-39)[7].

---

[7] O ator cômico inglês Joseph Grimaldi (1778-1837), nascido em uma família ligada à arte da pantomima, foi criador do *clown* Joey, pelo qual se tornou muito famoso, a ponto de sua biografia ter sido escrita por Charles Dickens.

Valendo-nos da descrição de Thomas Ewbank, percebemos que a exibição do leiloeiro se aproximava da estética dos palhaços de circo e dos cômicos, que atraíam grande público para os teatros. Além dos leiloeiros, Ewbank menciona o teatro de bonecos por ocasião dos festejos religiosos: "de tamanho natural e vestidos a caráter, eram tão bem preparados que a distância poderiam ser tomados por pessoas vivas".

Também durante os festejos do Divino, faziam grande sucesso os espetáculos teatrais da Barraca Três Cidras do Amor, conhecida como Barraca do Teles pelo nome de seu empresário. Baseada no testemunho do memorialista Mello Moraes Filho, Martha Abreu afirma que muitos atores iniciaram suas atividades na Barraca do Teles, partindo depois para as grandes companhias. Seus programas começavam com números comportados de valsas ou polcas, prosseguiam com comédias, árias, duetos, espetáculos de ginástica e teatro de bonecos, terminando em lundus e batuques. A Barraca do Teles pode ser entendida como local de contato entre manifestações culturais de origens diversas e, portanto, como espaço privilegiado de criação de novos gêneros. Para Martha Abreu, poder-se-ia afirmar simbolicamente que o maxixe, hibridização da polca e do popular lundu apresentada pela primeira vez no teatro em 1876, foi inventado naquela barraca (ABREU, 1999, p. 74-127).

O simbolismo atribuído ao maxixe por Martha Abreu ligase ao fato de a Barraca do Teles ter sido frequentada por famílias de elite e por escravos, libertos e livres pobres. Mesmo que os segmentos sociais se alternassem na longa série de atrações, aquele era um espaço extremamente propício às trocas culturais. Peças de autores como Martins Pena eram encenadas na barraca, em espetáculos aplaudidos por grandes personalidades do teatro e da literatura: João Caetano, o próprio Martins Pena, Gonçalves de Magalhães, Visconde de Araguaia, Gonçalves Dias, Porto Alegre,

Paula Brito, entre outros. O que esses homens teriam aprendido na festa, com o público variado e divertido da Barraca do Teles?

Também existiam, naquela época, muitos teatrinhos particulares e grupos de amadores, alguns deles em sociedades recreativas. A existência de teatrinhos particulares reforça a ideia de que o universo teatral era muito mais amplo que as casas de espetáculos propriamente ditas, e por isso mesmo capaz de atingir segmentos sociais muito diversificados.

O mesmo pode ser dito sobre espetáculos em espaços abertos. A sociedade musical Monarquista Brasileira, por exemplo, acostumada a se apresentar como banda itinerante, ofereceu uma récita no recreio da Nova Fábrica de Cerveja da rua da Guarda Velha em 14 de julho de 1867. O local abrigaria, naquela data, uma sequência de diferentes atrações. Às 16h30min, haveria a referida banda de música; às 19h30min, o artista Delu Carlos de Alfianonata, o *homem incombustível*, representaria pela primeira vez suas "ciências admiráveis", ficando no meio de 150 feixes acesos de lenha até eles se apagarem. No salão da mesma fábrica, haveria partida da Sociedade Recreio Guanabarense, cujos sócios deveriam retirar seus cartões até às 19h30min.

Os preços anunciados para o espetáculo do *homem incombustível* indicam que aquela era uma opção de lazer relativamente barata, podendo atrair um público de menor poder aquisitivo. As *janelas para famílias* eram anunciadas a 5 mil-réis e os lugares na primeira classe custavam 2 mil-réis, enquanto os da segunda eram vendidos pela metade do preço (*Jornal do Commercio*, Rio de Janeiro, 14 jul. 1867).

Para avaliarmos melhor esses preços, busquemos alguns parâmetros. O historiador André Boucinhas elaborou um quadro com a média dos salários e do custo de vida na década de 1870. Em geral, os serviços domésticos rendiam 32.500 réis por mês. Os artesãos recebiam 60 mil-réis, os empregados em transportes 80 mil-réis e os que trabalhavam para o Estado 144.600 réis. O custo mínimo da alimentação individual gravitava em torno de 12 mil-réis, enquanto o aluguel de um cômodo custava pelo menos 7 mil-réis (individual) ou 10 mil-réis (casal) (BOUCINHAS, 2005, p. 55)[8].

Boucinhas propõe, como exercício, imaginarmos a situação de um pedreiro livre vivendo com uma escrava de ganho, lavadeira, e um filho pequeno. A renda familiar seria aproximadamente 92 mil-réis, e seus gastos fixos seriam de 60 mil-réis, no mínimo. Sobrariam, então, cerca de 30 mil-réis para outras despesas, inclusive com diversão. Ao menos em teoria, o pedreiro e sua companheira não estariam impedidos de frequentar, eventualmente e em lugares de segunda classe, espetáculos como o mencionado acima.

Voltemos então aos anúncios. Gastando os mesmos mil-réis de um lugar na segunda classe para o *homem incombustível*, era possível assistir, nas gerais de um Teatro de São Cristóvão, a um espetáculo variado que incluía três comédias em um ato e duas cenas cômicas. Os camarotes de primeira ordem, para o mesmo espetáculo, eram vendidos a 10 mil-réis, os de segunda a 8 mil-réis e as cadeiras a 2 mil-réis (*Jornal do Commercio*, Rio de Janeiro, 7 jul. 1867).

Comparemos os valores acima com os anunciados, na mesma data e jornal, pelo Circo Olímpico, também instalado na rua da Guarda Velha, que apresentava espetáculo equestre, ginástico, acrobático e coreográfico. Os camarotes do circo eram vendidos a 8 mil-réis, mesmo preço dos camarotes de segunda classe do Teatro de São Cristóvão. As varandas para famílias custavam mil-réis, preço de uma cadeira individual no referido teatro. Por fim, um lugar nas gerais do circo era vendido a mil-réis, preço

[8] Apesar da alta inflacionária que caracterizou o período entre 1865 e 1870, decorrente em parte da Guerra do Paraguai, os valores acima servem como parâmetros para a reflexão.

cobrado por um bilhete da mesma categoria no Teatro de São Cristóvão.

Resumindo, com mil-réis no bolso, um habitante do Rio de Janeiro podia escolher, em julho de 1867, entre assistir da segunda classe, no Recreio da Fábrica de Cerveja da Guarda Velha, ao espetáculo do *homem incombustível*, deliciar-se com três comédias em um ato e duas cenas cômicas nas gerais do Teatro de São Cristóvão ou divertir-se no Circo Olímpico.

As informações acima sugerem que uma parte da população carioca, impedida de frequentar os refinados camarotes do Lírico e do São Pedro por razões financeiras, tinha acesso ao mundo do entretenimento e dos espetáculos teatrais em outros ambientes. Entretanto, até mesmo os teatros elegantes podiam ter lugares mais baratos, com preços comparáveis aos do Circo Olímpico e do teatro do bairro de São Cristóvão.

No dia 8 de junho de 1867, o *Jornal do Commercio* anunciou um espetáculo da Companhia Keller, no Teatro Lírico, que contaria com a presença da Família Imperial. Segundo o anúncio, a empresa Keller, atendendo a pedidos do público, diminuíra os preços dos ingressos. Os camarotes da primeira, segunda, terceira e quarta ordem, todos com cinco lugares, custavam, respectivamente, 12 mil-réis, 15 mil-réis, 8 mil-réis e 5 mil-réis. As cadeiras de primeira classe, por sua vez, eram vendidas a 2 mil-réis, enquanto uma cadeira de segunda classe ou um lugar nas gerais podia ser comprado por mil-réis (*Jornal do Commercio*, Rio de Janeiro, 8 jun.1867). Nesse sentido, um frequentador de circos, do Recreio da Fábrica de Cerveja da Guarda Velha e do Teatro de São Cristóvão também podia, pelo mesmo valor, assistir no Lírico ao espetáculo promocional da Companhia Keller e ainda presenciar a exibição da família imperial em seu camarote.

Ainda comparando os preços dos bilhetes dos espetáculos mencionados, percebemos que as *janelas para famílias* do Recreio da Nova Fábrica de Cerveja da rua da Guarda Velha custavam 5 mil-réis, valor equivalente a cinco entradas individuais nas gerais do Teatro de São Cristóvão ou nas gerais do Circo Olímpico. Pelo mesmo preço, podia-se alugar um camarote de quarta ordem no Teatro Lírico, com cinco lugares, ou cinco bilhetes nas gerais do mesmo teatro.

A ideia de que até mesmo o Teatro Lírico, em seus lugares mais baratos, podia ser frequentado por espectadores remediados é reforçada por mensagem aos caixeiros, provavelmente escrita por um deles, divulgada nas "Publicações a Pedido" do *Jornal do Commercio* sob o título "Um por todos". A mensagem, quase telegráfica, convida os empregados do comércio a assistirem aos *Quadros Vivos* apresentados pela Companhia Keller naquele teatro: "Aos caixeiros: Rapaziada, vamos à Cia. Keller apreciar o bonito quadro de D. Pedro V" (*Jornal do Commercio*, Rio de Janeiro, 20 jun. 1867). Como se pode perceber, modestos caixeiros se divertiam no Teatro Lírico, também frequentado, nos lugares mais caros, pelas famílias elegantes da Corte, inclusive a do Imperador D. Pedro II.

Se parece evidente que uma família remediada estava impedida de frequentar assiduamente camarotes de primeira e segunda ordem do Teatro Lírico, tem-se também a clareza de que a escolha de um espetáculo dependia de uma série de fatores, que ultrapassavam o preço dos ingressos.

O mesmo pode ser dito sobre a escolha dos lugares nos teatros. É provável que uma família remediada de cinco pessoas não pudesse ir reunida ao espetáculo promocional do Teatro Lírico, por não dispor de 5 mil-réis. Caso pudesse, é possível que optasse por cinco lugares nas gerais, e não por um camarote na quarta ordem, que talvez exigisse vestuário e atitudes não condizentes com suas expectativas de diversão.

A heterogeneidade das plateias remete, portanto, ao comportamento nos teatros. Os espectadores do Oitocentos divertiam-se de forma bastante estranha para os padrões atuais. Além dos flertes e desfiles, era comum que jovens estudantes declamassem versos nos intervalos louvando o talento e a beleza das atrizes. Esses ativos espectadores se dividiam em "partidos" em torno de suas artistas preferidas, chegando a publicar pequenos periódicos e a provocar distúrbios em noites de espetáculo.

As manifestações das plateias eram facilitadas pelos programas dos espetáculos, compostos de atrações variadas como dramas, cenas cômicas, números circenses e ginásticos, duetos musicais ou de bailado. Os vários intervalos propiciavam oportunidades para flertes, desfiles, deslumbramentos, intrigas e discussões.

O teatro, em suas diversas formas e para além das casas de espetáculos, era uma das mais importantes opções de lazer do Rio de Janeiro no século XIX. Atraía um público variado, que tinha suas preferências e não acatava passivamente os projetos pedagógicos e muitas vezes elitistas de literatos que viam nos palcos a oportunidade de reformar costumes e defender grandes projetos. Era um espaço para ostentar riqueza, observar o luxo alheio e inatingível, rir sem escrúpulos e chorar sem medida. Era uma forma de ganhar dinheiro e de enaltecer a arte. Quando possuía camarotes e torrinhas, permitia o convívio e as trocas, reforçando e ameaçando as hierarquias a um só tempo. Quando tinha apenas a rua, podia ganhar toda a cidade, amplificando a imagem caleidoscópica que o definia.

Bibliografia

ABREU, Martha. *O Império do Divino*: festas religiosas e cultura popular no Rio de Janeiro, 1830-1900. Rio de Janeiro: Nova Fronteira, 1999.

ALENCAR, José de. *Senhora*. São Paulo: Ática, 1977.

ARÊAS, Vilma Sant'Anna. *Na tapera de Santa Cruz*: uma leitura de Martins Pena. São Paulo: Martins Fontes, 1987.

BOUCINHAS, André Dutra. *Consumo e comportamento no Rio de Janeiro na segunda metade do século XIX*. Dissertação de Mestrado em História. Niterói: Universidade Federal Fluminense, 2005.

FARIA, João Roberto. *Ideias teatrais*: o século XIX no Brasil. São Paulo: Perspectiva, 2001.

FERREIRA, Procópio. *O ator Vasques:* o homem e a obra. São Paulo: Oficina de José Marques, 1939.

GIRON, Luís Antônio. *Minoridade crítica*: a ópera e o teatro nos folhetins da Corte (1826-1861). São Paulo: Edusp, 2004.

GOMES, Tiago de Melo. *Como eles se divertem (e se entendem):* teatro de revista, cultura de massas e identidades sociais no Rio de Janeiro dos anos 1920. Tese de Doutorado em História. Campinas: Unicamp, 2003.

MACEDO, Joaquim Manuel de. *A moreninha*. São Paulo: Ática, 1982.

MARZANO, Andrea. *Cidade em cena*: o ator Vasques, o teatro e o Rio de Janeiro (1839-1892). Rio de Janeiro: Folha Seca: Faperj, 2008a.

_______. Teatro. In: VAINFAS, Ronaldo; NEVES, Lúcia Bastos Pereira das (Orgs.). *Dicionário do Brasil Joanino (1808-1821)*. Rio de Janeiro: Objetiva, 2008b, p. 416-420.

MENCARELLI, Fernando Antonio. *A voz e a partitura:* teatro musical, indústria e diversidade cultural no Rio de Janeiro (1868-1908). Tese de Doutorado em História. Campinas: Unicamp, 2003.

_______. *Cena aberta*: a absolvição de um bilontra e o teatro de revista de Arthur Azevedo. Campinas: Editora da Unicamp, 1999.

NEVES, Margarida de Souza. O bordado de um tempo: a história da estória de Esaú e Jacó. *Tempo Brasileiro*, Rio de Janeiro, n. 81, p. 33-42, abr.-jun. 1985.

PRADO, Décio de Almeida. *História concisa do teatro brasileiro*. São Paulo: Edusp, 2003.

REZENDE, Valdeci Borges. Em busca do mundo exterior: sociabilidade no Rio de Machado de Assis. *Estudos Históricos*, Rio de Janeiro, n. 28, p. 49-69, 2001.

SANTOS, Marco. *Popularíssimo*: o ator Brandão e seu tempo. Rio de Janeiro: Edição do Autor, 2007.

SOUSA, José Galante de. *O teatro no Brasil*. Rio de Janeiro: Ministério da Educação e Cultura / Instituto Nacional do Livro, 1960.

SOUZA, Silvia Cristina Martins. *As noites do Ginásio*: teatro e tensões culturais na Corte (1832-1868). Campinas: Editora da Unicamp, 2002.

_______. *Ideias encenadas:* uma interpretação de *O Demônio Familiar*, de José de Alencar. Dissertação de Mestrado. Campinas: Unicamp, 1996.

125

A teatralidade circense no Rio de Janeiro do século XIX

Ermínia Silva[1]

O espetáculo artístico, voltado para o entretenimento que passou a ser denominado circo, surgiu da fusão dos diversos artistas presentes em Londres no final do século XVIII com cavaleiros egressos da cavalaria real inglesa. Esse modo de organização de espetáculo, reunindo teatro, acrobacias, danças, música, bonecos e animais, entre outros, fez tanto sucesso que diversos grupos montaram seus espetáculos circenses e em passo acelerado iniciaram turnês por diversos países do mundo, a partir de 1762.

Os artistas circenses que migraram para a América Latina no final do século XVIII, todo o século XIX e parte do XX, percorreram vários países antes de passar a viver como nômades preferencialmente em um deles. E, mesmo quando isso ocorria, as turnês eram frequentes, possibilitando trocas de experiências.

Pesquisadores argentinos revelam que, desde 1776, se registra a presença de artistas europeus solicitando autorização para se apresentarem. Apesar de ainda não se denominarem circenses, os espetáculos apresentados, em sua multiplicidade, vinham de encontro ao que os circos apresentavam na Europa.

---

[1] Esse artigo é parte do meu livro: *Circo-teatro:* Benjamim de Oliveira e a teatralidade circense no Brasil. São Paulo: Editora Altana, 2007.

Há referências de que esses artistas, depois de se apresentarem em Buenos Aires, percorriam outros países latino-americanos, como o Brasil e, em particular, a cidade do Rio de Janeiro.

Do início do século XIX até a década de 1920, as artes circenses eram expostas nas ruas, feiras e tendas, nos tablados, pavilhões e palcos teatrais. Além de se apresentarem em espaços fixos, particularmente no Brasil, foram realizadas adaptações tecnológicas utilizadas na construção de suas próprias estruturas arquitetônicas denominadas de tapa-beco, pau a pique, pau fincado e tipo americano.

Entre os artistas que por aqui chegaram, uma parte vinha contratada por proprietários ou empresários ligados aos circos estrangeiros. Outros chegavam com pequenos utensílios de trabalho, como alguns animais, destacando-se cachorros ou ursos adestrados, ou apenas com seus próprios corpos, sendo na maioria saltimbancos e apresentando-se em praças públicas, feiras e festividades.

Até o final dos anos 1810, há poucas fontes documentais, como registros cartoriais, periódicos, entre outros, no Brasil, que atestem a presença dos artistas circenses por aqui. Entretanto, ao entrar em contato com as investigações de pesquisadores latino americanos, em particular os argentinos, encontram-se muitas informações de grupos de artistas percorrendo todo o continente. Rio de Janeiro e Buenos Aires eram as principais cidades do período a receber constantemente trupes estrangeiras. Entretanto, cidades como Porto Alegre, São Paulo, Montevidéu, Assunção e Lima também faziam parte da rota de artistas, de um modo geral, e de circenses, em particular. Devido ao total intercâmbio e circulação dos grupos, foi possível conhecer a movimentação daqueles artistas e o que realizavam, através da produção de pesquisadores, memorialistas e historiadores do circo de alguns desses países latino-americanos e do Brasil.

Em 1827, há um primeiro registro escrito, no Brasil, sobre a presença de artistas circenses, justamente na cidade do Rio de Janeiro, no Teatro Imperial de São Pedro de Alcântara, principal teatro de referência tanto para os artistas da época quanto para uma parte significativa de público. Inaugurado em 1813, recebeu inicialmente o nome de Real Teatro São João, com capacidade para 1.200 pessoas, e substituiu a Casa de Ópera do Rio de Janeiro, que havia se tornado insuficiente para receber D. João VI e sua corte. Em 1824, sofreu o primeiro incêndio, sendo reconstruído e reaberto com o nome de Imperial. Em 1831, passou a se chamar Teatro Constitucional e, finalmente, a partir de 1923, Teatro João Caetano.

Em primeiro de outubro de 1827, foi anunciada no *Jornal do Commercio* a apresentação de "M. e Ma. Rhigas", que encenariam uma "peça italiana" e "uma dança", seguidas pela mulher executando um "concerto de piano-forte", depois do qual M. Rhigas faria "diversos exercícios de equilíbrio, de destreza e de força". Esses artistas aparecem quatro meses depois, em fevereiro de 1828, no Teatro Coliseo de Buenos Aires, anunciando sua chegada do Rio de Janeiro, e são mencionados por Teodoro Klein, pesquisador argentino, como artistas circenses. Nessa referência, sabe-se um pouco mais do que faziam. O homem, apresentando-se como francês com o nome "Rhigas Hércules", não era especialista apenas em números de força, como sugeria o nome artístico; era hábil também "como engolidor de espada e destro em jogos de mão com bolas, pratos e adagas. Sua esposa intervinha no programa executando concertos de piano e o elenco teatral completava o sarau com divertidas pequenas peças" (KLEIN, 1994, p. 45).

Somente para 1834 foi encontrado, até o momento, registro escrito da chegada ao Brasil de um circo formalmente organizado, o de Giuseppe Chiarini, na Comarca Municipal de São João Del Rei. Trata-se de um requerimento pedindo licença para um espetáculo no Teatrinho da Vila. Entretanto, por intermédio dos pesquisadores argentinos, sabe-se que o Circo Chiarini já se apresentava em Buenos Aires desde 1810 e, pelos relatos, há sempre uma referência a suas vindas ao Brasil, particularmente ao Rio de Janeiro.

A novidade dessas expressões artísticas reunidas em um só espetáculo já ia se mostrando como presença marcante no cotidiano das cidades brasileiras. Rapidamente, os estalos dos chicotes dos circos de cavalinhos estavam nas ruas dos pequenos lugarejos, nos teatros das cidades e, principalmente, faziam parte da maioria das festas locais. Um novo mundo gestual, dos desafios dos corpos, da habilidade com os cavalos, da representação cênica, da dança, da música e do riso vai, aos poucos, fazendo-se conhecer pelo público nos lugares nos quais não chegava nenhum outro grupo artístico. Um novo linguajar também passa a fazer parte do vocabulário: equestre, equilíbrio, corda bamba, palhaço, acrobata, salto mortal. Os circos de cavalinhos estariam presentes na maior parte das cidades brasileiras, tornando-se, em alguns casos, a única diversão da população local.

As diversas companhias circenses que já realizavam turnês pelo Rio de Janeiro, no início da década de 1820, frequentemente armavam seus anfiteatros ou barracas ao lado das habituais barracas de comidas, bebidas e bailes das festas religiosas e patrióticas. Procuravam estabelecer seus roteiros com as festas, como a do Divino, na capital do Império. Martha Abreu, ao analisar a produção dessa festa, fornece importantes informações sobre a presença circense no evento.

Quando aborda o tema das solicitações de autorização para se armarem barracas no Campo da Aclamação (posteriormente Campo de Santana), durante os festejos do Divino, a autora encontra um pedido de João Bernabó, que pretendia oferecer, durante as comemorações da coroação de D. Pedro II, em julho de

1841, "exercícios equestres, dança de corda tesa, jogos chineses e até uma pantomima jocosa, intitulada *O amante protegido pelo mágico*" (ABREU, 1999, p. 225). Uma propaganda publicada no *Jornal do Commercio* daquele período, por sua vez, acrescentava que iria se apresentar uma "companhia de teatro, ginástica e equestre em um anfiteatro" (ABREU, 1999, p. 225). Pela descrição, observa-se a mistura de ginástica e teatro, presente nos grupos que migraram para a América Latina. A referência a um anfiteatro (localizado no Campo de São Cristóvão) sugere um espaço, provavelmente, constituído por edifícios usados para vários tipos de apresentações artísticas – teatros, concertos, palestras. Construção circular ou oval, ao ar livre ou não, no seu interior dispunha de degraus usados como assento, em torno de um palco, que deveria ter junto a ele uma arena, o que faz lembrar os anfiteatros de Londres, também construídos para circos no final do século XVIII e início do XIX.

Apesar de a maior parte dos artistas e diretores das companhias, naquele período, ser composta de estrangeiros, a presença de brasileiros que se incorporaram aos circos já era bem marcante. Aliás, na própria companhia dirigida pelo sr. Bernabó, segundo o programa de um benefício promovido por F. G. Maigre Restier no anfiteatro do Campo de São Cristóvão, constava um artista identificado como "Hércules Brasileiro". Não é demais supor que essa companhia tivesse artistas brasileiros brancos e negros trabalhando em seus espetáculos. Desde o início do século XIX, sabe-se que alguns diretores e artistas de circo compravam ou alugavam negros e mulatos escravos, que faziam parte do quadro dos artistas da companhia.

A contemporaneidade do espetáculo circense não se dava apenas com relação à questão artística, mas também com relação aos temas presentes no cotidiano social do país e dos homens e mulheres que o vivenciavam. O intercâmbio com o espetáculo teatral e os ritmos permitia que Joaquim Teles, em sua Barraca Três Cidras do Amor, oferecesse variedades que os próprios circenses já apresentavam no picadeiro, assim como ocorria nas salas dos teatros de *music halls* e de *vaudevilles*, que também misturavam a música, a dança, o circo e sainetes cômicos.

Os locais de exibição, os espetáculos e os artistas se misturavam. Apesar dos problemas que essa miscelânea de artistas e gêneros provocava, segundo os intelectuais e letrados da época, o sucesso de público era total. E se dava tanto nos palcos pensados para serem usados por artistas de "gabarito" e para públicos "civilizados" quanto nos palcos nos quais as apresentações não eram consideradas tão "honestas", como o caso do café-concerto Alcazar Lírico, inaugurado no final da década de 1850 pelo empresário francês Monsieur Arnaud, em cujos espetáculos o público, na sua grande maioria homens, encontrava desde "números de orquestras, representações de paródias, bailados, operetas e números de cantos, até pequenas representações de ginástica, interpretados por um belo elenco de atrizes francesas", a um preço único de 1$000 réis, "com direito a fumar e beber cerveja durante as representações" (SOUZA, 2002, p. 112). Os circenses, no seu nomadismo, ocupavam diversos espaços, desde praças até variados palcos teatrais, oferecendo espetáculos para o público heterogêneo da cidade do Rio de Janeiro e da maior parte das cidades visitadas pelos circos.

Como aumentava o número das companhias circenses (estrangeiras ou não) pelo Brasil, à semelhança da Europa, em todos os locais em que o circo se apresentava causava relações dicotômicas entre admiração, deslumbramento e polêmicas. Em 1862, a presença de uma companhia circense no Rio de Janeiro, o Circo Grande Oceano (SOUZA, 2002, p. 246; THÉTARD, 1947, p. 171 e 172) – que contou com um número expressivo de público, inclusive com a presença do Imperador e da Imperatriz (ou, como se escrevia na época, S.S.M.M.I.I.) em pelo menos duas ocasiões –, pode revelar a importância do circo no circuito cultural. Os diretores da companhia, Spaulding e Rodgers, recém-chegados dos Estados Unidos, tornaram-se conhecidos tanto por transportarem seu circo por via fluvial e por terem inaugurado o transporte do circo por via férrea, em 1856, naquele país, quanto pelo primeiro ter inventado, por volta de 1850, os *quaderpoles ou mâts de corniche*, que no Brasil se chama de mastaréu – mastros colocados de forma oblíqua sustentando o tecido da tenda, auxiliando e aliviando o mastro central.

Esse invento permitiu que os circos ampliassem de um para dois o número de mastros, para logo em seguida chegarem até oito, sendo que estes últimos podiam conter de 10 a 15 mil espectadores. A partir desse caso, é possível entender por que os espetáculos circenses começavam a aparecer nos jornais e revistas, não apenas nas páginas dedicadas às propagandas, mas nos espaços destinados às críticas. O empreendimento havia crescido.

Para o cronista do *Correio Mercantil*, a curiosidade "excitada pelas promessas e anúncios foi plenamente satisfeita", agradando a cerca de 2.500 pessoas que se aglomeraram para assistir à estreia, o que teria deixado os teatros "em dieta rigorosa" (SOUZA, 2002, p. 246), explicitando que a convivência e a disputa pelo público entre os diversos tipos de espetáculos, especialmente teatro e circo, estavam se acirrando, acrescentando-se que o circo de fato estava se tornando uma opção a mais de trabalho para vários artistas do período nas diversas regiões do país. A esse debate acrescentou-se – além do fato de o público estar dando preferência aos espetáculos circenses, esvaziando as salas teatrais – um grave problema, que era a "invasão" dos circos nos palcos, tanto pelas companhias propriamente ditas quanto pelos atores e autores do teatro, que estariam representando e escrevendo nos moldes de tal gênero artístico.

Assim, não é por acaso que Francisco Correa Vasques, que teria sido "um destes atores que conheceu intimamente a arte de comunicar-se com o público", trabalhando no Teatro Ginásio Dramático, tornou-se mestre em cenas cômicas, integrantes da estrutura do espetáculo circense, fartamente representadas com vários nomes, recebendo críticas, algumas favoráveis e outras dizendo que os atores daquele teatro estavam se "esmerando para virar 'saltimbancos parodiadores insuportáveis'". E isso era um problema, pois aquele teatro, que se pretendia "o reduto da dramaturgia 'séria' da Corte e o lugar de onde poderia surgir um teatro nacional", estava sendo "invadido" por gêneros e artistas "menores", não só teatrais, como "prestidigitadores, mágicos e imitadores, ainda que nestas ocasiões a imprensa se apressasse em afirmar que tais espetáculos eram superiores aos similares apresentados nos outros teatros, já que seus protagonistas vinham diretamente da Europa" (SOUZA, 2002, p. 245-248).

Vasques escreveu, três meses depois da estreia daquele circo, uma cena cômica intitulada *Viva o Grande Circo Oceano!*, e quando o circo deixou a cidade, encenou *Adeus Grande Circo Oceano*, no Teatro Ginásio Dramático, lançando mão de um velho conhecido das pantomimas e arlequinadas circenses e de alguns teatros, a figura dramática de Pantaleão, além de recursos cênicos, música, jogos de palavras, linguagem burlesca e chistosa, acrobacias, mágicas, que se assemelhavam às apresentações circenses, em particular às representações cênicas que tinham no palhaço sua principal referência. Ao ser acusado de ter escolhido o circo como fonte de inspiração pela sua popularidade, afirmava que isso se dava porque o mesmo era uma novidade e porque havia uma "má qualidade dos espetáculos teatrais que estavam em cartaz na ocasião" (SOUZA, 2002, p. 247).

Os circenses não desconheciam esses debates sobre a preferência do público pelos picadeiros. A partir da década de

1870, com o retorno de Chiarini ao Rio de Janeiro, observa-se uma mudança na utilização da imprensa como veículo de diálogo com aqueles debates, sem perder, no entanto, a intenção explícita de propaganda. Num formato de cartaz um pouco mais elaborado que a maior parte dos divulgados pelos circos até então, Chiarini, ou quem quer que o tenha produzido, utilizava recursos que criavam, no "provável espectador, a sensação da variedade" (DUARTE, 2001, p. 14).

Além disso, o circo Chiarini utilizou recursos textuais de propaganda com bom humor e aproveitando o cotidiano da cidade e suas mazelas, como a epidemia de febre amarela daquele verão de 1875/76. Os jornais teciam críticas severas à municipalidade e ao governo, responsáveis "pelas péssimas condições higiênicas", e à "classe" médica, que, no dizer do cronista, "coletivamente, nada, absolutamente nada" tinha feito "para adiantar um passo, um só, ao que há muito se sabia" (*Gazeta de Notícias*, Rio de Janeiro, 21 jan. 1876). Lançando mão do calor desses acontecimentos e do discurso dos higienistas do período com relação aos problemas vividos pela cidade, quando o ambiente urbano, o calor e a umidade eram tidos como características importantes do ponto de vista das considerações de morbidade (CHALHOUB, 1996, capítulo 2), e afirmando ser "o centro da sociedade mais fascinadora da Corte seu polo positivo", o circo Chiarini publicou um cartaz de propaganda no formato de uma bula de remédio, sugerindo ser o medicamento, mesmo que paliativo, para aquele mal:

> O Circo Chiarini é o lugar mais fresco da corte.
> O Circo Chiarini é a concentração da mais brilhante sociedade da cidade.
> O Circo Chiarini é o antídoto para todas as doenças epidêmicas
> Poderoso contra o flagelo atual
> O Circo Chiarini é o lugar mais higiênico da época onde há um espetáculo altamente interessante para todas as classes da comunidade.
> O Circo Chiarini recomenda-se a todas as crianças da capital para que em união de seus pais e mães venham admirar os

lindos meninos e meninas que formam parte desta companhia, que são verdadeiros portentos na arte da educação física.
30 minutos de divertimento no Circo Chiarini equivale por 30 meses de boa saúde!
O circo é por excelência o mais barato espetáculo, pois está ao nível de todos os bolsos (*Gazeta de Notícias*, Rio de Janeiro, 13 mar. 1876).

E, quem sabe, para aqueles que diziam que circo não tinha função educativa, ou antes, era descompromissado com valores morais, respondia de maneira bem-humorada afirmando que "O povo quer pão e divertimento. O pão acha-se na padaria. O divertimento no circo Chiarini" (*Gazeta de Notícias*, Rio de Janeiro, 1 abr. 1876), reforçando o compromisso do espetáculo circense para com a diversão em que o espaço era um "delicioso pagode, aonde toda a boa sociedade da Metrópole vai para neutralizar o recreativo com os gozos sociais" (*Gazeta de Notícias*, Rio de Janeiro, 19 fev. 1876). Assim, além de se autonomear "campo da aclamação popular" e "fonte de saúde produzida de uma diversão inocente e variada, com animais raros associados com cenas cômicas", enumera vantagens que as pessoas ganhavam indo ao circo:

1. Uns 25% na aparência pessoal e prolonga a vida;
2. As crianças aprendem mais, observando os surpreendentes trabalhos de todos os artistas, e o incrível grau de perfeição física dos extraordinários meninos e meninas da companhia, como também estudam os famosos animais ali apresentados, de todas as raças;
3. As moças tornam-se mais encantadoras e ganham mais pretendentes;
4. Os homens tornam-se menos belicosos e ganham mais amigos;
5. As velhas perdem as rugas e ganham os dentes;
6. Os magros ganham carne, e os gordos diminuem do corporal.

Os intercâmbios e assimilações tinham constituído um circo que, mesmo mantendo a base de organização conformada na Europa, criou novas situações para o espetáculo, através do diálogo estabelecido com as experiências locais, incorporando vários artistas brasileiros. Como tal, foi lugar de encontro e formação de muitos artistas e famílias circenses que por aqui se foram "fixando".

As experiências anteriores e o modo como os circenses estabeleceram suas relações de trabalho, espaços empresariais e incorporações culturais consolidaram a iniciativa de se criar lugares fixos, que permitissem apresentações teatrais e ginásticas. Dentre os que foram construídos naquele período para servir também de circo de cavalinhos, chama atenção a construção do Circo Olímpico da Guarda Velha (LAZARY, 1938, s/n. de página), que, depois de reformado, recebeu o nome de Teatro Imperial D. Pedro II (rebatizado de Teatro Lírico após a Proclamação da República). Inaugurado em 19 de fevereiro de 1871 com um baile de máscaras (FLEIUSS, 1955, p. 40), o teatro apresentava um palco projetado para mover-se, descobrindo um picadeiro (SOUZA, 2002, p. 245). Possuía duas ordens de camarotes, uma galeria superior, uma varanda em torno da plateia, duas tribunas para a família imperial e seis camarotes no arco do proscênio, além de "uma rampa por onde entravam animais de grande porte, jaulas e carruagens" (SOUZA, 2002, p. 245). O projeto arquitetônico nos remete aos modelos dos teatros fixos construídos por Hughes e Astley, e aos já em funcionamento, desde as décadas de 1820/30, em Buenos Aires, que, combinando palco e picadeiro, permitiam apresentação de cavalos, animais ferozes, acrobatas, saltadores e pantomimas.

Ângelo Lazary informa que o Circo Olímpico da Guarda Velha era de propriedade de Bartholomeu Corrêa da Silva, sendo que, desde o início, aquele espaço possibilitou que vários artistas que produziam cenários (ainda não havia a denominação de cenógrafo) tivessem oportunidade de exercitar suas atividades e que seus salões de pintura eram procurados e disputados. Não há informação quanto à data de estreia desse Circo Olímpico, sendo provável que, desde o final da década de 1840, o espaço já existisse como lugar fixo de circo, como mencionado por Gonçalves Dias no *Correio Mercantil* de 11 de outubro de 1849 (SOUZA, 2002, p. 244). Na revista *Anuário da Casa dos Artistas* 1941/1942, do Rio de Janeiro, numa reportagem sobre "Teatros Desaparecidos...", consta uma foto com a legenda "Circo Olímpico da Guarda Velha", com datas e informações sobre suas mudanças e demolição, como Teatro Lírico, em abril de 1934. A informação sobre essa data consta também no artigo de Ângelo Lazary (*Anuário da Casa dos Artistas*, 1941/1942, p. 89).

Em 10 de junho de 1876, estreava naquele teatro a Companhia de Fenômenos, dirigida pelo sr. Schuman, que apresentava engolidores de facas e baionetas, harpista, malabarista, tocador de rabeca que, não possuindo os braços, tocava-a com os pés, trapézio a grande altura do tablado e prestidigitadores (*Gazeta de Notícias*, Rio de Janeiro, 10 jun. 1876). Para terminar os espetáculos, a companhia toda apresentava uma pantomima. Esses espetáculos diversificados, que às vezes eram também anunciados pelos empresários culturais da época como teatro de variedades, intercambiavam números e artistas ou uniam-se frequentemente às companhias circenses propriamente ditas.

Em 20 de junho daquele ano, essa companhia organizou um espetáculo com vários artistas que trabalharam no Circo Chiarini quando este se apresentou na Corte, contando-se, na plateia, com a presença de "SS.AA. Imperiais" (*Gazeta de Notícias*, Rio de Janeiro, 22 jun. 1876). Entre os números contratados pelo Chiarini e que faziam parte da Companhia de Fenômenos estavam "deslocações executadas pelo Homem Borracha", o engolidor de espadas, sr. Leopoldo e sra. Geraldini no doublé-trapézio (*Gazeta de Notícias*, Rio de Janeiro, 22 jun. 1876).

Os artistas das mais diferentes origens e experiências – homens e mulheres –, com suas representações teatrais, gestuais e musicais, ao trabalharem no espaço que combinava picadeiro e palco, consolidavam o intercâmbio de saberes e técnicas que esboçavam um novo tipo de atuação. A interação das técnicas espetaculares entre o teatro e o circo – a crescente busca pelo domínio e a utilização da mímica pelo ator da época; a pista circular que aproximava a ação do espectador; o palco unido ao círculo por rampas laterais, que se levantavam como uma plataforma e todo o maquinário necessário para isso; o pano de boca, que permanecia fechado durante as apresentações das provas circenses e, quando iniciava a pantomima com um quadro no picadeiro, descobria uma cenografia, que "respondia cânones ilusionistas do momento: fortalezas, bosques, lagos, marinas etc., pintados sobre a tela e iluminados por lamparinas" (KLEIN, 1994, p. 131); os mesmos artistas saltando no solo ou em cavalos e representando as pantomimas, intercalando arena e palco, esboçavam também a formação de um novo campo de trabalho e um novo tipo de profissional. Na maior parte dos cartazes pesquisados e em algumas crônicas destaca-se a informação de que todos os artistas da companhia tomavam parte nas encenações das pantomimas.

O convívio e o intercâmbio entre artistas, palcos e gêneros no final do século XIX, como se observa na própria forma de se apresentarem – Companhia Equestre, Ginástica, Acrobática, Equilibrista, Coreográfica, Mímica, Bailarina, Musical e ... Bufa –, resultaram em permanências e transformações dos espetáculos, nos quais homens e mulheres circenses copiaram, incorporaram, adaptaram, criaram e se apropriaram das experiências vividas, transformando-se em produtores e divulgadores dos diversos processos culturais já presentes ou que emergiram nesse período, contribuindo para a constituição da linguagem dos diversos meios de produção cultural do decorrer do século XX. O espaço circense consolidava-se como um local para onde convergiam diferentes setores sociais, com possibilidades para a criação e expressão das manifestações culturais presentes naqueles setores. Através de seus artistas, em particular os que se tornaram palhaços instrumentistas/cantores/atores, ampliou-se o leque de apropriação e divulgação dos gêneros teatrais, dos ritmos musicais e de danças das várias regiões urbanas ou rurais, elementos importantes para se entender a construção do espetáculo denominado circo-teatro.

A maior parte dos estudiosos considera que esse tipo de produção circense somente ocorreria a partir da década de 1910, porém, na prática, todas aquelas atividades já faziam parte das experiências circenses. Através da trajetória de alguns artistas que fizeram parte do processo de formação do circo no Brasil, durante o século XIX e perpassando o século XX, é possível entrar em contato com o debate das produções culturais e a conformação da teatralidade circense.

As décadas de 1880 e 1890, no Brasil e, principalmente, na cidade do Rio de Janeiro, foram de intensa movimentação cultural, com ampliação e construção de novos espaços de apresentação como teatros, circos, cafés-concerto, *music halls*, pavilhões, politeamas, variedades, feiras e exposições, choperias, tablados, salões e clubes carnavalescos. Esse aumento foi acompanhado pela chegada de grupos de artistas estrangeiros, pela formação e consolidação de grupos nacionais, assim como por uma proliferação dos gêneros de espetáculos artísticos teatrais, musicais e de dança em todas as formas desenvolvidas pelos artistas locais ou não; consequentemente, aumentou também o número de agentes produtores de todas as origens sociais, como autores, atores, cantores, maestros, instrumentistas, proprietários dos espaços artísticos, empresários e produtores culturais, técnicos, diretores, cenógrafos, coreógrafos e a crítica.

As produções artísticas eram temas de discussões entre políticos, literatos, críticos e intelectuais, que tentavam analisar como era ou deveria ser o gosto do público, como e quais deveriam ser os gêneros, textos, encenações a serem produzidas, e como elas contribuiriam para a formação de um "povo" educado e civilizado. Ter público nos teatros era algo ambicionado.

A última década do século XIX foi marcada também, no Brasil, por um intenso processo de urbanização, através do qual as cidades transformaram-se em complexas redes de relações sociais, econômicas e culturais. Rio de Janeiro e São Paulo, em particular, tiveram um grande aumento populacional devido às levas de imigrantes e de ex-escravos que para essas duas cidades se dirigiram no período. Projetos de reforma urbana foram implantados, alterando significativamente as feições das cidades e redefinindo o modo de sua ocupação, tanto na distribuição do comércio, das fábricas, dos transportes públicos – o surgimento dos bondes –, como na redefinição da ocupação das pessoas.

O caminhar da República, novo regime político instaurado em 1889, reafirmou constantemente ser representante da "modernidade", por ter tirado o país da monarquia e da escravidão. Porém nada disso evitou as lutas políticas, as conspirações, as revoltas, os levantes militares e a guerra civil.

Foi, também, momento de consolidação e surgimento de inovações tecnológicas – eletricidade, telégrafo, telefone, transportes coletivos. Na produção cultural, todas essas tecnologias foram fundamentais para a implementação de pelo menos duas importantes indústrias: a do cinema e a do disco. Esse conjunto de inovações, aliado ao crescimento populacional das cidades, favoreceu a formação progressiva de uma cultura urbana e uma produção artística diversificada. O desenvolvimento de um mercado cultural aliado "ao aparecimento de novos suportes e tecnologias de reprodução de imagens e textos" contribuiu para o surgimento de um público novo, diferente, "com novos padrões de gosto e exigência", que demandava produtos culturais específicos (MENCARELLI, 1999, p. 128 e 129).

Ampliavam-se a oferta e a diversificação cultural, evidenciando a presença de vários agentes na sua criação, circulação e comércio: artistas, autores, empresários e produtores. Os artistas, nesse processo, adquiriram maior visibilidade e alcance, sendo vistos, ouvidos e consumidos em grande escala.

Os vários artistas circenses ocuparam velhos e novos espaços urbanos e palcos, fazendo-se presentes na circulação, comércio, produção e formação de muitos dos novos produtos culturais, como o disco, o cinema, o teatro, entre outros. Esses artistas, com os autores e empresários musicais e teatrais de São Paulo e, principalmente, Rio de Janeiro, que já ocupavam o picadeiro circense, mantiveram o vínculo ao mesmo tempo em que se inseriam no contexto urbano industrial e cultural do período. O espaço circense mantinha seu papel de veículo de massa, divulgando e dando visibilidade aos artistas e autores das cidades e suas produções, em número cada vez maior, que se incorporaram ao processo de produção do espetáculo circense, implementando ainda mais a sua polifonia cultural. Nesse sentido é importante reforçar que não se pode contar a história da produção cultural brasileira durante todo o século XIX e início do XX, ou seja, do teatro, da dança, da música, do disco, da cenografia, da dramaturgia, das festas, da iluminação, da arquitetura dos teatros, dos figurinos, entre outros, sem falar dos homens, mulheres e crianças circenses como protagonistas nessas produções.

Um acontecimento ocorrido nos anos de 1893/94 reacenderia nos jornais um debate sobre a produção dos espetáculos circenses, os espaços que estavam ocupando e a disputa pelo público dos teatros. Através desse debate, reafirma-se a visão do vazio da produção teatral na capital federal.

Em 13 de agosto de 1893, uma pequena nota no jornal *O Paiz* informava que o empresário M. Ballestero contratara, em Buenos Aires, uma companhia de zarzuelas (gênero de origem espanhola por vezes considerado opereta romântica, ou dramático-musical, cantado e com diálogos declamados) para se apresentar na cidade do Rio de Janeiro, e que também estava "em trato com o clown Frank Brown, para trazer a São Paulo a sua companhia equestre". Pode-se supor que se tratasse de simples anúncio de mais um circo, mas alguns dias depois uma outra nota mexeu com a imprensa:

> Uma notícia que vai produzir certa surpresa:
> O teatro S. Pedro de Alcântara, depois que acabar a série de récitas da companhia do D. Maria II, transformar-se-á... em circo. Está contratada para esse teatro a companhia equestre dirigida por Frank Brown (*O Paiz*, Rio de Janeiro, 20 ago. 1893).

O empresário Ballestero não só havia acertado a ida daquele circo a São Paulo, como iria ocupar o principal teatro da capital federal, o São Pedro de Alcântara. No mês seguinte, a cidade do Rio de Janeiro seria ameaçada pela Revolta da Armada, e assim ficaria até março de 1894. Até aquela data nenhum circo, a não ser talvez o do Comendador Caçamba, iria se apresentar. Um telegrama de Buenos Aires informava que, em novembro de 1893, Frank Brown havia embarcado com destino ao Brasil, para cumprir contrato de trabalho no Polytheama da cidade de São Paulo (*O Paiz*, Rio de Janeiro, 26 nov. 1893). Após apresentação na capital paulista, a companhia do *clown* inglês (já naturalizado argentino) estreava, em fevereiro de 1894, no Teatro Rink-Campineiro, informando que só daria ali vinte funções, regressando então, diretamente, para Buenos Aires (*Diário de Campinas*, Campinas, 14 fev. 1894).

Ocorreu que, durante nesse período, o conflito da Armada havia acabado, o que fez com que aquele artista retomasse a proposta de se apresentar na cidade do Rio de Janeiro. Antes disso, a imprensa fluminense anunciava sua estreia no Cassino D. Isabel, em Petrópolis, em 29 de março, associado à companhia equestre e ginástica do chileno Emílio Fernandes, apresentando-se naquele teatro por pelo menos 25 dias. Fim do conflito, reinício das expectativas de um circo ocupar o São Pedro.

No dia 23 de abril, tanto a coluna de crônica teatral quanto a página destinada a propagandas anunciavam que, no próximo dia 27, sexta-feira, a Empresa Emílio Fernandes & C., dirigida por Frank Brown, apresentar-se-ia no Teatro São Pedro de Alcântara. Em letras garrafais e como não se importando com as repercussões desse fato, informava: "Estreia esta grande companhia no teatro S. Pedro que pela primeira vez é transformado em circo" (*O Paiz*, Rio de Janeiro, 23 abr. 1894).

A companhia era composta por "50 artistas, 25 cavalos, cachorros, porcos, cobras amestradas, etc., etc. e etc.". Na programação constavam tríplice barra fixa, trapézios, acrobacias de solo, malabares, equilíbrios, artistas especializados em montagens de pantomimas e *clowns* músicos, como Affonso e Henrique Lustre, e Bozán. Além dessas, duas eram as atrações principais das propagandas: a artista equestre Rosita de La Plata e, como disse um cronista da época, o "clou do espetáculo", o transformista francês Mr. Casthor.

Não era a primeira vez que Frank Brown vinha ao Brasil, e nem a primeira vez que se apresentava em um teatro. Na década de 1870, sua companhia, junto com os Podestá, havia se instalado no então Teatro Imperial D. Pedro II (*Gazeta de Notícias*, Rio de Janeiro, 13 jun. 1876), construído, inicialmente, para apresentações de circo e teatro, e que, depois de 1889, mudara o nome para Teatro Lírico. Entretanto, a novidade era se apresentar em um Teatro São Pedro transformado em circo.

A primeira menção à estreia foi de Arthur Azevedo, que, apesar de não tê-la assistido, escreveu em sua coluna, de nome Palestra, na primeira página do jornal:

> A cidade reanima-se. A pouco e pouco vai se desvanecendo a sinistra lembrança dos bombardeios e tiroteios que ainda há dois meses nos sobressaltavam.

> Espero que a companhia equestre do S. Pedro de Alcântara venha consolar definitivamente o Zé-povinho, que é doido por peloticas, e dá mais apreço a Rosita de La Plata que à própria Sarah Bernhardt.
> Entretanto, para os espíritos mais refinados aí está o Mancinelli, com uma companhia lírica de primeira ordem (*O Paiz*, Rio de Janeiro, 28 abr. 1894).

O modo de denominar espetáculos circenses por "peloticas" era comum no período. Arthur Azevedo utilizava o termo para se referir àqueles espetáculos nos seus textos, principalmente quando queria desqualificar tanto o circo quanto o gosto do público. Ao mesmo tempo em que Arthur era um dos mais importantes literatos e intelectuais dos anos 1880/90, que produzia obras teatrais dos gêneros ligeiros, como operetas, paródias e, principalmente, revistas, foi também um crítico contumaz daqueles gêneros e o principal articulador da luta pela construção do "Teatro Nacional" (no duplo sentido: de um espaço físico e em termos de dramaturgia), o que era visto por seus críticos como contradição. Assim, não era privilégio dos circenses e de seu público receber críticas desfavoráveis daquele autor, frequentador assíduo dos circos.

Seu texto deixa explícita a preferência do público por esse tipo de espetáculo, em detrimento do que considerava um teatro sério. Para ele, quando um espetáculo era a própria representação da indesejada tradição do teatro de feira, competindo com um teatro desejado, ficava difícil relativizar o gosto do público.

Com tudo isso, Arthur Azevedo acaba por passar uma informação importante e que representa, para ele, um dos maiores problemas. Os espetáculos circenses disputavam o mesmo público que ia aos teatros, não só o que preferia os gêneros ligeiros, mas também o que frequentava os chamados teatros sérios.

Como se tem analisado, a heterogeneidade do público circense, particularmente na cidade do Rio de Janeiro, era o reflexo da heterogeneidade da população das cidades que frequentava todos os espaços de entretenimento urbano. Não se pode negar que muitas produções culturais, dependendo do gênero e do local escolhido para a apresentação, atingiam distintas camadas sociais. Entretanto, as tentativas de classificar aquele público do circo como popular – no sentido de baixa renda, trabalhador pobre, desocupado, em contraste com o que seria de "elite" e frequentador de teatros do centro da cidade ou espetáculos de "alta cultura", como óperas, altas comédias, dramas – têm-se mostrado ineficiente para entender a complexidade e o hibridismo das relações de um público ampliado e variado, que consome as novas e diversas formas de expressão cultural ao final do século XIX.

Antes, porém, de continuarmos com a questão do tipo de espetáculo, de lugar e de público que o assistia, é interessante saber por que Arthur Azevedo fez a comparação entre Rosita de La Plata e Sarah Bernhardt. No dia 3 de junho de 1893, antes de iniciar a Revolta da Armada, estreava no Campo de São Cristóvão, no Rio de Janeiro, o Circo Universal de Albano Pereira, composto por 22 artistas, anunciando "piramidais" pantomimas ornadas de muita música, marchas e bailados. Alguns dias depois, os jornais noticiavam, freneticamente, a vinda de Sarah Bernhardt, que iria apresentar dez récitas no Teatro Lírico.

Os assuntos dos jornais eram dois: os conflitos políticos e Sarah Bernhardt. Albano Pereira, em meio àquele volume de noticiários da grande atriz, fez colocar algumas linhas no jornal, na coluna Diversões: "Parabéns aos moradores de S. Cristóvão [que] para passarem uma noite divertidíssima não precisam ir ver a Sarah: é ir ao grande Circo Universal, dirigido pelo artista Albano Pereira" (*O Paiz*, Rio de Janeiro, 24 jun. 1893).

Apesar de seu anúncio se referir apenas aos moradores de São Cristóvão, convidando-os a não irem ao centro da cidade, pois no próprio bairro teriam divertimento garantido, ele escrevia também a uma população de vários bairros vizinhos, que utilizava os bondes. Nas propagandas circenses em várias grandes cidades, mas principalmente no Rio, era anunciado que depois do espetáculo haveria bondes para todas as linhas, o que permitia acesso às opções de lazer, em vários horários, em particular o noturno, a um número cada vez maior e mais heterogêneo da população, não só dos bairros vizinhos como, também, do centro.

Desde o século XIX, as companhias de transportes dirigiam o alargamento da malha urbana para além do antigo perímetro do centro, inicialmente servindo os bairros mais próximos, e se estendendo aos mais distantes. São Cristóvão foi, desde o início, privilegiado pela instalação de redes de transportes, além de também ser uma das cinco estações no território da Estrada de Ferro D. Pedro II, junto com as de Engenho Velho, Santana, Inhaúma e Irajá. A partir de 1870, as linhas dessa ferrovia chegavam até Cascadura. Um dos principais trajetos de bonde, naquele período, com destino a Cascadura, partia da estação inicial, no largo São Francisco, contornava o campo de Santana e se dirigia à Cidade Nova, atravessando o campo de São Cristóvão, prosseguindo pela rua Figueira de Melo e indo até a junção da rua São Cristóvão (SECRETARIA MUNICIPAL DE CULTURA, 1991, p. 67). Esse trajeto ligava o centro da cidade ao bairro, passando exatamente por onde o Circo Universal estava armado. A implantação de linhas de bondes no centro urbano foi importante para que os empresários teatrais construíssem suas casas de espetáculo ao redor das praças Tiradentes e Marechal Floriano (LIMA, 2000, p. 123), assim como para que os empresários circenses se apresentassem no centro e nos arrabaldes e também usassem o percurso do bonde como propaganda para atrair o público.

Acredita-se que uma parte da população que frequentava os teatros do centro da cidade, e também os circos, residia nos bairros servidos pelos bondes, como os próprios moradores de São Cristóvão. Bairro com características históricas marcantes, foi um dos primeiros recantos aristocráticos da cidade, devido à instalação da família real portuguesa na Quinta da Boa Vista e à construção de residência de fidalgos e altos funcionários da Corte. No final do século XIX e início do XX, passou por processo de modificação de seu perfil de área residencial (que disputava com Botafogo o título de área nobre carioca), para se tornar área onde indústrias e estabelecimentos comerciais se instalaram maciçamente. Utilizando-se de um jornal diário, lido não só por uma parte "culta" da população, Albano Pereira procurava se dirigir a todos os seus leitores, que, em boa parte, compunham o público do circo. Este era formado pelos moradores do centro e dos bairros, frequentadores das óperas, dos gêneros ligeiros, dos cabarés, dos cafés-concerto, dos *music halls* e pelos carnavalescos, letrados, intelectuais, analfabetos, e trabalhadores em geral e, como diria uma propaganda circense, "etc., etc. e etc.". O circo competia diretamente com o Lírico, "teatro por excelência das elites cariocas", que Arthur Azevedo indicava aos "espíritos mais refinados", localizado privilegiadamente no centro da cidade, no largo da Carioca, mas do qual não se mencionava ter sido construído, inicialmente, com a dupla finalidade de servir de teatro e de circo, já que, antes mesmo de ser Imperial Teatro D. Pedro II, era popularmente conhecido como Circo da Guarda Velha, mantendo ainda naquele período, no amplo acesso dos fundos do edifício, uma larga rampa calçada, que permitia a entrada de carruagens, animais de grande porte e jaulas.

O que Albano Pereira oferecia, ao zé-povinho e aos espíritos menos refinados, que era preferível à Sarah? Além dos artistas em acrobacias de solo e aéreas, dos 15 cavalos, da coleção de cachorros sábios e do número de seu filho, Carlitos Pereira, que pelas referências ainda era uma criança, havia um "esplêndido repertório de pantomimas", as principais atrações do circo. O "menino" Carlitos era considerado um exímio ginasta e equestre, além de um dos principais artistas nas pantomimas, em particular a

Cendrillon, que arregimentava cem crianças do bairro para sua atuação (*O Paiz*, Rio de Janeiro, 6 a 23 jul. 1893). No dia em que Albano mandou o recado aos moradores do bairro, anunciava em sua propaganda-cartaz uma "grandiosa pantomima de grande movimento ornada de música e bailados". Era *O esqueleto*, com a participação de todos os artistas da companhia e mirabolantes cenas de terror, fantasmas e casas mal-assombradas.

Já para a programação de Sarah, anunciavam-se "altas montagens dramáticas e clássicas". Parece que isso não deu certo, já que, quase um ano depois, apesar de toda a produção em torno das apresentações no Lírico, Arthur Azevedo mencionava que o público preferiu peloticas à Sarah.

Na passagem do século XIX para o XX, diversos artistas em geral, e os circenses em particular, estiveram presentes não só nos palcos teatrais, lugares considerados de "gloriosas tradições artísticas", como foi o caso do São Pedro de Alcântara, frequentado pela "melhor parte" da sociedade carioca, mas também nas casas chamadas de "chopps berrantes" e nos cafés-cantantes, algumas vezes identificados como *music halls*. Antes dessas, a única que se assemelhava ao *music hall* fora o Alcazar Lyrique, que encerrou suas atividades em 1880. A maior parte daquelas casas possuía pequenos palcos ou tablados e como característica o fato de seus frequentadores usufruírem, além dos espetáculos, dos serviços de cozinha e bebidas, podendo fumar, conversar e transitar. De cafés-cantantes alguns se transformaram em cafés-concerto, com pretensões a serem salas de concerto ou teatro, com orquestra. Em suas programações, o gênero musical apreciado era de inspiração vaudevilesca francesa: as cançonetas brejeiras de duplo sentido, maliciosas, cantadas por *chanteuses* que chegavam nos paquetes vindos da Europa, tiveram seu auge de sucesso e divulgação. Mas, apesar do destaque dado nas propagandas dos espetáculos e do forte apelo das cantoras estrangeiras, junto com as *cocottes*, aqueles cafés, na verdade, eram ocupados pelos artistas nacionais que cantavam e tocavam não só cançonetas, mas modinhas, lundus, maxixes etc. Herdeiros do *music hall*, constavam também da programação números de variedades, como esquetes dramáticos, quadros vivos, acrobacias, equilibristas, malabaristas, cenas cômicas, palhaços instrumentistas excêntricos, mágicos, transformistas.

Nesses espaços, segundo os contemporâneos e memorialistas, não se viam famílias, pois, para além da "natureza do espetáculo", que apresentava sempre o gênero "livre", o seu público era formado por homens e "mulheres de vida airada". No final do século XIX, um dos cafés-cantantes, o da Guarda Velha, um dos mais conhecidos e frequentados do centro do Rio de Janeiro, que depois passou a ser chamado de concerto, era descrito, por um cronista da época que usava o pseudônimo de Karlo, como um "ornamento da perdição social" (*O Paiz*, Rio de Janeiro, 23 mar. 1901). Em 1900, quando o Circo Irmãos Carlo se apresentava no Teatro São Pedro de Alcântara, vários de seus artistas estiveram atuando no Guarda Velha, ou por convite para participarem das festas de benefícios, ou por cachê. O Guarda Velha, local que as "famílias cariocas" não frequentavam, conforme esses cronistas, era local de trabalho das "famílias circenses", que se apresentavam lado a lado com artistas tidos como "marginais", frequentando, assim, quase todos os tipos de palcos (*Jornal do Commercio*, Rio de Janeiro, 1 fev. 1900).

No final do século XIX e início do XX, Paschoal Segreto, um dos principais empresários de entretenimento do período, apelidado pela imprensa de "Ministro das Diversões", inaugurou o café-concerto Moulin Rouge (antigo Teatro Variedades), anunciado como "o primeiro café-concerto da capital federal" e que apresentava "artistas de fama vindos diretamente da Europa". A família Pery, composta por circenses tradicionais, foi que o inaugurou, na noite de Natal de 1900. Nesse mesmo mês, vários artistas do Circo Holmer, que ocupava o Teatro São Pedro de Alcântara – o baluarte da tradição teatral carioca –, trabalhavam com a família Pery no Moulin Rouge. Além deles, por quase um ano de existência, várias companhias e famílias circenses ocuparam aquele espaço, como os Albano Pereira, os Ozon, os Temperani e os Palácios.

Vários dos autores brasileiros de peças teatrais e das letras e melodias cantadas pelos circenses no Brasil, moravam no Rio de Janeiro. Desde o final do século XIX e início do XX, tais autores tiveram participação efetiva nos espetáculos, principalmente nos circos que se apresentavam na capital carioca, contribuindo como autores e/ou atores de peças teatrais ou apresentando-se como palhaços-cantores, mas raramente viajavam com as companhias.

Eram os circenses que viajavam e incorporavam outros autores em suas aprendizagens. Possuidores de saberes acumulados dos vários lugares por onde passavam, das diversas expressões e formatos artísticos como teatro, canto e dança, de posse dos versos, músicas, letras de diversos compositores, ou de autoria deles mesmos, quando retornavam à capital federal de suas turnês pelas distintas regiões do país, traziam em sua bagagem o aprendizado de dramaturgias, novas músicas, novas danças, linguagens e ritmos desconhecidos, que de novo seriam incorporados aos folhetos publicados, além de gravados em disco por alguns palhaços-cantores, para logo em seguida retomarem a estrada.

O que se observa é que o público que frequentava os teatros, os cafés-concerto e os circos era socialmente heterogêneo e tinha acesso, como consumidor, a todas as formas de produções artísticas ofertadas. Enquanto não se construía o Teatro Municipal, e na impossibilidade de a maior parte dos brasileiros ir ao Rio de Janeiro, vários grupos de artistas circenses cumpriram o papel de produzir e divulgar expressões culturais que resultavam em teatralidades envolvendo gêneros e ritmos, artistas nacionais e estrangeiros, sob a sua forma de organizar e produzir o espetáculo. Não se pode negar que a capital federal, naquele período, representasse o centro das principais fontes culturais e artísticas em que aqueles vários grupos iam beber, relendo-os e ressignificando-os. Entretanto, a partir dali, saíam percorrendo um território rico em teatralidades regionais, que, ao serem incorporadas, resultavam em novos modos de construções daquela teatralidade e de expressões artísticas, que, ao retornarem para o Rio de Janeiro, realizavam novas combinações e fusões.

Bibliografia

ABREU, Martha. *O império do Divino*: festas religiosas e cultura popular no Rio de Janeiro, 1830-1900. Rio de Janeiro: Nova Fronteira, São Paulo: Fapesp, 1999.

Anuário da Casa dos Artistas, Rio de Janeiro, 1941/1942.

CHALHOUB, Sidney. *Cidade febril*: cortiços e epidemias na Corte Imperial. São Paulo: Companhia das Letras, 1996.

DUARTE, Regina Horta. *O circo em cartaz*. Belo Horizonte: Einthoven Científica Ltda., 2001.

FLEIUSS, Max. Evolução do teatro no Brasil. *Revista Dionysos*, Órgão do Serviço Nacional de Teatro do Ministério da Educação e Cultura, ano 6, n. 5, p. 13-50, fev.1955.

KLEIN, Teodoro. *El actor en el Rio de La Plata:* de Casacuberta a los Podestá. Buenos Aires: Ediciones Asociacion Argentina de Actores, 1994.

LAZARY, Ângelo. A cenografia antiga e atual, no teatro brasileiro. *Revista da Casa dos Artistas* . Rio de Janeiro, 24.ago.1938.

______. A cenografia antiga e a atual no teatro brasileiro. *Revista da Casa dos Artistas*, publicação em comemoração ao Vigésimo aniversário.

LIMA, Evelyn Furquim Werneck. *Arquitetura do espetáculo*: teatros e cinemas na formação da praça Tiradentes e da Cinelândia. Rio de Janeiro: Editora UFRJ, 2000.

MENCARELLI, Fernando Antonio. *Cena aberta*: a absolvição de um bilontra e o teatro de revista de Arthur Azevedo. Campinas: Editora da Unicamp/Centro de Pesquisa Social da Cultura, 1999.

SECRETARIA MUNICIPAL DE CULTURA. *São Cristóvão*: um bairro de contrastes. Rio de Janeiro: Secretaria Municipal de Cultura, Turismo e Esportes/Departamento Geral de Patrimônio Cultural/Departamento Geral de Documentação e Informação Cultural, 1991. (Bairros Cariocas, v. 4).

SOUZA, Silvia Cristina Martins de. *As noites do Ginásio*: teatro e tensões culturais na Corte (1832-1868). Campinas: Editora da Unicamp, Cecult, 2002.
THÉTARD, Henry. *La merveilleuse histoire du cirque*. Paris: Prisma, 2 volumes, 1947.

153

Os jogos proibidos no tempo do Império

Juliana Teixeira Souza

Rio de Janeiro, 1850. Nessa cidade, no dizer Hermann Burmeister, "tanto negros como mulatos mostram grande pendor para os divertimentos, que consistem, principalmente, não no prazer da boa comida e bebida, como em nossa terra, mas no jogo de cartas e na dança" (BURMEISTER, s.d., p. 53). Mas esse alemão, que viajou parte do nosso país acompanhando a expedição de Peter Lund, estaria enganado se pensasse que tal gosto fosse exclusivo das "gentes de cor". Entre os tipos populares descritos por Manuel Antônio de Almeida nas páginas de *Memórias de um sargento de milícias*, conhecemos personagens como o filho do velho tenente-coronel, que "aos 20 anos, tendo sentado praça, era um cadete desordeiro, jogador e o mais insubordinado do seu regimento" (ALMEIDA, 2007, p. 117). Nessa mesma época, meados do século XIX, em um dos romances de Joaquim Manuel de Macedo, *O moço loiro*, também encontramos gente muito distinta num sarau oferecido por respeitável família da capital empenhando-se "por ganhar ou perder dinheiro da maneira mais desenxabida do mundo", apostando na mesa do *écarté*, um jogo de cartas de origem francesa (MACEDO, 1987, p. 85).

Praticado nas residências, nas ruas, hotéis, botequins e casas comerciais, o jogo era apreciado por escravos, homens pobres livres e pela elite. Era um divertimento comum, difícil de ser circunscrito a um espaço específico, assim como parece inadequado atribuir a determinado segmento econômico ou social um pendor especial para esse hábito. Mas não tratamos aqui de qualquer tipo de divertimento que envolva habilidade, destreza ou astúcia, referimo-nos especificamente aos jogos em que se arriscava dinheiro, ainda hoje conhecidos como jogos de azar, e que aliás eram proibidos por lei nos tempos do Imperador.

De acordo com o artigo 281 do Código Criminal de 1830, no capítulo dedicado à moral e aos bons costumes, no Brasil não seria permitido "ter casa pública de tavolagem para jogos que forem proibidos pelas posturas das Câmaras Municipais". Na seção Polícia do Código de Posturas da cidade, afirmava-se que o único jogo permitido em lugares públicos seria o bilhar e que os estabelecimentos interessados em oferecer esse tipo de atividade para sua clientela deveriam requerer licença junto à vereança. Além de depositarem nos cofres da municipalidade 150 mil-réis de caução por essa autorização, os proprietários dos bilhares deveriam assinar um termo no qual se comprometessem a "não permitir em sua casa outra qualquer qualidade de jogo", sob pena de pagarem 30 mil-réis de multa e passarem oito dias na prisão. Em casos de reincidência, os infratores estariam sujeitos a 30 dias de prisão, sendo-lhes cobrados 60 mil-réis em multa. No mais, as posturas municipais informavam:

> Todas as pessoas que forem encontradas nas ruas, praças e mais lugares públicos, bem como em vendas, barracas, corredores de casas e torres de igreja a jogar qualquer espécie de jogo, serão multados em 4$000, e sofrerão oito dias de prisão (AGCRJ, Código de Posturas, 1870, p. 28).

O que justificava a proibição dos jogos de dados e cartas, na prática os alvos primordiais da repressão empreendida pelas autoridades públicas, era o vínculo frequente dessa prática com as apostas em dinheiro. Essa forma de divertimento era vista com muita desconfiança, pois tenderia a levar os indivíduos à degradação física, financeira e familiar, em decorrência das paixões e comoções que provocava ou por conta do vício que incitava. Identificado como um hábito pernicioso ao meio social, o jogo de azar contrariava as noções de moral e bons costumes pretendidas pela "boa sociedade" fluminense, que "constituía o *mundo do governo*, um mundo que não apenas se via como tendendo a ser naturalmente ordenado, mas também portador da incumbência de ordenar o conjunto da sociedade" (MATTOS, 2004, p. 130). Não dizemos com isso que os jogos de azar fossem estranhos aos setores dominantes, mas na medida em que as apostas apareciam nos registros policiais associadas a casos de embriaguez e ao cometimento de outros crimes e contravenções, como roubos, discussões injuriosas, agressões, ajuntamentos e tumultos, no entender das autoridades governamentais o jogo constituía um risco iminente à manutenção da ordem pública.

Para a elite dirigente à frente do Estado imperial, os males e prejuízos provocados pela prática dos jogos de azar seriam ainda mais graves quando os jogadores fossem trabalhadores pobres, pois se entendia que "os pobres carregam vícios, os vícios produzem os malfeitores, os malfeitores são perigosos à sociedade; juntando os extremos da cadeia, temos a noção de que os pobres são, por definição, perigosos" (CHALHOUB, 2004, p. 22). Em outras palavras, se os pobres possuem vícios que indicam uma tendência habitual para o mal, não era recomendável que os governantes permitissem que as classes subalternas se reunissem para apostar nas cartas ou nos dados. Com os ânimos exaltados pela disputa do jogo e pelas quantias arriscadas, sempre haveria o perigo de esses ajuntamentos darem origem a algum quebra-quebra, que, transpondo as portas dos estabelecimentos comerciais, poderiam se espalhar pelos caminhos públicos, instaurando a desordem nas ruas da Corte.

Dessa forma, a multiplicação clandestina das casas de jogos e a reiteração das fraudes, roubos e tumultos provocados pelos desentendimentos entre os jogadores fazia com que esses estabelecimentos fossem considerados como focos de desordens, cujo funcionamento punha em risco a segurança e a tranquilidade públicas, que a todo custo deveriam ser resguardadas pelas autoridades encarregadas do policiamento da cidade. Essa responsabilidade era compartilhada entre a Secretaria de Polícia da Corte e a Câmara Municipal do Rio de Janeiro, cujos fiscais eram encarregados de zelar pelo cumprimento das suas posturas. Esse trabalho de vigilância e repressão empreendido pelos agentes ligados ao governo central e à municipalidade era contínuo, pois não foram poucos os jogadores dispostos a tentar a sorte contrariando a lei, assim como não foram poucos os comerciantes que se dispuseram a satisfazer os anseios desses apostadores contumazes, fosse de modo completamente ilícito ou sob uma fachada legal, como nos fundos das casas de bilhar licenciadas pela instituição camarária.

Esse subterfúgio foi mencionado em ofício enviado à Câmara Municipal em 14 de agosto de 1841 por Eusébio de Queiroz, que na época ainda exercia seu longo mandato como chefe de polícia da Corte, cargo que assumiu antes de completar 20 anos e no qual se manteve por mais de uma década. Personagem fundamental da história política do Império, um dos membros fundadores do Partido Conservador, conhecido pela lei que proibiu o tráfico transatlântico de escravos, como administrador Eusébio de Queiroz foi considerado um homem ativo e enérgico, o que se percebe muito facilmente nos atos administrativos que trazem sua assinatura. No ofício mencionado, ele afirmou que a despeito das disposições em contrário,

> a maior parte das casas de Bilhar admitem jogos proibidos, e especialmente de dados, onde nem sempre se observa a boa-fé, do que resulta serem vítimas todos os imprudentes,

que não estando iniciados nos mistérios desses jogos, vão aí sacrificar sua fortuna, e muitas vezes a alheia" (AGCRJ, cód. 45-2-43, p. 2).

No dia anterior à emissão desse ofício, a polícia havia realizado buscas em três casas de bilhar, situadas nas movimentadas rua da Vala, rua do Cano e largo do Rossio – atuais rua Uruguaiana, rua 7 de Setembro e praça Tiradentes, respectivamente. Na ocasião foram apreendidos três baralhos, quase 280 dados, 11 copos de couro pertencentes ao jogo e 2.240 réis em cobre que estavam sobre as mesas. As autoridades constataram que muitos dados estavam chumbados, indicando claramente que o resultado das partidas não dependia exclusivamente da sorte dos jogadores, como convinha, mas sim da astúcia de quem patrocinava a jogatina. Naquela noite, 40 pessoas foram presas por infração das posturas e entre elas havia nove jogadores que se declararam militares, a maioria pertencente ao Corpo de Guardas Municipais Permanentes. Portanto, muito embora a atribuição da corporação fosse a implementação de políticas de controle social no meio urbano, em seu tempo livre os homens que viviam na extremidade inferior da hierarquia policial se divertiam como o restante da população, praticando os mesmos delitos. Mais grave que isso, a proporção de militares sendo flagrados infringindo as posturas referentes aos jogos tornava clara não apenas a popularidade dessa prática, como também a dificuldade de se impor limites à sua difusão, mesmo entre os agentes da repressão.

Diante da evidência de que casas de bilhar licenciadas pela Câmara Municipal admitiam os jogos de azar, Eusébio de Queiroz chamou a atenção dos vereadores sobre a necessidade de se restringir a concessão de licenças às pessoas que estivessem "em circunstâncias de recear não só as penas, como também a vergonha insuperável de admitir, e tornar-se cúmplice de jogos proibidos, e aladroados" (AGCRJ, cód. 45-2-43, p. 2v). Não havendo contingente nem condições apropriadas para se providenciar a vigilância de todas as casas de bilhar da cidade, para o chefe de polícia a maneira mais eficaz de impedir a vulgarização dos jogos de azar era a Câmara Municipal cessar a emissão de licenças, ao menos para os estabelecimentos que permitissem jogos ilegais. Mas a adoção dessa medida poderia contrariar parte dos interesses da Câmara, uma vez que a emissão de licenças para as casas comerciais representava uma importante fonte de receitas para o cronicamente deficitário cofre municipal.

O ofício de Eusébio de Queiroz indica ainda que as autoridades policiais consideravam muito brandas as penas impostas aos jogadores e proprietários de casas de apostas, de modo que os infratores não se sentiam coagidos a obedecer às determinações exaradas pela legislação municipal. Entretanto, não era atribuição da polícia elaborar as posturas. Para que as penas fossem mais duras e as autorizações restringidas, era preciso que os vereadores se dispusessem a atender o pedido Eusébio de Queiroz. O problema, nesse caso, era que os vereadores relutavam em aceitar a ingerência da Secretaria de Polícia nos assuntos considerados de sua alçada, posto que essa sujeição implicava esvaziamento da autoridade municipal.

Para evitar que os vereadores ignorassem seu pedido, Eusébio de Queiroz informou ao poder central sobre os problemas que vinha enfrentando na repressão às casas de jogos, certamente na expectativa de que seus superiores compartilhassem sua preocupação e reforçassem suas recomendações junto à instituição camarária. Pesava em seu favor a preocupação da elite política imperial com a manutenção da ordem na capital do país, onde se pretendia que seu domínio se fizesse mais forte e mais presente. Para os dirigentes do Estado imperial, era urgente prevenir e reprimir os crimes e ofensas da ordem pública que de alguma maneira permitissem quebra-quebras ou levantes da malta urbana, pois acreditava-se que as comoções ocorridas na Corte poderiam exercer uma influência extraordinária nas outras províncias. Com efeito, incidentes desse tipo na cidade, sede do governo central e capital econômica do país, punham em risco não apenas os interesses da fração dominante mais importante da nação, como também a integridade das instituições que representavam os poderes gerais, como a Câmara dos Deputados, o Senado e o próprio Paço Imperial.

Tendo isso em vista, conformando-se às considerações feitas por Eusébio de Queiroz, a Secretaria de Estado dos Negócios do Império recomendou à Câmara Municipal que tomasse as providências que lhe foram indicadas pelo chefe de polícia a respeito de jogos proibidos e das licenças para casas de bilhar (AGCRJ, cód. 45-2-43, f. 6). Mais do que isso, na prática, durante os meses seguintes a municipalidade indeferiu todos os pedidos de licença para casas de bilhar que lhe foram remetidos, indiscriminadamente, fossem seus proprietários cidadãos honestos ou contraventores conhecidos da polícia.

Essa decisão foi contestada por muitos comerciantes, como Theodolindo Cezar Castello Branco, dono de um bilhar situado na rua Pedregulho, freguesia do Engenho Velho. Em 15 de janeiro de 1842, ele remeteu aos vereadores um requerimento no qual afirmava que, não sendo bem-sucedido em seus últimos negócios, poucos meses antes havia tornado público seu bilhar, mas "eis que este mesmo fraco sustento lhe arrancam, com a negação da licença requerida". O comerciante considerava o prejuízo difícil de reparar diante da necessidade de garantir a subsistência de uma numerosa família, composta por esposa e cinco filhos, o mais velho tendo apenas 10 anos de idade. No documento, Theodolindo afirmava ter conhecimento de que seu pedido de licença havia sido negado por conta dos acontecimentos verificados em outros bilhares, promovidos por indivíduos que na sua opinião

> não tendo sobre seus ombros o peso que o Suplicante carrega, abusam da Lei em prejuízo de seus semelhantes!! E o Suplicante que ao presente nenhum outro recurso se lhe oferece ficará com sua família reduzido a última desesperação (AGCRJ, cód. 45-2-43, f. 14v).

Theodolindo disse que chegou a procurar outro emprego, mas "este é tão custoso aparecer, quanto difícil de obter sem pronto patronato e assídua proteção", justificativa que colocava em pauta os problemas referentes à constituição do mercado de trabalho nos centros urbanos no Brasil imperial. A despeito do empenho de Theodolindo na busca por uma nova ocupação, numa cidade em que quase metade da população era escrava, as opções de trabalho para os homens pobres livres eram restritas e bastante concorridas, de modo que dispor de um contrato regular de serviço era privilégio de poucos. Na busca por melhores condições de vida, era comum que esses indivíduos se tornassem agregados das famílias urbanas mais abastadas, opção que, por um lado, lhes poderia garantir condições mínimas de sobrevivência, mas, por outro, estreitava as relações de dependência dos grupos subalternos com a elite senhorial, reforçando a política de dominação paternalista.

Muito embora o Rio de Janeiro do século XIX fosse marcado pela valorização crescente do dinheiro, o paternalismo ainda podia ser percebido como "um componente profundamente importante, não só da ideologia, mas da real mediação institucional das relações sociais" (THOMPSON, 1998, p. 32). Decerto que a utilização do conceito "paternalismo" exige cautela, pois nos remete a uma visão de mundo idealizada pelo pai e senhor, que reconheceria suas responsabilidades para com seu filho e dependente desde que este se submetesse à sua autoridade, aceita como inviolável, e almejasse tão-somente os favores concedidos por sua vontade superior. Essa descrição nos sugere a existência de uma relação mutuamente consentida, sem conflitos, já que os dependentes avaliariam sua condição a partir dos valores impostos pelos senhores. Mas o emprego desse conceito não deve se restringir à descrição do mundo idealizado pelos senhores, pois a vigência da ideologia paternalista não impedia de forma alguma a existência de antagonismos sociais significativos entre as elites e os grupos subalternos no Rio de Janeiro imperial (CHALHOUB, 2003, p. 44-48).

Aspectos fundamentais da política de dominação paternalista, assim como os conflitos que ela não foi capaz de suprimir, podem ser observados na própria relação entre os governantes e governados. No encerramento do seu requerimento, Theodolindo reforça as prerrogativas do poder paternalista indicando a intenção de conformar-se inteiramente às decisões da instituição camarária, num discurso em que ele enfatizava sua deferência e subordinação aos vereadores. Mas o reconhecimento do domínio exercido pelos governantes, como veremos, não impedia Theodolindo de protestar contra as decisões que prejudicavam seus interesses. Após descrever a precária situação em que ele e sua família se encontraram após a Câmara Municipal negar seu pedido de licença para ter casa de bilhar, ele escreveu:

> À vista de considerações tão fortes, que certamente farão toda a impressão n'alma de Vossas Senhorias; e fundado o Suplicante no §1° do Título 8° das Posturas que regulam, vem novamente requerer Licença para poder abrir o seu bilhar, observando literalmente o exarado naquela postura, e sujeitando-se de mais a imediata inspeção do respectivo fiscal, e se por fatalidade a presente representação não obtiver o fim a que o Suplicante se propõe, dignem-se Vossas Senhorias aproveitando a capacidade que ele possa ter para outro qualquer serviço empregá-lo de modo que o arranque ao vexame de mendigar com sua esposa, e filhos pelas portas dos mesmos a quem tem hoje a honra de requerer (AGCRJ, cód. 45-2-43, f. 15).

Em momento algum Theodolindo desconsidera sua posição de subordinação, reconhecendo as posturas municipais como expressão soberana e inviolável da vontade dos governantes. Mas sua atitude não esteve destituída de interesse. A sujeição explicitada em seu discurso não indica que aceitasse passivamente a opressão que lhe era imposta, pois condicionava sua deferência e subordinação ao cumprimento de certas obrigações por parte dos vereadores. Como boa parte dos trabalhadores pobres da cidade, ele acreditava constar entre os deveres fundamentais dos governantes assegurar à população os meios de subsistência. Foi seguindo esse princípio que Theodolindo pediu que os vereadores lhe arranjassem um serviço, caso continuassem indeferindo seu pedido de licença. Portanto, apesar do temor respeitoso pela autoridade e do receio de se contrapor abertamente às determinações da Câmara, com astúcia e determinação Theodolindo tentou imputar aos vereadores a responsabilidade de lhe providenciarem um emprego com o qual pudesse garantir o sustento de sua numerosa família, seu objetivo maior.

Para provar ser merecedor do benefício pleiteado, junto ao seu requerimento constava um atestado assinado pelo inspetor de quarteirão daquele distrito, no qual este assegurava:

> Theodolindo Cezar Castello Branco possui um bilhar particular onde concorre pouco número de pessoas; e inteiramente não me consta ter ali havido motim ou outros jogos ilícitos no que por obrigação de meu cargo tenho sido vigilante em observar" (AGCRJ, cód. 45-2-43, f. 16).

Ou seja, se o negócio não constituía um risco à ordem pública, temor maior da elite política fluminense que havia motivado as recomendações do chefe de polícia, não haveria justificativa para a licença ser negada. Ainda assim, Theodolindo não conseguiu autorização para manter seu negócio em funcionamento, nem encontramos indícios de que os vereadores tenham tomado alguma iniciativa no sentido de arranjar-lhe uma outra ocupação.

Para Theodolindo, como para outros comerciantes, o fim da emissão das licenças parecia uma arbitrariedade, uma decisão resolvida por conta do julgamento pessoal do chefe de polícia e dos vereadores, pois em sentido estrito a legislação municipal ainda facultava aos comerciantes o direito de manterem mesas de bilhar abertas ao público. Sem a revogação da referida postura, o conflito entre os donos das casas de bilhar e as autoridades legalmente constituídas provocava, contraditoriamente, a inversão dos papéis que comumente lhe atribuímos. Afinal, o ressentimento dos proprietários das casas de bilhar estava fundado no direito legal, enquanto que a decisão do governo central não possuía validade perante a lei. Esse ponto foi ressaltado em alguns requerimentos, como o enviado à Câmara Municipal em 9 de abril de 1842, com o seguinte conteúdo:

> Diz Rodrigo José Rufino, com casa de Bilhar na Rua da Vala sobrado número 131, que tendo lhe cumprido o que determina o §1° Título oitavo Seção 2ª do Código das Posturas da Ilustríssima Câmara Municipal, tem todos os anos obtido licença para continuar com aquele meio de vida, e tendo este ano querido obter licença para a continuação, como é de costume não se lhe tem dado, nem se lhe dá o motivo de tal recusa, visto que não se acha revogado o título acima mencionado, e por todos estes motivos requer o suplicante a Vossas Senhorias para que se dignem mandar dar ao suplicante a licença para poder continuar, e Pede Vossas Senhorias sejam servidas assim mandar (AGCRJ, cód. 45-2-43, f. 25).

Como se percebe, proibir os bilhares sem a revogação da postura, era uma arbitrariedade difícil de ser aceita. Muito embora o exercício cotidiano da cidadania tenha sido limitado ao longo do Segundo Reinado, fosse devido à manutenção da ordem escravocrata, fosse devido às dificuldades de acesso ao voto, isso não significa de forma alguma que as pessoas comuns, como Rodrigo José Rufino, fossem incapazes de criar expectativas sobre seus direitos, especialmente quando elas acreditavam estar cumprindo com seus deveres. Mesmo para os trabalhadores pobres habituados à opressão, eram evidentes as diferenças entre a dominação exercida através da lei e o poder exercido sem qualquer respaldo que lhe conferisse legitimidade, o que gerava reações.

A percepção da manipulação flagrante da lei influía determinantemente nas atitudes tomadas pelos comerciantes que tiveram seus pedidos de licença recusados pelos vereadores.

Sabedores de seus direitos, enquanto foi possível, aqueles indivíduos lutaram por seus interesses utilizando os meios legais de que dispunham, recorrendo à Câmara Municipal como um local de demanda. Esgotando-se essa possibilidade, alguns fecharam seus estabelecimentos, mas nem todos se dispuseram a aceitar passivamente uma decisão que lhes parecia injusta. Para não perder sua clientela nem abrir mão do prazer de jogar, fosse o bilhar, os dados ou as cartas, certamente houve quem mantivesse as portas de seu estabelecimento clandestinamente abertas. De acordo com seus valores, esses cidadãos poderiam justificar a atitude de resistência como um senso de transgressão legal, de acordo com o qual utilizar meios ilegítimos para assegurar um direito legal parecia expressão inconteste de justiça.

Contudo, folheando os jornais da época encontramos evidências de que havia bilhares abertos ao público sem qualquer preocupação de esconder suas atividades das autoridades policiais. Em 2 de agosto de 1842, num destacado anúncio no *Jornal do Commercio* foi anunciado que:

> O proprietário do hotel Pharoux, desejando que o seu estabelecimento corresponda a todas as exigências de uma cidade tão civilizada como a do Rio de Janeiro, hoje capital da América do Sul, tem a honra de participar ao público que, além de uma nova casa bem arejada, espaçosa e elegantemente mobiliada, e de uma magnífica sala de bilhar, onde três excelentes bilhares estão à disposição dos amadores, acaba de abrir uma casa de banhos à semelhança das da Europa.

O marselhês Louis Pharoux afirmava que havia emigrado para o Brasil por questões políticas, mas não fora por suas convicções que ele se tornara conhecido na capital. Segundo Vivaldo Coaracy, desde que seu hotel foi transferido para a rua Fresca,

> logo se tornou famoso e frequentado, tanto pela excelência da cozinha, como pela exuberância cordial do proprietário e pela qualidade dos vinhos e bebidas servidos à freguesia. [...] tornou-se ponto de reunião muito frequentado pela gente boa do tempo e gozava de alta reputação (COARACY, 1988, p. 63).

Ao que parece, foi justamente pela reputação do estabelecimento e pelo perfil do público atendido que o bilhar de Louis Pharoux pôde ser mantido em funcionamento com o conhecimento de todos, incluindo a polícia e os fiscais da municipalidade, mais condescendentes com a prática dos jogos quando restrita aos membros da "boa sociedade".

No ano seguinte, quando as licenças voltaram a ser expedidas para as casas de bilhar, a preocupação das autoridades públicas com a condição econômica e social dos indivíduos que frequentavam esses estabelecimentos não deixou de ser manifesta, ainda que de forma indireta. Encarregado de informar aos vereadores se Louis Pharoux poderia renovar sua licença, em parecer enviado à Câmara em 23 de março de 1843 o fiscal da freguesia de São José afirmou que o suplicante estava em circunstâncias de obter a autorização que requeria para suas cinco mesas de jogo, já que em sua hospedaria "sempre foram permitidos ou tolerados os Bilhares, [...] e aonde não é admitida certa classe de indivíduos" (AGCRJ, cód. 45-2-43, f. 30). Além de confirmar que a instituição camarária consentira tacitamente com o funcionamento daquele bilhar no ano anterior, o fiscal indicou de maneira explícita o motivo daquele tratamento diferenciado. Tratando-se do discurso de um funcionário do governo, por "certa classe de indivíduos" devemos entender que o fiscal se referisse aos negros, mestiços, escravos, libertos, homens brancos sem cabedal, enfim, aos trabalhadores pobres urbanos vistos pela elite dirigente como viciosos e potencialmente perigosos.

Para que a prática de jogos proibidos não fosse estimulada entre os trabalhadores pobres, colocando em risco a ordem social, a vereança realizou algum esforço no sentido de restringir o funcionamento das casas de bilhar, autorizando-as somente nos casos em que seus proprietários parecessem dispostos a respeitar as posturas. Com esse propósito, os fiscais de freguesia ficaram encarregados de informar à instituição camarária se os impetrantes estavam em circunstâncias de ter seus pedidos deferidos.

Carlos Gerard, com bilhar estabelecido na rua da Cadeia, submetido a esta avaliação, não teve dificuldade em conseguir um parecer favorável do fiscal, que informou à Câmara:

> Tendo sindicado da conduta do impetrante Carlos Gerard alemão, e constando-me que ele só admite em sua casa pessoas conhecidas a jogarem o Bilhar, e que nenhum outro jogo é ali permitido; por isso o acho nas circunstâncias de obter da Ilustríssima Câmara a licença que pede (AGCRJ, cód. 45-2-43, f. 31v).

Além de não ter ficha criminal, contava em seu favor o fato de atender somente pessoas conhecidas, um dado sempre útil para as autoridades responsáveis pela implementação das políticas de controle social. Num outro trecho do documento também se informava que o negócio funcionava no mesmo endereço em que Carlos Gerard residia com sua família, circunstância que poderia sugerir ao funcionário da municipalidade que ele estaria menos inclinado a permitir ajuntamentos ilícitos, jogos proibidos ou outras infrações naquele espaço.

Nos anos seguintes, com maior ou menor rigor, esses critérios continuaram sendo avaliados pelos fiscais da municipalidade e as licenças voltaram a ser emitidas, sem que se verificassem conflitos mais agudos entre a polícia, a Câmara Municipal e os proprietários de casas de bilhar. A repressão aos jogos de azar só voltaria a recrudescer entre 1848 e 1849, quando a Secretaria de Polícia da Corte foi assumida por Antonio Simões da Silva. Desta vez o principal alvo da polícia não foram os bilhares, e sim as chamadas *public houses,* redutos de jogatina e prostituição na zona portuária que reuniam num só espaço a manifestação de todos os vícios atribuídos aos trabalhadores pobres. Inicialmente o chefe de polícia procurou reprimir o funcionamento desses estabelecimentos efetuando a prisão de seus frequentadores, processando seus proprietários e obrigando-os a assinar termos de "bem viver", no qual os infratores se comprometiam a mudar sua conduta. Entretanto, em relatório enviado ao ministro da Justiça em 19 de maio de 1849, o próprio Antonio Simões da Silva admitiu:

> [...] ineficazes têm sido os meus esforços. Fecha-se um Public House, submete-se o dono a um processo, sofre as penas aplicáveis em tais casos, daí a dias ou ele ou outro por ele abre em diferente lugar a nova casa, onde maiores escândalos, maiores crimes são perpetrados (AN, IJ6 211).

Muitos dos donos dessas casas frequentadas pelos trabalhadores da região e por marinheiros de diferentes nações eram estrangeiros. Dentre eles, na opinião do chefe de polícia, o mais incorrigível de todos era um sujeito chamado Diogo Codix, ou Diogo Viodix, ou ainda Charles Smith, de nacionalidade desconhecida, que tinha o suspeitíssimo hábito de mudar o nome conforme a ocasião. Junto com o português Manoel Teixeira de Castro Júnior e o chileno Manoel Rodríguez, este indivíduo se dedicava a um negócio peculiar, que não tardou em chamar a atenção da polícia. A despeito das posturas municipais proibirem os marinheiros nacionais e estrangeiros de andarem em terra durante a noite, os sócios Castro Junior, Rodríguez e Smith persuadiam os mesmos a não retornarem aos navios, acolhendo-os na *public house* com promessas de diversão, como mulheres, bebidas e apostas. Sendo Rodríguez encarregado pelo Consulado Britânico e Americano de prender seus desertores, após despirem os marinheiros do último vintém, os trapaceiros ainda recebiam uma recompensa por encaminhá-los de volta aos representantes de suas legações.

Para o chefe de polícia, eram todos indivíduos de

> [...] péssimos costumes, incorrigíveis, ébrios, desordeiros, muitas vezes processados, e recolhidos à cadeia por diversos crimes, e sempre reincidindo neles. Alguns deles levaram a imoralidade, e a depravação dos costumes a tal ponto, que tinham os mais nojentos, e escandalosos lupanares, onde a orgia era constante, e onde, reunidos os vadios turbulentos, e viciosos, entretinham

> incessantemente todas as castas de jogos proibidos, roubando-se uns aos outros, e por fim espancando-se (AN, IJ6 212, f. 7v-8).

Incapaz de impedir a ação destes e de outros criminosos, o chefe de polícia mudou os procedimentos adotados até então pela polícia. No lugar de continuar ordenando a prisão e abrindo processo contra aqueles indivíduos, Antonio Simões da Silva determinou o recrutamento forçado dos nacionais e deportou sumariamente os estrangeiros, medida que se sentiu autorizado a executar sem que para isso fosse necessário instaurar uma acusação formal contra os supostos acusados. Em relatório de 13 de novembro de 1849, ele justificou sua decisão afirmando que, ao alistar os criminosos brasileiros na Marinha, pretendia que os mesmos ficassem atemorizados, e assim "deixassem a vida dissoluta, em que viviam, para se tornarem verdadeiros cidadãos úteis ao país" (AN, IJ6 212, f. 5-5v).

No caso dos estrangeiros deportados, incluindo os sócios Castro Junior, Rodríguez e Smith, o chefe de polícia acreditava que a medida se justificava

> [...] não que eles por si sós fossem capazes de perturbar a sociedade, mas porque, tendo alguns casas de jogos e outros passatempos reprovados pela moral, onde se reunia a classe ordinária, faziam delas viveiros permanentes de gente azada para toda casta de cometimentos.

Além de evitar os perigosos ajuntamentos de homens pobres, ele ainda protegia os incautos, que "atraídos pela sombra enganadora e lisonjeira dos vícios, acabam de perder-se". Por conta disso, de acordo com Antonio Simões da Silva, os recrutamentos e deportações haviam contribuído significativamente para a dispersão da nuvem de desordeiros que vinha colocando a cidade em sobressalto, aumentando a sensação de segurança e tranquilidade. Apesar de os chefes de polícia tenderem a sobrevalorizar o resultado de seus esforços, é possível que seus julgamentos sumários tenham efetivamente intimidado a população que vivia nas proximidades do porto, contribuindo para um controle mais eficaz das condutas e manifestações reprimidas pelas autoridades policiais.

No entanto, isso não significou de modo algum que as apostas tivessem cessado no restante da cidade. Acompanhando os registros policiais publicados nos jornais da época e a documentação referente a jogos produzida pela Câmara Municipal do Rio de Janeiro, descobrimos que houve estabelecimentos que durante anos promoveram os jogos de azar sem se importarem com os esforços das autoridades policiais no sentido de coibirem essa prática. Assim, tornava-se evidente a resistência da população às tentativas da elite dirigente no sentido de normatizar suas formas de se divertir e ganhar a vida.

A casa de bilhar situada na rua do Cano número 243 foi um desses focos de resistência. Em 1838, o estabelecimento foi comprado pelo brasileiro Felippe Santiago Senna, que todo ano requeria junto à vereança a competente licença para manter seu negócio em funcionamento. Em 11 de outubro de 1841, poucos meses depois de o governo central recomendar à municipalidade que parasse de emitir licenças para casas de bilhar, Felippe foi preso por promover jogos proibidos e apostas em dinheiro no seu estabelecimento. Além de encaminhar para a cadeia os dez jogadores que se encontravam no local, a polícia tornou público através do *Jornal do Commercio* que na ocasião foram apreendidos 48 baralhos, um copo, três dados e 2.780 réis em cobre.

Ser flagrado infringindo as posturas e ver a notícia publicada numa das folhas de maior circulação na capital do país não impediu Felippe Santiago Senna de requerer a renovação de sua licença junto à Câmara Municipal, ao que procedeu apenas seis meses depois de sua prisão. De fato, de acordo com a lei, não havia nenhum impedimento legal para tal atitude. O Código de Posturas determinava pena de prisão e pagamento de multa para os comerciantes que admitiam jogos proibidos em seus estabelecimentos, mas não fazia qualquer menção à cassação da licença expedida aos infratores. Em outras palavras, ainda que o dono fosse multado e preso repetidas vezes, não havia na legislação municipal nenhum artigo que determinasse o fechamento das casas de bilhar desses reincidentes. De qualquer forma, em 1842 a instituição camarária seguia as recomendações expedidas pela Secretaria de Estado dos Negócios do Império, não emitindo licença para nenhuma casa de bilhar da cidade.

Mas em maio de 1843, após ter conhecimento do parecer favorável obtido pelo francês Louis Pharoux, Felippe se animou a pedir renovação da licença de sua casa de bilhar. Em tom confiante, o requerimento afirmava que ele

> [...] não teme, que nesta Ilustríssima Câmara Municipal, onde respira tanto patriotismo, se negue ao Suplicante aquilo que a um estrangeiro se concedeu, que livre dos ônus, e incômodos inerentes ao Cidadão Brasileiro participar desses cômodos, dessas vantagens (AGCRJ, cód. 45-2-43, f. 33-33v).

Essa expectativa de obter algum tipo de proteção ou privilégio face à concorrência estrangeira derivava, em parte, das políticas de regulação do mercado tradicionalmente adotadas pela vereança. Nesse sentido vale lembrar que, àquela altura, fazia menos de um ano que a Câmara Municipal do Rio de Janeiro havia derrogado o parágrafo das posturas que proibia os estrangeiros de vender a retalho, decisão que visava a favorecer os empreendimentos nacionais nesse ramo de negócio (AGCRJ, Código de Posturas, Postura de 25 de Junho de 1842).

Sobre essa questão, ressaltamos que, durante os anos que se seguiram à Independência, instigar o nativismo foi um recurso amplamente utilizado pelas elites regionais para angariar o apoio popular em suas lutas internas. Foi assim no motim do Mata Bicudo (Mato Grosso, 1831), na Cabanagem (Grão-Pará, 1835-1840), na Sabinada (Bahia, 1838-1840) e na Balaiada (Maranhão e Piauí, 1838-

1841), onde a nacionalização do comércio a retalho apareceu como uma das principais reivindicações dos segmentos subalternos, que identificavam essa medida como uma forma de resistência à dominação externa, problema comum às nações recém-independentes. Para os homens à frente do Estado que se construía, importava que, numa sociedade em que os principais atributos de diferenciação social eram a liberdade e a propriedade, restringir o campo de ação dos estrangeiros para favorecer os nacionais era uma forma de enfatizar as diferenças entre ambos em detrimento de outras clivagens, mais profundas e significativas, que dividiam a população brasileira entre senhores e escravos, famílias abastadas e homens pobres livres, dirigentes e grupos subalternos.

O patriotismo exaltado parecia arrefecido no Rio de Janeiro da década de 1840, como se percebe pelo fim da postura que nacionalizava o comércio a retalho. Mas não foi confiando apenas no patriotismo da Câmara que Felippe Santiago Senna pensou que seria favorecido pelos vereadores. Na época era comum se pensar que aos homens livres sem cabedal que desejassem adotar um meio de vida honesto e decente havia apenas três carreiras: o emprego público, as armas e a indústria, entendida aqui como profissão mecânica ou mercantil. Para a carreira pública havia pretendentes demais por conta dos favorecimentos políticos; para a carreira das armas havia voluntários de menos, fosse pelos baixos soldos ou pelos sacrifícios que exigia. Então, para a maior parte dos trabalhadores pobres restava a opção de dedicar-se ao pequeno comércio, opinião expressa pelos vereadores em mais de uma ocasião.

Ao debater o assunto na Assembleia Geral Legislativa na década de 1850, os membros da Câmara Municipal do Rio de Janeiro se mostraram inquietos com o crescimento acelerado da população, cuja "consequência incontável e não mui remota será a ociosidade e o pauperismo; esses dois cânceres que corroem a sociedade, e que muitas vezes põem até em perigo a segurança pública", um discurso que reafirmava a identificação das classes pobres como ociosas e perigosas. Para remediar esse mal, na ocasião, os vereadores sugeriram a implementação de medidas que "a troco de privilégio e isenção faça atrair à vida comercial, e principalmente à do comércio a retalho grande classe de cidadãos [brasileiros]" (AGCRJ, cód. 59-1-3, f. 1-1v).

Não se pode ignorar que medidas desse tipo reforçavam a política de dominação paternalista, posto que os governantes esperassem deferência e submissão em retribuição à sua suposta generosidade. Mas de forma aparentemente contraditória, essas políticas também podiam servir aos interesses dos ditos dominados. Não foi por acaso que Felippe Santiago Senna evocou o patriotismo dos vereadores. Se a vereança negasse seu dever de proteger os nacionais e estimular as atividades comerciais entre os homens livres, ela estaria contrariando os interesses dos cidadãos do município e aumentando o contingente ocioso da cidade, o que poderia a um só tempo desvalorizar o seu governo e perturbar a ordem pública.

Ademais, Felippe argumentava em seu favor que "jamais deixou de cumprir os deveres que a Ilustríssima Câmara Municipal julgou estar ele sujeito para gozar do favor que impetrava" (AGCRJ, cód. 45-2-43, f. 3). Ao que parece, mesmo flagrado infringindo as posturas ele acreditava não estar em dívida com a lei, mesmo porque ele havia pago as multas exigidas e passado na prisão o tempo determinado pelas autoridades. Sem dívida com os cofres municipais e não sendo um foragido da polícia, nada haviam que lhe cobrar. E, assim, sua licença para ter casa de bilhar foi renovada.

De acordo com os registros policiais publicados no *Jornal do Commercio*, descobrimos que a polícia realizou nova busca na casa de Felippe em 1º de março de 1845, prendendo-o junto com outras 17 pessoas por praticarem jogos proibidos. Em 13 de fevereiro de 1848, numa outra diligência à casa de bilhar da rua do Cano, Felippe e outros 14 jogadores em flagrante delito foram encaminhados para a prisão. Mas diferente do que poderíamos supor, a reincidência de Felippe nesse tipo de infração não criou qualquer impedimento para a renovação anual da sua licença. Não sugerimos com isso que a Câmara desse pouca importância para a ficha criminal dos requerentes, mas que, tendo cumprido as penas que lhe foram impostas, de fato não havia motivo para que Felippe tivesse seus pedidos negados. No fim das contas, enquanto a Câmara renovava as autorizações e recolhia o valor das cauções e multas, a polícia se limitava a prendê-lo e soltá-lo de tempos em tempos. Enquanto isso Felippe, sem desacatar as autoridades ou tentar fugir das sentenças, prosseguiu durante mais de dez anos sem abdicar de seu prazer e meio de ganhar a vida: os jogos de azar.

Em 1850, Felippe decidiu vender a casa de bilhar da rua do Cano para Luis Antonio Soares, mas nem assim ele abriu mão de continuar a fazer suas apostas naquele seu ambiente familiar. Em 1º de outubro daquele ano, a polícia voltou a bater nas portas daquele endereço, constatando que os jogos proibidos continuavam sendo praticados no local. Junto com o novo proprietário do negócio, foram encaminhados para a cadeia outros 15 jogadores, entre os quais o antigo dono, Felippe Santiago Senna. Nesse mesmo dia o chefe de polícia Antonio Simões da Silva enviou um ofício ao presidente da Câmara Municipal solicitando informações sobre Luis Antonio Soares, para que pudesse instaurar contra ele o processo por infração de posturas (AGCRJ, cód. 45-2-43, fl. 70). Ele desejava saber se Soares dispunha de licença para manter o estabelecimento em funcionamento e se ele havia assinado junto à Câmara termo em que se comprometesse a não permitir jogos proibidos naquele local.

Como o pedido do chefe de polícia não foi atendido, em fevereiro de 1851 o subdelegado da freguesia do Sacramento voltou a solicitar os mesmos dados ao presidente da Câmara, encerrando o documento em tom de gravidade, com as seguintes palavras: "A bem da Justiça pública, espero de Vossa Senhoria com possível brevidade a informação acima" (AGCRJ, cód. 45-2-43, fl. 77). A urgência do pedido adquire sentido no dia seguinte, em 4 de fevereiro de 1851, quando chegam à Câmara dois requerimentos. O primeiro fora remetido por Luis Antonio Soares, que pedia a devolução da quantia que havia pago pela licença daquele ano sob alegação de não querer continuar com o dito bilhar (AGCRJ, cód. 45-2-43, f. 78). O segundo foi enviado por um tal Bento José Fernandes de Araújo, que pedia permissão para depositar nos cofres públicos a caução referente à licença da mesma casa de bilhar, que aparentemente havia comprado de Soares (AGCRJ, cód. 45-2-43, f. 79).

Ao que parece, vendo o cerco da polícia se fechando, sob o risco de ser processado e novamente encaminhado à prisão, Luis Antonio Soares providenciou a venda do lugar para tentar escapar da polícia e resgatar parte da quantia investida no negócio. Muito embora a lei não previsse esse tipo de procedimento e por isso mesmo não criasse nenhum tipo de impedimento para sua concretização, para a polícia parecia inadmissível a Câmara consentir com o funcionamento de um bilhar notoriamente conhecido pela prática dos jogos de azar, o que acabou gerando um impasse envolvendo Soares, o novo dono da casa de bilhar, a polícia e os vereadores.

Apesar do esforço da polícia em instaurar um processo contra Soares e tentar fechar as portas daquela casa de bilhar, era atribuição do procurador da Câmara emitir o parecer final sobre aquele conflito. Concordando ou não com o chefe de polícia e o subdelegado, ao fim das contas o procurador se restringiu a executar as determinações exaradas nas posturas municipais, de modo que ele se viu obrigado a atender as solicitações de Soares e Araújo. Portanto, deduzida a multa por infração de postura, o restante do dinheiro pago por Soares pela licença foi devolvido. Quanto ao novo proprietário do estabelecimento, bastaria efetuar o depósito referente à concessão da licença nos cofres da Câmara para manter a casa de bilhar em funcionamento, o que ele tratou de providenciar com brevidade (AGCRJ, cód. 45-2-43, f. 82-82v). Dessa forma, Soares conseguiu resgatar parte de seus investimentos e Araújo garantiu que um tradicional reduto de apostas na rua do Cano continuasse aberto aos velhos e novos jogadores.

Nesse caso, é interessante notar que a despeito das arbitrariedades cometidas pela polícia e pela vereança em outras ocasiões, Soares e Araújo insistiram em recorrer ao foro municipal na expectativa de que seus direitos fossem resguardados pela instituição camarária. Ainda que a lei, em princípio, se configurasse como um instrumento de dominação das elites dirigentes, não era incomum que ela fornecesse alguma margem de manobra para aqueles que se dispunham a lutar por seus direitos. Afinal de contas, se o campo legal sempre funcionasse de forma parcial e injusta, ou se as autoridades governamentais passassem por cima de seus códigos sempre que se visse contrariada, a lei não iria mascarar ou legitimar coisa alguma, nem contribuiria para a hegemonia de classe senhorial. Nesse sentido,

> [...] a condição prévia essencial para a eficácia da lei, em sua função ideológica, é a de que mostre uma independência frente a manipulações flagrantes e pareça ser justa. Não conseguirá parecê-lo sem preservar sua lógica e critérios próprios de igualdade; na verdade, às vezes *sendo* realmente justa (THOMPSON, 1997, p. 354).

Não percamos de vista que mesmo numa sociedade escravista e altamente hierarquizada como o Brasil imperial, o direito moderno estava fundado em princípios como igualdade e universalidade, exigindo que todo conjunto social estivesse submetido ao domínio da lei, incluindo a elite dirigente. Como essa lógica implicava restrições à ação das autoridades responsáveis pelos assuntos policiais, Soares e Araújo perceberam que havia uma possibilidade concreta de eles serem favorecidos pelas posturas municipais. Por conta disso, no lugar de rejeitar a lei como máscara do domínio de classe, eles procuraram subverter seu sentido original, empregando-a para defender seus próprios interesses. Com a manobra audaciosa que lhes permitiu fugir do cerco imposto pela polícia, eles mostraram que, efetivamente, no domínio da lei havia espaços para resistência, explorados pelos grupos subalternos com criatividade e astúcia.

A propósito, apesar de tentar a todo custo escapar do diligente subdelegado da freguesia do Sacramento, em março de 1852 Luis Antonio Soares voltou a ter seu sossego perturbado pela polícia, que o encaminhou para a cadeia depois de flagrá-lo praticando jogos proibidos. O local em que o delito estava sendo praticado não poderia ser outro: rua do Cano número 243. Coincidentemente ou não, Felippe Santiago Senna também estava lá. Naquela noite os velhos amigos das mesas de apostas não puderam continuar a se divertir e ganhar alguns trocados no ambiente conhecido, os fundos da velha casa de bilhar. É verdade que prosseguiram fazendo companhia um ao outro durante alguns dias, mas num espaço bem menos agradável: uma cela de prisão.

Abreviaturas

AGCRJ - Arquivo Geral da Cidade do Rio de Janeiro
AN - Arquivo Nacional

Bibliografia

ABREU, Martha. *O Império do Divino:* festas religiosas e cultura popular no Rio de Janeiro, 1830-1900. Rio de Janeiro: Nova Fronteira, 1999.

ALMEIDA, Manuel Antônio de. *Memórias de um sargento de milícias*. São Paulo: Ateliê Editorial, 2007.

BURMEISTER, Hermann. *Viagem ao Brasil através das províncias do Rio de Janeiro e Minas Gerais*. Rio de Janeiro: Martins Editora, [s.d.].

CHALHOUB, Sidney. *Machado de Assis, historiador*. São Paulo: Companhia das Letras, 2003.

______. *Cidade febril*: cortiços e epidemias na Corte imperial. São Paulo: Companhia das Letras, 2004.

COARACY, Vivaldo. *Memórias da cidade do Rio de Janeiro*. Belo Horizonte: Itatiaia, 1988.

CODIGO de Posturas da Illustrissima Camara Municipal do Rio de Janeiro e editaes da mesma camara. Nova edição. Rio de Janeiro: Eduardo & Henrique Laemmert, 1870.

HOLLOWAY, Thomas H. Polícia no Rio de Janeiro: *repressão e resistência numa cidade do século XIX*. Rio de Janeiro: Fundação Getúlio Vargas, 1997.

LOBO, Eulália Maria Lahmeyer. *História do Rio de Janeiro*: do capital comercial ao capital industrial e financeiro. Vol. 1. Rio de Janeiro: IBMEC, 1978.

MATTOS, Ilmar Rohloff de. *O tempo saquarema:* a formação do Estado imperial. Rio de Janeiro: HUCITEC, 2004.

MACEDO, Joaquim Manuel de. *O moço loiro*. Rio de Janeiro: Ática, 1987.

RIBEIRO, Gladys Sabina. *A liberdade em construção:* identidade nacional e conflitos antilusitanos no Primeiro Reinado. Rio de Janeiro: Relume Dumara, 2002.

SILVA, José Luís Werneck. A polícia no município da Corte: 1831-1866. In: NARO, N. et al. *A polícia na Corte e no Distrito Federal*. Rio de Janeiro, Série estudos PUC / Rio de Janeiro, v. 3, 1981.

SOUZA, Juliana Teixeira. Cessem as apostas: *normatização e controle social no Rio de Janeiro do período imperial através de um estudo sobre os jogos de azar (1841-1856). Dissertação de Mestrado. Rio de Janeiro: Universidade Federal do Rio de Janeiro, 2002.*

SOUZA, Juliana Teixeira. A autoridade municipal na Corte imperial: *enfrentamentos e negociações na regulação do comércio de gêneros (1840-1889). Tese de Doutorado. Campinas: Universidade Estadual de Campinas, 2007.*

THOMPSON, Edward Palmer. *Senhores e caçadores:* a origem da lei negra. Rio de Janeiro: Paz e Terra, 1997.

______. *Costumes em comum:* estudos sobre a cultura popular tradicional. São Paulo: Companhia das Letras, 1998.

VITORINO, Artur José Renda. *Cercamento à brasileira:* conformação do mercado de trabalho livre na Corte das décadas de 1850 a 1880. Tese de Doutorado. Campinas: Universidade Estadual de Campinas, 2002.

179

Cancioneiros populares para loiôs e laiás: o mercado editorial para a "música ligeira" no Rio de Janeiro (1870-1920)

Mônica Neves Leme

Introdução

Beco da Música, nome de uma das vielas mais antigas da cidade do Rio de Janeiro no final do século XIX. O pequeno beco desapareceu juntamente com o Morro do Castelo no início do XX. Nos últimos vinte anos do século XIX, as ruelas que ficavam nesse lado da cidade perderam a nobreza de outrora. Pouco ou quase nada sobrara do requinte que possuíam, no século XVII, os casarões das imediações da rua da Misericórdia. Era ali que aconteciam os ensaios das bandas militares do Quartel do Moura[1], alimentando a atmosfera marítima dos arredores com timbres de metal e couro percutido (COARACY, 1965, p. 351). Nome bastante sugestivo, ainda mais quando se sabe que no passado a mesma viela era conhecida como rua das Portas da Cidade. Vivaldo Coaracy nos relata por que a tal ruazinha ganhou esse nome:

> [...] no seu extremo na Rua da Misericórdia, ficavam, sob um arco de pedra, as portas na cinta ou muro de defesa construído do Morro do Castelo ao mar. Essa primitiva trincheira, aliás, não teve demorada existência; mas as portas perduraram e o

[1] Segundo Coaracy, o Regimento do Moura, trazido de Portugal para a guarnição da cidade, costumava alojar-se em quartéis situados naquela área no século XVIII e início do XIX.

arco através do qual se abriram chegou ao século XIX (COARACY, 1965, p. 351).

Segundo o cronista Luiz Edmundo, que nos oferece um relato sobre suas experiências vividas nos primeiros anos do século XX, no Rio de Janeiro de seu tempo essas pequenas ruas só faziam cheirar mal. Insalubres, infestadas de cupins e tendo os tijolos de seus casarões à mostra, eram habitadas apenas pela gente mais pobre. Era a chamada "suburra carioca", que apesar de toda decadência e miséria acolhia muitas vidas com seus "enredos" e suas "trilhas sonoras".

"A música sempre interessou à plebe, música alegre ou triste, certa ou desafinada" (LUIZ EDMUNDO, v. 1, 1957, p. 178). O pequeno comentário do cronista revela um olhar seletivo em relação às coisas da plebe, mas que de certa forma nos abre as portas de uma cidade que o tempo transformou. Outros "olhares" de viajantes, cronistas, memorialistas e historiadores nos ajudaram a ilustrar os fatos revelados por documentos daquela época. Através de seus relatos podemos intuir a sonoridade daquele Rio de Janeiro que se foi.

E não foram poucos os viajantes, historiadores, memorialistas e romancistas que fizeram referência à riqueza da musicalidade reinante no Rio de Janeiro oitocentista. Nos anos seguintes à chegada da Corte portuguesa em 1808, muitos estrangeiros acorreram à cidade pelos mais diferentes motivos: relações comerciais, políticas, artísticas, educacionais, etc. Muitos deles nos legaram interpretações da vida da cidade pela visão de mundo de quem se mostrava maravilhado com as belezas naturais, com a pompa da aristocracia brasileira, com a riqueza cultural e a miséria do cotidiano de seus habitantes[2].

---

[2] Entre os viajantes que fizeram referências à música em geral no Rio de Janeiro do século XIX, destacam-se Ferdinand Denis; Carl Schlichthorst; J. B. Spix e C. F. P. Von Martius; Maurice Rugendas; Jean-Baptiste Debret e Thomas Ewbank. Entre os folcloristas, memorialistas e romancistas, merecem destaque Mello Moraes Filho; Vieira Fazenda; Luiz Edmundo; Manoel Antônio de Almeida; Lima Barreto;

A grande quantidade de referências à diversidade musical existente no Rio de Janeiro nos permite reconstituir a vida musical ao longo do século XIX. E não é sedutor delinearmos a imagem de uma cidade que se abriu ao mundo através de uma viela chamada Beco da Música? Mesmo sendo uma despretensiosa construção literária, o fato é que, segundo a bibliografia existente, a cidade do Rio de Janeiro daqueles tempos era propensa à sonoridade rotineira das bandas de música, da música dos teatros, das óperas, das igrejas, dos pianos, das violas das folias e de violões seresteiros que enchiam de dolência o entardecer e o anoitecer carioca. Doces modinhas, brejeiros lundus, saltitantes polcas, batuques febris, cantos de devoção nas festas religiosas, árias da moda nas vozes virtuosas de sopranos e tenores. Os sons escapavam pelas frestas dos casarões, dos sobrados e teatros, dos terrenos baldios e terreiros de macumba ou candomblés. A cidade cantava.

A cidade ouvia e ouvia-se numa mistura de sons que revelavam alteridades que dialogavam. Por todos os cantos, lá estava ela, a música. Presente no cotidiano de todos, do mais abastado, ilustre e titulado burguês ao mais humilde trabalhador. Cantavam todos: o imperador, o comerciante, o bacharel e o escravo. Cada qual com seu sotaque. Foram muitas as músicas possíveis ao longo do século XIX. Cada espaço social cultivava sua própria maneira de ouvir, fazer e propagar a música. E as trocas foram inevitáveis. Embora silenciadas pelo tempo, antes que os sistemas de reprodução sonora viessem propiciar a possibilidade de registrá-las, as práticas musicais da plebe dialogariam permanentemente, através de seus agentes sociais, com a música culta, restrita às salas de concerto e teatros líricos. Dialogariam através dos inúmeros espaços sociais onde os encontros eram possíveis, propiciando apropriações mútuas e novas significações.

Sílvio Romero; João do Rio (Paulo Barreto); Renato Almeida; Mário de Andrade; Vivaldo Coaracy; Morales de los Ríos e Gastão Cruls.

A documentação existente sobre a impressão musical (partituras impressas, contratos entre editores e compositores, cancioneiros populares, bibliografia sobre o assunto, etc.), revela aspectos interessantes da produção e do consumo musical no Rio de Janeiro oitocentista, principalmente das últimas três décadas do século XIX. Revela por exemplo que, em meio a tantos gostos, práticas e consumos musicais, o mercado de músicas impressas procurou diversificar-se e crescer no sentido de ampliar, moldar e consolidar tais consumos, transformando a música numa mercadoria.

Desde o aparecimento das primeiras modinhas e lundus editados, escritos para piano e voz ou guitarra francesa (como ainda era chamado o violão no início do XIX) e voz, até as edições de óperas completas, árias famosas, hinos, obras de concerto para piano e outros instrumentos, a imprensa musical foi se consolidando como um importante meio de difusão, de mediação cultural, de consagração de gêneros e estilos musicais e de formador de gostos musicais. Iniciando timidamente em 1824, a impressão musical, em meados do século XIX, já havia transformado a música numa mercadoria, com seu público consumidor fiel formado pelas camadas altas e médias (LEME, 2006, p. 206)[3].

A partir da década de 1870 já se percebe uma clara delimitação de campos de produção e consumo. De certa forma, tal segmentação do mercado reflete um processo de construção de tradições capitaneado pela elite intelectual brasileira que, já nos anos 1830, decidida a entender o Brasil, organizou-se em torno de instituições como o IHGB (Instituto Histórico e Geográfico Brasileiro), promovendo um intenso debate. Essa iniciativa de construir um Brasil simbólico e ideológico culminaria no germe do movimento folclórico brasileiro, cuja figura emblemática seria

---

[3] As primeiras modinhas editadas no processo do talho doce foram a público por volta de 1824, pelas mãos de Madame e Monsier Compagnon, gravadores estabelecidos na rua da Quitanda, Rio de Janeiro.

Sílvio Romero. Na década de 1870 começa a surgir, no meio intelectual brasileiro e apesar de ser um discurso inspirado no movimento folclórico europeu analisado por Peter Burke, possuía roupagem própria.

> Assim como o fosso entre as duas culturas ampliou-se gradativamente, da mesma forma algumas pessoas cultas começaram a encarar as canções, crenças e festas populares como exóticas, curiosas, fascinantes, dignas de coleta e registro (BURKE, 1989, p. 301).

Essa atmosfera intelectual permite a intensificação de um processo crescente de autonomização no campo editorial musical que ganhara força em meados do século XIX. Os agentes desse processo perceberam a possibilidade de consumos musicais diversos e diferenciados. E esse mercado cresceu refletindo uma sociedade complexa, heterogênea e estratificada, ávida de uma vida cultural dinâmica, capaz de criar meios de satisfazer sua compulsão pelas festas e música em geral. Numa época de escrita e leitura limitadas, ou seja, de alfabetização restrita (GOODY e WATT, 1981, p. 27-68), costumes musicais das camadas populares passariam a se tornar tradição pelas "mãos" dos proprietários das casas editoras, auxiliados pela mediação de compiladores de repertório e músicos profissionais, influenciados pelo movimento folclorista. No final do século XIX, o consumo musical já estava nitidamente diferenciado. Aspectos desse comércio musical entre as camadas menos favorecidas no final do século XIX e início do XX nos são oferecidos por Luiz Edmundo:

> O Grande sucesso do quarteirão, no entanto, é o Pedrinho do Largo, vendedor de modinhas, mulato sarará, que veste roupa de brim-d'Angola, sapato de corda e chapéu três-pancadas, com aba tapando o olho esquerdo, um olho bambo, sensual, que ele, por vezes, atira às janelas onde há raparigas que se dependuram, perguntando:
>
> - Tem a modinha do *Olá, "seu" Nicolau, você quer mingau?*
> E, logo, o mestiço pernóstico, pegando a deixa, com a sua voz esganiçada de vendedor de sorvete, responde de chofre:

> *"Mingau não quero,*
> *Eu quero é amor"!...*
>
> Traz debaixo do braço, em pacotes, nos bolsos e nas mãos, as obras-primas do repertório de modinhas nacionais. Não as apregoa, porém, pelos títulos, canta-as:
>
> *"Quisera amar-te mas não posso Elvira,*
> *Porque gelado trago o peito meu,*
> *Não me crimines que não sou culpado,*
> *Amor no mundo, para mim, morreu".*
>
> Ou então:
>
> *"Nasci, como nasce qualquer vagomestre,*
> *não sei quem foram ou quem sejam meus pais,*
> *vivo nas tabernas, ao som das violas,*
> *pesco de linha na beira do cais!"*
>
> Quando *Pedrinho do Largo* canta no beco, as sacadas de ferro transbordam de moradores, de interesse, de alegria e de emoção (LUIZ EDMUNDO, v. 1, 1957, p. 179 e 180).

A quantidade de cancioneiros lítero-musicais publicados entre 1870 e 1920 mostra como a demanda por esse tipo de publicação era grande. Esse interesse demonstra também a importância exercida pela música na vida das camadas médias e de menor poder aquisitivo, assim como o papel que esse tipo de produto editorial teve na criação de novos hábitos de consumo cultural. Ao decidir explorar esse viés cultural de caráter mais popular, o setor editorial voltado para a música abriu novos mercados de trabalho para muitos personagens da vida musical da cidade, principalmente aqueles que estavam sendo consagrados em espaços como o teatro musicado, os circos ou cafés-cantantes. Ao levar a produção de muitos desses artistas para o livro, esses editores permitiram a passagem de uma produção consagrada pela tradição oral para a tradição letrada, legitimando-a como cultura. Eduardo das Neves foi sem dúvida um dos personagens mais emblemáticos dessa história, que parece ser herdeira de uma tradição bem antiga, a das compilações lítero-musicais na forma de cancioneiros.

Eduardo das Neves (1874-1919).
Todos os esforços foram feitos para se determinar a origem e autoria e providenciar a remuneração, caso devida, da foto usada. Localizado o autor, a Editora prontamente se dispõe a creditá-lo em futuras edições.

O novo consumo cultural de letras de música editadas em livros entre as camadas populares parece ter-se incorporado de maneira definitiva à vida da cidade. Paulo Barreto, mais conhecido como João do Rio, em artigo publicado na revista *Kosmos* de agosto de 1905 intitulado "A musa urbana", posteriormente incluído como capítulo em sua obra *A alma encantadora das ruas* (com o título "A musa das ruas"), discorre sobre a vocação poética existente nos habitantes da cidade do Rio de Janeiro no final do Oitocentos. Para o célebre cronista da "passagem" do século XIX para o XX, a poesia "brota[va] nas classes mais heterogêneas" da cidade carioca. Como um típico intelectual de seu tempo, João do Rio não conseguia esconder sua posição em favor de uma poesia culta, em detrimento de uma produção mais popular. Para ele, a poesia teria origens mais "nobres". Nas suas próprias palavras, essa arte "teve pais notáveis, princípios sérios, e viveu no palácio dos reis, frequentou os gênios e os salões fidalgos" (JOÃO DO RIO, 1997, p. 382).

A digressão do cronista sugere a visão que um intelectual tinha da música produzida nas ruas, da música anônima, cantada pelas vozes dos seresteiros populares, cantores e instrumentistas "de orelhada". É uma visão etnocêntrica a respeito da música, mas que guarda a eterna contradição do intelectual colocado frente a frente com a criatividade popular. Essa contradição está presente quando se pretende construir o projeto de uma cultura nacional, somente possível pela síntese de culturas em negociação.

Para Paulo Barreto, a musa,

> [...] um belo dia, sem dizer água-vai, foi-se, degenerou, pintou o sete, embebedou-se, vive pelas alfurjas e chumbregas, afina o violão em sítios escusos, e – ó acontecimento! – está forte, está sacudida, é a única Musa que não tem cefaleias e não sofre de artritismo (JOÃO DO RIO, 1997, p. 382).

Sentenciando a natureza mestiça da modinha brasileira, Paulo Barreto, entretanto, parece não conseguir sair da posição do crítico intelectualizado, contraditório, "em cima do muro", que vê na produção musical popular mais vadiagem que beleza estética:

> Pobre modinha! [...] Hoje, trinta anos depois [do tempo de Manezinho do Saco e Zuzu Cavaquinho], é ainda mais abundante, mais popular e mais estranha ao nosso paladar de estética elevada (JOÃO DO RIO, 1997, p. 386).

Paulo Barreto é testemunha do sucesso que certas publicações populares faziam. Mas a facilidade com que os "bardos" vendiam suas paródias e suas "invenções", contrastando com a dificuldade encontrada por "poetas consagrados", parece que incomodava o intelectual:

> [...] brotam na calçada, como cogumelos, os bardos ocasionais da sátira e da paixão; e, varejando botequins e ruelas de Suburra, outros Zuzus vamos encontrar em pleno triunfo. Esse vates têm uma só preocupação séria – cantar. Cantam como as cigarras e o canto dá-lhes para viver no eterno verão desta terra abundante. Quando não há dinheiro, inventam para uma certa

> música conhecida os versos do "Ferramenta ou sobe ou arrebenta!","O Roca da rua da Carioca", a cantiga "Ah! Se fosses minha", *mandam imprimir e vendem tudo por dois tostões. Admiram-se que eles imprimam e, o que é mais, esgotem edições, milheiros e milheiros de exemplares? Pois imprimem como qualquer poeta. Apenas eles vendem, e a maioria dos poetas oferece grátis aos amigos...* (JOÃO DO RIO, 1997, p. 388).

Paulo Barreto tecia assim sua crítica a publicações de cancioneiros do tipo *Trovador da malandragem*, de Eduardo das Neves, e de tantos outros, que fizeram grande sucesso junto a um público comprador menos abastado. Na verdade, algumas páginas depois, o cronista faz referência literal ao famoso palhaço e cantor de circo e do teatro de costumes. O fato é que, apesar da crítica de intelectuais como Paulo Barreto, a imprensa musical de caráter mais popular floresceu e deu bons lucros a seus editores.

1. Os cancioneiros populares para "capadócios e trovadores de esquina"

Várias compilações de canções presentes na memória popular começaram a ganhar mercado a partir da década de 1870. Possivelmente seguindo o padrão tradicional dos cancioneiros editados em Portugal, intelectuais como Joaquim Norberto, e outros que vieram posteriormente, estabeleceram também por aqui um formato que tinha na compilação dos "sucessos" a chave para atrair mais e mais consumidores. Os títulos e nomes utilizados para esse material impresso parecem ter sido herança dos cancioneiros que circulavam pela Europa ibérica desde o século XVI. Com outro tipo de produção e significados distintos, esses antigos cancioneiros ibéricos haviam cumprido o papel de divulgar a tradição "lírica medieval galaico-portuguesa". Essa escola trovadoresca desenvolveu-se na península ibérica entre os séculos XII e XIV. Os cancioneiros mais conhecidos são o *Cancioneiro da ajuda*, o *Cancioneiro da Biblioteca Nacional de Lisboa*, o *Cancioneiro da Vaticana*, o *Cancioneiro de Belém*, além das muito famosas *Cantigas de Santa Maria*, compostas pelo Rei D. Afonso X de Castela, e das cantigas de D. Dinis, seu neto[4].

Ora, essa tradição de compilação de cantigas exerceu influência no processo de coleta de muitos folcloristas e colecionadores portugueses, interessados no estudo da "música popular". O *Cancioneiro de músicas populares*, de César das Neves, prefaciado por Teófilo Braga e editado em Portugal em 1893, e que teve várias outras edições, é um bom exemplo.

Certamente esse formato de compilação de poesias para serem cantadas adaptou-se bem aos propósitos dos editores que perceberam o grande interesse dos consumidores em conhecer as letras das modinhas, lundus e outros gêneros de canção que faziam sucesso entre a população carioca daquele tempo.

Orestes Barbosa, em seu famoso livro sobre o samba, discute o estilo vocal praticado nessa época de uma forma um tanto simplista, embora muito bem-humorada. Saindo em defesa de um "modo de se cantar nosso", que para ele foi descaracterizado pela influência da ópera italiana na modinha oitocentista, ainda assim oferece pistas para o motivo da grande demanda pelas letras de modinhas.

> O Rio antigo, das serestas em que os ternos cruzavam as ruas, nas horas mortas, e onde, às vezes, o violão virava colarinho enfiado pela cabeça dos adversários, apresentava, nos cantores, um torneio de voz. Era a influência da ópera que hoje conta poucos adeptos, se atentarmos no volume da nossa população. Antigamente o melhor cantor era o que gritava mais [...] Aquele sistema de canto em que a garganta era um instrumento em competição com os outros, lutando as cordas vocais para vencer as cordas de aço dos violões, dos pianos, e o som estridente dos pistões e dos trombones de orquestras nervosas, dava em resultado os cantores engolirem as letras dos poemas. Assim, o povo gastava meses e meses para decorar uma

[4] *Enciclopédia Universal on line* – História da Literatura Portuguesa: Disponível em: <http://www.universal.pt/scripts/hlp/hlp.exe/artigo?cod=6_3> Acesso em: 27 maio 2006.

> modinha, e por essa razão de comodidade as modinhas duravam anos e anos [...] Os ouvintes apanhavam algumas palavras. O resto adivinhavam. Garantiam a música no ouvido e pediam cópia do berreiro para estudar (BARBOSA, 1933, p. 71-74).

A "tese" de Orestes Barbosa pode a princípio parecer apenas engraçada, mas não deve ser inteiramente desprezada. A recepção/apropriação do estilo operístico de se cantar entre as camadas populares pode ter sido de fato, mesmo não sendo o mais importante, fator que impulsionou os editores a investirem em publicações com letras de modinhas, lundus, romances, recitativos e outros gêneros, a preços módicos. A disseminação das letras dessas canções certamente foi facilitada por essas edições.

2. Os cancioneiros editados por Pedro Quaresma da "Livraria do Povo"

Andando na contramão da tendência adotada pela maior parte dos editores da época, talvez por perceber o quanto podia lucrar com isso, um dos principais editores de publicações de caráter mais popular estabelecido no Rio de Janeiro foi, sem dúvida, Pedro da Silva Quaresma, o único editor de peso da época a ter nacionalidade brasileira. Fundada em 1879 com o sugestivo nome de "Quaresma – A Livraria do Povo", sua editora ficava situada à rua São José. Na verdade, Pedro Quaresma comprou a tal Livraria do Povo, já com esse nome, de Serafim José Alves. Para atingir seu público de poucas posses, Quaresma frequentemente utilizava o reclame "à venda na Livraria do Povo, casa dos livros baratíssimos". Laurence Hallewell afirma que Quaresma renegou posteriormente o conjunto dessas publicações mais populares, queixando-se de que foram prejudiciais para a sua "séria reputação" (HALLEWELL, 1985, p. 201). Esse detalhe demonstra uma das faces, a da intolerância, de uma elite cultural que desprezava as manifestações culturais das camadas mais populares. A outra face, a da tolerância, somente aparecia quando tais manifestações sofriam a mediação dos intelectuais interessados no projeto de construção de uma cultura de caráter nacional.

A partir da década de 1879, data em que compra a Livraria do Povo de Serafim José Alves, Pedro Quaresma edita, pelo menos, 20 publicações de caráter musical popular.

> [...] Outra atividade, particularmente remuneradora, foram as canções populares; a "Biblioteca dos Trovadores" incluiu as primeiras publicações de Catulo da Paixão Cearense [...] títulos como o *Cancioneiro popular de modinhas brasileiras* (vinte e cinco edições até 1908), *Choros ao violão, Lira brasileira* e *Novos cantares* devem ter sido generosamente lucrativos tanto para o poeta como para o editor (HALLEWELL, 1985, p. 201).

No catálogo de 1901, podemos conhecer uma boa parte das edições publicadas pela Livraria do Povo. Os anúncios das obras da Livraria Quaresma sempre estavam disponíveis nas últimas páginas de suas publicações, como é o caso dos anúncios ao final de *O trovador de esquina*. (CATÁLOGO DA LIVRARIA QUARESMA, 1901).

Pedro Quaresma foi, se não o primeiro, pelo menos um dos primeiros a utilizar uma "publicidade moderna", que Brito Broca considerou "à moda ianque". Segundo Broca, quando lançava uma nova edição qualquer, Quaresma fazia questão de "fazer grandes cartazes com o nome do livro e mandava pregá-los por todos os pontos da cidade" (apud EL FAR, 2004).

O processo de edição parece que se iniciava com a escolha de um organizador de repertório, que se responsabilizava pelo conteúdo do cancioneiro: modinhas, lundus e outros gêneros de música, contribuindo para a "festa" dos aficionados do violão e do piano popular. Entre os mais assíduos compiladores e organizadores de cancioneiros, figuram:

1. O violonista e autor de letras de modinhas Catulo da Paixão Cearense (1866-1946). Foi responsável pela maior parte das

publicações musicais populares da Quaresma, algumas com o número de 50 edições, inacreditável para a época. Organizou cerca de 14 cancioneiros para a Livraria do Povo, tendo sido, sem dúvida, o mais popular compilador de repertório entre o final do século XIX e os primeiros vinte anos do XX. Entre os cancioneiros organizados por ele, encontram-se *Cantor fluminense* (1887), *Cancioneiro popular* (1899), *Cancioneiro popular de modinhas brasileiras* (1908), *Lyra dos salões* (1913), *Novos cantares*, *Lira brasileira*, *Trovas e canções*, *Florilégio dos cantores*, *Choros ao violão* (entre 1908 e 1910), *Canção das madrugadas* (1910), *A canção do africano* (entre 1910 e 1917)), *Vagabundo* (entre 1910 e 1917).

2. Eduardo das Neves (1874-1919), o palhaço-cantor e violonista que alcançou grande prestígio no final do século XIX e início do XX, tendo sido também um dos primeiros a gravar acompanhando-se ao violão. É autor de publicações como *Trovador da malandragem*, de 1902, e *Mistérios do violão*, de 1905, ambas editadas pela Livraria do Povo. Tais publicações contribuíram para popularizá-lo ainda mais. Além das duas publicações já citadas, o "Crioulo Dudu", como gostava de ser chamado, também organizou *O cantor de modinhas*, de 1900, sua primeira publicação pela Quaresma & C.

3. João de Souza Conegundes, que organizou para a Livraria Quaresma *A Lyra de Apolo* (final do século XIX), a coleção *Serenatas* (1914) e o *best seller Trovador de esquina*, que teve pelo menos 15 edições (segunda edição de 1901). Infelizmente, não se conseguiu qualquer informação biográfica sobre Conegundes.

4. Francisco Affonso dos Santos, que organizou *O trovador moderno* e de quem, assim como Conegundes, nenhuma informação encontramos além dessa.

Luiz Edmundo, em *O Rio de Janeiro do meu tempo*, nos dá um testemunho da popularidade das edições da Livraria Quaresma. A julgar pelo seu depoimento , as edições baratas de letras de modinhas, lundus, canções em geral, eram disputadíssimas pelos tocadores de violão e seresteiros das camadas mais populares:

> No começo do século não há seresteiro cantador de violão que não procure a bibliografia do Quaresma para *refrescar seu repertório*. [...] Por vezes a loja enche-se de rapazelos de calças abombachadas, grandes cabeleiras, lenço no pescoço e chapéu desabado, pardavascos, negros crioulos, brancos, amadores de assunto, em bandos rumorosos, desbastando pilhas de brochuras, a perguntar em que livro saiu o Perdão Emilia [...] ou quando deve sair a nova edição do Trovador Brasileiro, que traz a Casa Branca da Serra [...]. É toda uma freguesia perguntona, espalhafatosa, vozeiruda, que arranca notas de dois e cinco mil réis do fundo de lenços de chita, muito sujos, armados em carteiras, para comprar as brochurinhas, postas em capas de espavento, não raro aos empurrões, aos gritos, o violão debaixo do braço, ou experimentando flautas, oboés, cavaquinho... [...] é toda uma legião de cantores, de seresteiros, de sereneiros, a flor da vagabundagem carioca, essência, sumo, nata da ralé, roçando não raro, a sobrecasaca do Conselheiro Ruy [Rui Barbosa], a importância do sr. José Verissimo, a sisudez do sr. Candido de Oliveira, a jurisprudência do sr. dr. Coelho Rodrigues... (LUIZ EDMUNDO, v. 2, 1957, p. 734 e 735).

Analisando o conjunto de produtos que a Livraria Quaresma lançou no mercado, entende-se que, de fato, Pedro Quaresma tinha "um plano": preencher uma fatia de mercado relegada pelos editores estrangeiros, ou seja, a fatia dos semiletrados, dos leitores de poucas posses, potenciais consumidores interessados em uma literatura popular de fácil assimilação. Quaresma, um "entusiasta da modinha brasileira, da trova patrícia, do nosso vate popular, lança a famosa Biblioteca dos Trovadores", segundo Luiz Edmundo, conquistando e dominando o mercado (LUIZ EDMUNDO, v. 2, 1957, p. 733). Segue tabela com todas essas publicações, ano e número de edições, a partir das informações coletadas.

Tabela 1: PUBLICAÇÕES "LÍTERO-MUSICAIS" DA LIVRARIA QUARESMA

NOME DA PUBLICAÇÃO	ANO DA PUBLICAÇÃO	NÚMERO DE EDIÇÕES
A canção do africano	1910/1917	3
A lira de Apolo	Final do século XIX	indeterminado
A lira do trovador	Final do século XIX	indeterminado
Canção das madrugadas	1910	7
Cancioneiro popular	1889	50
Cancioneiro popular de modinhas brasileiras	1908	25
Choros ao violão	1908 ou 1910	10
Cantor fluminense	1887	3
Florilégio dos cantores	indeterminado	4
Lira brasileira	indeterminado	5
Lira dos salões	1913	8
Mistérios do violão	1905	indeterminado
Novos cantares	1909	6
O cantor de modinhas brasileiras	1900	indeterminado
O trovador marítimo ou Lira do marinheiro	c. 1893	Pelo menos 7
Serenatas	Final do século XIX	100
Trovador brasileiro	1904	indeterminado
Trovador de esquina	1901	indeterminado
Trovador da malandragem	1902	indeterminado
Trovas e canções	1910	4
Vagabundo	1910/1917	3

Dentre os cancioneiros editados pela Quaresma, alguns merecem destaque:

Mistérios do violão (1905)

Organizado por Eduardo das Neves, teve sua primeira edição em 1905. A Divisão de Música e Acervo Sonoro/BNRJ possui um exemplar dessa edição. Na capa do cancioneiro podemos ver uma figura masculina de longos bigodes, cabelos ondulados e imensas olheiras, empunhando um violão.

Capa de livro. *Mystérios do Violão*. Rio de Janeiro: Livraria do Povo – Quaresma & C., 1905. AI 784.481, N514m, ex. 2.
Acervo da Divisão de Música e Arquivo Sonoro (Fundação Biblioteca Nacional).

Iniciando a coletânea, Quaresma dirige-se aos leitores da seguinte forma:

> O nome de **Eduardo das Neves** não mais carece de apresentação, de padrinhos, de reclames. É um nome hoje conhecidíssimo, popular; como é conhecido, como é popular, esse eminente e notável trovador, pelas suas inúmeras viagens por todo o interior do Brasil. [...]
> As suas canções, cantigas, cançonetas, poesias, modinhas, são célebres, decoradas, repetidas em várias casas, pelos nossos tocadores de violão e também pelos fonógrafos e gramofones.

> Este é o terceiro livro de **Eduardo das Neves**, que publicamos.
> [...]
> Em muitas casas de família, nos aristocráticos salões de Petrópolis, Botafogo, Laranjeiras, Tijuca, etc., senhoritas distintíssimas, e *virtuoses* conhecidos fazem-se ouvir em noites de recepção, nas cançonetas de **Eduardo das Neves**.
> É por isso que não trepidamos em dizer que **Eduardo das Neves** é um verdadeiro trovador popular. Não será um poeta impecável, um **Bilac**, um **Medeiros e Albuquerque**, um **Raimundo Corrêa**, um **Luiz Delfino**, um **Arthur Azevedo**, um **Murat**, um **Figueiredo Pimentel**, mas é com certeza um poeta na legítima acepção do termo, como o público os aprecia, os lê, os decora, e os traz constantemente na imaginação.
> Estamos certos que os *Mistérios do violão* – esse terceiro volume do extraordinário bardo do povo, filho do povo – obterá ainda maior e mais legítimo sucesso, do que o *Cantor de modinhas* e *Trovador da malandragem*, ambos de sua lavra, e ambos por nós editados com incrível, estupendo sucesso (grifos no original).

Logo na página 8 do cancioneiro, encontra-se a letra de *Serenata a Leonor.* Dudu das Neves sugere que seja cantada com a música da valsa *Muchachas*, de Aurélio Cavalcante (1874-1915), um dos mais populares "pianeiros" da época, autor de dezenas de sucessos, principalmente valsas, e assíduo frequentador da Casa Arthur Napoleão, onde tocava todas as tardes em troca de indicações para animar bailes. O interessante é que, na página seguinte, Dudu das Neves pede desculpas publicamente ao "maestro" por ter utilizado sua "bela composição musical sem o prévio consentimento", revelando que a questão dos direitos autorais já era presente, mesmo que não respeitada.

O cantor de modinhas brasileiras (1900)

Primeira coletânea de modinhas de Eduardo das Neves organizada por Catulo da Paixão Cearense para a Quaresma – Livraria do Povo, cuja primeira edição data de 1900 (VASCONCELOS, 1977, p. 282). No IEB/USP, encontramos exemplar raro, uma reedição de 1927, que pertencia a Mário de Andrade.

Na capa desse exemplar, podemos ver Dudu das Neves representado com seu violão em punho.

Capa do livro *O Cantor de modinhas Brasileiras,* de Catulo da Paixão Cearense. Acervo da Biblioteca do Instituto de Estudos Brasileiros da USP.

Na folha de rosto encontramos as seguintes informações:

Contendo as modinhas do ilustre cantor Eduardo das Neves e as do barítono cancionista Geraldo de Magalhães. Colecionadas e revistas por Catulo da Paixão Cearense, autor do "Cancioneiro Popular".

Serenatas (final do XIX)

Segundo anúncio da Quaresma & C., encontrado em exemplar de outro cancioneiro, *Serenatas* era

> Novíssima coleção de modinhas brasileiras e portuguesas para serem cantadas ao som choroso da rabeca, viola, violão e cavaquinho em noite de luar. Contendo mais: poesias e canções populares do sertão do Brasil; fadinhos portugueses como sejam: A caninha verde, o Malhão, o fadinho corrido, a mirandela e outros que fazem a gente se derreter [...] (LIRA DOS SALÕES, 1926, ou TROVADOR MARÍTIMO, 1910).

O termo "choroso" novamente é utilizado, e no final uma informação surpreendente, a de que se tratava de sua "centésima edição"! Seria isso uma estratégia de marketing de Quaresma?

Trovador brasileiro (1904)

Segundo exemplar encontrado na DIMAS/BNRJ, o *Trovador brasileiro*, de 1904, era:

> Novíssimo *Cantor de modinhas* contendo esplêndida e escolhida coleção de modinhas, recitativos, lundus, romanzas, cançonetas, monólogos, barcarolas e os trechos mais populares de todas as operetas representadas nos teatros da Capital e dos Estados. Única edição completa.

Nesta edição encontramos algumas obras do famoso parceiro de Laurindo Rabelo, o violonista João Luís de Almeida Cunha, o "Cunha dos Passarinhos" (nas páginas 34 e 35 encontramos a letra de *Dormir e sonhar*, nas páginas 62 e 63 o lundu *Cafuné*, e na página 74 uma poesia em memória de seu mais ilustre parceiro, o Poeta Lagartixa, Laurindo Rabelo: *Acorda Escuta...*). O *Trovador brasileiro* traz inúmeras letras de *A filha de Maria Angu*, além de muitos outros sucessos do teatro musicado. Possui algumas letras escritas por mulheres, entre elas a das páginas 92 e 93, de autoria de Maria Lucinda de Medeiros Gomes, intitulada *Ciúmes*. Na página 99 aparece o popular lundu *Do Brasil a mulatinha* e na 163 a famosa cançoneta *Sorvete, yayá!*, que procura estilizar o jeito popular de falar do vendedor de sorvete da época.

Trovador de esquina (1901)

Organizado por João de Souza Conegundes para a Livraria Quaresma, teve sua primeira edição certamente antes de 1901. Conforme informação existente na folha de rosto do exemplar encontrado na DIMAS/BNRJ, tratava-se da 15ª edição, o que nos faz supor que houve edições na década de 1890. Na última página desse exemplar, consta que o mesmo foi impresso pela Tipografia Benuzzi & Bedeschi – Rua da Quitanda, 11.

O *Trovador de esquina* valoriza o popular em todos os sentidos, desde o próprio e sugestivo título da obra até os desenhos e reclames que o anunciam. Afinal, que tipo de música seria essa tocada pelas esquinas das ruas? Sem dúvida, publicações como esta contribuíram para a construção da ideia geral de "música popular" que hoje temos: um conjunto de músicas acessíveis a uma grande parcela do público, inventariado dentro de diversos polos de produção e consumo, que vão desde os teatros, cafés-cantantes e circos até os artistas de rua.

Quaresma procurava seduzir o consumidor de seus cancioneiros com alguns artifícios. Na capa do livro há um desenho de um mulato, que ostenta um cavanhaque, tocando violão, de terno (de cor clara), com um lenço amarrado ao pescoço e chapéu de palhinha. Uma representação que se tornará "marca registrada" para esse típico "capadócio" e seresteiro carioca. Ele se dirige para uma moça gordinha na sacada de uma janela com um leque na mão, com vestido estampado de bolinhas e de mangas bufantes e inteiramente absorvida pelo sedutor seresteiro. Ela parece usar um chapéu sobre os cabelos cacheados. O desenho está assinado, mas não dá para precisar o nome do autor. Dizendo a que veio a publicação, procurando conquistar ainda mais um público feminino amplo, seja branco ou mestiço, ávido em decorar as letras de canções favoritas desse repertório mais popular, a seguir lê-se:

Biblioteca da Livraria do Povo ou Repertório do Capadócio contendo canções populares, fandangos, sambas, fadinhos e desafios; cantigas que prendem as raparigas, cantatas que deleitam as mulatas, modinhas que chocam as crioulinhas.

Capa de livro. *Trovador de Esquina.* Rio de Janeiro: Livraria do Povo - Quaresma & C.,1901(15ª ed.). AI 784.481, c747t.
Acervo da Divisão de Música e Arquivo Sonoro (Fundação Biblioteca Nacional).

Na última página há um índice das obras compiladas, entre elas os já muito popularizados *Lundu da marrequinha* e *Ponto final*, de caráter mais híbrido; alguns lundus bem populares como *O desaforo de branco*, além das músicas da revista *Tim tim por tim tim*, grande sucesso do teatro de costumes, de autoria de Souza Bastos: o *Lundu baiano*, conhecido também como *O mugunzá* ("P'ra fazer bom mugunzá/Todo o cuidado se emprega/ Como eu jeitosa não há/Baiana pura não nega!"...), a *Modinha africana* ("Nossa gente já'stá livre/Só trabalha se quizé/Sim siô!/Toca zumba, zumba, zumba!/E também nossa muié/Sim siô!/Toca zumba, zumba, zumba!"). As músicas da revista *Tim tim por tim tim* são do maestro Francisco Carvalho, com letras do ator Bernardo Lisboa. Tais músicas receberam inclusive outra publicação, na forma de partituras de canto e piano[5].

O *Trovador de esquina* é um típico representante dessa vertente de publicações, que mistura poemas de estilo mais letrado, com populares, com temas que enfatizam o cotidiano das camadas médias e baixas da população. Um tal *Fadinho de Lisboa* apareceu nesta edição com cinco letras diferentes: *A engomadeira*, *Menina, tenho um canário*, *Testamento*, *O papa tudo* e *Prenderam a S. José*. As duas primeiras cheias de duplos sentidos, maliciosos, bem ao estilo de muitos lundus oitocentistas.

Um lundu intitulado *Desaforo do branco*, em versão apropriada e assinada por um tal A. P. Duarte, nada mais é que uma canção bastante cantada nas ruas, conhecida como *Lundu do Pai João*, muitas vezes reeditado, em parte para piano e canto, por vários editores no século XIX.

Na página 66 encontramos o poema *A mulata*, com um subtítulo: da Bahia, de autoria de Mello Morais Filho. É uma ode à

---

[5] Encontramos versão em partitura editada por Buschmann & Guimarães – Rua dos Ourives 52, Rio de Janeiro: *O mugunzá*, lundu baiano, cantado com grande sucesso pela distinta atriz cantora Pepa Ruiz no 2º ato da revista *Tim tim por tim tim* de Souza Bastos, música de F. Carvalho.

mulata, parte da construção desse personagem que pouco a pouco incorporou significado de brasilidade, e ainda hoje é utilizado como símbolo nacional. Nas entrelinhas do poema estão todos os ingredientes que serão fartamente utilizados para a construção do ideal de mestiçagem:

> *A MULATA (da Bahia)*
>
> *Eu sou mulata vaidosa*
> *Linda, faceira, mimosa*
> *Quais muitas – brancas não são;*
> *Tenho requebros mais belos;*
> *Se a noite são meus cabelos,*
> *O dia o [é] meu coração.*

A música desse poema era de Xisto Bahia e aparece em duas coletâneas de canções, na de Mello Moraes Filho, *Cantares brasileiros - Cancioneiro fluminense* e na obra *Canções populares do Brasil*, de Júlia de Brito Mendes (MORAES FILHO, 1981, p. 441; MENDES, 1911, p. 184).

Ao final da coletânea, encontram-se também letras de monólogos, como *A lagartixa*, *O capoeira* e *A peste bubônica*, os dois últimos muito popularizados e de autoria de Eduardo das Neves. O mais interessante, por conter uma quase crônica da malandragem da época, é sem dúvida *O capoeira*, em que Dudu das Neves nos oferece um divertido panorama de um típico malandro, "capadócio", tocador de violão, capoeira e conquistador da mulher alheia, mulheres que, aliás, cediam de pronto aos encantos do tipo (TROVADOR DE ESQUINA, 1901, p. 156).

Trovador da malandragem (1902)

Cancioneiro organizado por Eduardo das Neves e publicado pela primeira vez em 1902. Na capa da edição de 1926, encontrada na DIMAS/BNRJ, pode-se ver a representação de três típicos "capadócios", tocadores de violão, sentados em seus bancos com garrafas de bebida ao lado.

Capa de livro. *Trovador da Malandragem*. Rio de Janeiro: Livraria do Povo – Quaresma, 1926. AI 784.481, n 514t.
Acervo da Divisão de Música e Arquivo Sonoro (Fundação Biblioteca Nacional).

Na primeira página podemos ler:

> Nova coleção de modinhas brasileiras, lundus, recitativos, monólogos, cançonetas, tremeliques e choros da cidade nova; casos passados com os mais célebres e famigerados representantes do invencível *Povo da Lira*, etc. – Por Eduardo das Neves – autor do Cantor de Modinhas Brasileiras.

Em seguida, pode-se ler uma "declaração" em estilo bastante original e irônico, em que o próprio Eduardo das Neves se dirige aos que duvidam da autoria de suas músicas e se queixa das apropriações indébitas destas. A queixa é dirigida aos agentes de uma embrionária "indústria fonográfica", que surgia através do pioneirismo de Fred Figner e da criatividade dos primeiros intérpretes do disco brasileiro. O compositor coloca em pauta novamente a questão dos direitos autorais, que na época ainda era problema quase sem respaldo jurídico, como viria a ser tratado anos depois. Saindo em defesa de seus direitos, Eduardo das Neves contraditoriamente se esquece de citar o nome dos autores de algumas "apropriações musicais" que ele mesmo costumava fazer quando punha letras de sua lavra em melodias famosas, vide o caso da música de Aurélio Cavalcanti no cancioneiro *Mistérios do violão*, já citado. Pelo índice do *Trovador da malandragem*, podemos encontrar algumas modinhas que não eram de autoria de Dudu das Neves, nem de Geraldo de Magalhães, tais como *Perdão, Emília!*, famosa no início do século XX no Rio de Janeiro, e o conhecido maxixe *Vem cá, mulata!*, de Arquimedes de Oliveira (c. 1870 – c. 1930), que em 1906 causou sensação no carnaval carioca. Geraldo de Magalhães popularizou-a inclusive em Paris, dois anos depois, ao lado de Nina Teixeira (sua parceira na dupla Os Geraldos), apresentando-se em Montmartre.

Na página 101 do *Trovador da malandragem*, aparecem os versos de *Bolim Bolacho*, talvez a primeira música gravada por Dudu das Neves para a Casa Edison, entre os anos de 1904 e 1912, segundo a discografia em 78 rpm (PONTES ET AL. 1985).

3. Os cancioneiros de Cruz Coutinho e Garnier

Além de Pedro Quaresma, outros editores se dedicaram a publicar obras lítero-musicais de caráter popular: o português A. A. da Cruz Coutinho, que se estabeleceu no Rio de Janeiro possivelmente no ano de 1855, e o francês Baptiste Louis Garnier, que chegou ao Rio de Janeiro em 24 de junho de 1844.

Sobre as obras editadas pela Livraria Popular de Cruz Coutinho, dedicadas à música popular, podemos citar e comentar:

Trovador (c. 1876)

Tratava-se de uma coleção de modinhas, recitativos, árias, lundus, entre outros gêneros, editada em cinco volumes. A sua primeira edição deve ter sido lançada antes de 1876, segundo informação de seu prefaciador. Encontram-se exemplares desse cancioneiro na DIMAS/BNRJ, na Sala Mozart de Araújo (CCBB-RJ) e no IEB-USP, todas edições de 1876, prefaciadas pelo dr. Belmiro F. Braga.

Nesse cancioneiro encontramos algumas curiosidades, como o lundu *A cor morena*, que aparece nas páginas 102 e 103, e que, segundo nota, fora publicado na primeira edição do *Trovador* por "uma jovem fluminense", prova de que as moças também se dedicavam aos lundus. O *Trovador* traz obras de muitos conhecidos poetas românticos e compositores de modinhas e lundus: Raphael Coelho Machado, Elias Alvares Lobo, Henrique Alves de Mesquita, Hugo Bussmeyer, Paula Brito, Laurindo Rabelo, João Cunha, entre outros. Muitas são as canções de caráter bem popular, como é o caso do lundu *Pai João* (página 26 do 2º volume), os lundus exaltando a beleza da mestiça, *Feitiços da mulata* e *Do Brasil a mulatinha* e a cançoneta *Viva o Zé Pereira!* de Francisco Corrêa Vasques, tão popularizada no teatro musicado da época. O claro sentido de entretenimento desse cancioneiro pode ser conferido na página 7 do 4º volume, em *O mestre de música*, um divertido dueto em que a letra narra um mestre iniciando uma aula de música para uma jovem. Apesar de seus esforços didáticos, a aula acaba terminando num lundu, com a aluna aos requebros sob o olhar atônito do professor. Certamente, muitas jovens sinhás da época se identificaram com o episódio.

Cantares brasileiros (1900)

A primeira edição desse cancioneiro foi lançada por Jacintho Ribeiro Santos, o parente e sucessor de Cruz Coutinho, em 1900. *Cantares brasileiros - Cancioneiro fluminense*, de Mello Moraes Filho, é uma rica coletânea de modinhas, lundus e outros gêneros de canção, algumas com partituras, precedida de uma apresentação em que o autor discorre sobre o passado musical e popular do Brasil, abordando temas como a modinha, o lundu, o violão e alguns personagens da vida musical da cidade, como o poeta e compositor de modinhas e lundus Laurindo Rabelo e seu parceiro João Cunha (MORAES FILHO, 1981).

Baptiste Louis Garnier estabeleceu firma no Rio de Janeiro com uma livraria, onde também negociava artigos de papelaria e artigos importados (principalmente da França): guarda-chuvas, bengalas, charutos, etc. (HALLEWELL, 1985, p. 125-128). Não possuía uma gráfica, contratando esse serviço a terceiros (trabalhou com a tipografia da viúva de Paula Brito, com a Pinheiro & Cia., e posteriormente preferiu trabalhar com gráficas francesas, já que a partir de meados da década de 1850 houve uma substancial melhoria dos transportes marítimos, consequência da utilização do vapor, acarretando uma diminuição do tempo de viagem entre Rio e Paris). O produto francês era bem mais competitivo no preço, tinha mais qualidade e possuía "design" mais moderno. Por conta dessa decisão de manter sua linha de produção entre Rio e Paris, a Garnier não era bem vista pela corporação dos profissionais gráficos. Em *O Tipographo*, jornal da organização publicado em 5 de dezembro de 1867, publicou-se matéria denunciando o empenho do editor em trabalhar com mão de obra estrangeira:

> A maior parte das obras de que se compõe a grande livraria do senhor Garnier [...] é fabricada na Europa [...] ao passo que as nossas oficinas tipográficas definham e os tipógrafos brasileiros veem-se a braços com todas as necessidades e muitos compositores por aí andam sem achar trabalho (apud HALLEWELL, 1985, p. 130 e 131).

Apesar de ser considerado um homem sovina e explorador, buscando o lucro a qualquer preço, Garnier fez grandes amizades no Brasil, caso do escritor Machado de Assis. Com relação a obras de caráter musical, sabemos que Garnier contratava organizadores de coleções. Seu amigo Joaquim Norberto de Souza e Silva trabalhou para o editor organizando a coleção *A cantora brasileira*, que consistia numa coletânea de letras de modinhas, hinos e lundus, em três volumes, finamente encadernada. Sua editora, ativa mesmo depois de sua morte em 1893, com administração de seu irmão Hyppolite, que integrou-a como filial de sua editora com sede em Paris[6], teve papel importante também na publicação das obras de Sylvio Romero, Mello Morais Filho, Aluísio de Azevedo[7] e João do Rio (Paulo Barreto), importantes fontes sobre a cultura e a música popular no século XIX e início do XX. Entre os cancioneiros dedicados às letras de modinhas temos:

> *A cantora brasileira* – Hinos, canções e lundus,
> em 3 tomos (1878)

Era uma coleção organizada por Joaquim Norberto de Souza e Silva (que utilizava a abreviação JN de SS). No prefácio do terceiro tomo, Joaquim Norberto afirma que pretendia, mas não pode, incluir na introdução um trecho sobre a música no Brasil, escrito por Araújo Porto Alegre (LEME, 2006, p. 103). Um dado importante desse cancioneiro é a preocupação demonstrada por Norberto a respeito da autoria das obras compiladas, coisa nem sempre respeitada na época, como já vimos.

---

[6] Com a morte de Hyppolite, a editora voltou a chamar-se Garnier e Irmãos, tendo à frente o herdeiro de Hyppolite, August. Na década de 30, a editora foi adquirida por um antigo assistente de Garnier e passou a chamar-se Briguiet e Garnier, até ser fechada no início da década de 70 (HALLEWELL, 1985, p. 193-195).

[7] A primeira edição de *O cortiço* saiu em 1890, editado por B. L. Garnier. A obra é rica em detalhes sobre a vida musical das camadas populares.

Conclusões

A análise dos cancioneiros lítero-musicais editados a partir de 1870 nos mostra como seus editores e compiladores contribuíram para a criação de segmentos, nichos de mercado, onde se moldaram gostos e formatos musicais originais, atendendo assim às demandas que a nova "economia da música" estabelecia. Os cancioneiros, juntamente com a impressão de partituras musicais, foram meios significativos em que se gerou aquilo que mais tarde passou a ser reconhecido e consagrado como "música popular" no Brasil. A enorme quantidade de termos criados por essa "indústria" refletiu as sutis e complexas formas com que a música foi ganhando formatos, moldando gostos e consumos diferenciados, atendendo à diversidade cultural da cidade. Nesse sentido, mais que apenas um reflexo da vida musical do Rio de Janeiro, a impressão musical, aliada à "indústria" de entretenimento de então, foi também uma "criadora" de significados para tais termos, muitos dos quais se consagraram definitivamente, como é o caso da polca-lundu e do maxixe, no século XIX, e do samba, no século XX.

Fontes

Catálogos de editoras

Catálogo da Quaresma – A Livraria do Povo, 1901. DIMAS.

Cancioneiros lítero-musicais. Acervo DIMAS (Divisão de Música e Acervo Sonoro da Biblioteca Nacional do Rio de Janeiro).

Mistérios do violão. Rio de Janeiro: Livraria do Povo – Quaresma & C., 1905. AI 784.481, N514m, ex. 2.

O trovador marítimo. Rio de Janeiro: Livraria do Povo – Quaresma & C., 1893. AI 784.81, t859m.

Trovador brasileiro. Rio de Janeiro: Livraria do Povo – Quaresma & C., 1904. AI 784.481, t586b.

Trovador da malandragem. Rio de Janeiro: Livraria do Povo – Quaresma, 1926. AI 784.481, t514t.

Trovador de esquina. Rio de Janeiro: Livraria do Povo – Quaresma & C., 1901 (15ª ed.). AI 784.481, c747t.

Trovador. Rio de Janeiro: Livraria Popular de A. A. Cruz Coutinho, 1876. AI 784.481, t863.

Acervo do Instituto de Estudos Brasileiros (IEB) – Universidade de São Paulo (USP)

Lira dos salões. Edição de 1926. MA 784.4981, c3872.

O cantor de modinhas brasileiras. Rio de Janeiro: Livraria do Povo – Quaresma, 1927. MA 784.4981, c387c.

Trovador. Rio de Janeiro: Livraria Popular de A. A. Cruz Coutinho, 1876. MA 784.4981, T863.

Coleção Mozart de Araújo – Centro Cultural do Banco do Brasil – RJ

Trovador. Rio de Janeiro: Livraria Popular de A. A. Cruz Coutinho, 1876. 78.81.469, t776c.

Obra de referência

PONTES, Alcinno et al.. *Discografia brasileira 78 rpm*, 1902-1964. Rio de Janeiro: Funarte, 1985, 5 volumes.

Eduardo Sebastião das Neves: Disponível em: <http://www.daniellathompson.com> Acesso em: fev. 2005.

Enciclopédia Universal on line – História da Literatura Portuguesa: Disponível em: <http://www.universal.pt/scripts/hlp/hlp.exe/artigo?cod=6_3> Acesso em: 27 maio 2006.

MACHADO DE ASSIS. *A Semana*. Crônica publicada em 8 out. 1893: <http://www.cce.ufsc.br/~nupill/literatura/semana.html>

BARBOSA, Orestes. *O Samba*. Edição eletrônica a partir de edição de 1933. Instituto Moreira Sales: <http://www.ims.com.br/ims/ADMIN/NOTICIA/IMAGES/Arquivo_Materia/samba%2001.pdf >

Bibliografia

ABREU, Martha. *O Império do Divino*. Rio de Janeiro: Ed. Nova Fronteira, 2001.

BURKE, Peter. *Cultura popular na Idade Moderna*. São Paulo: Cia das Letras, 1989.

COARACY, Vivaldo. *Memórias da cidade do Rio de Janeiro*. Belo Horizonte: Ed. Itatiaia; São Paulo: EDUSP, 1965.

EL FAR, Alessandra. *Páginas de sensação:* literatura popular e pornográfica no Rio de Janeiro (1870 a 1924). São Paulo: Companhia das Letras, 2004.

GIRON, Luís Antônio. *Minoridade crítica*. São Paulo: Edusp/Ediouro, 2004.

GOODY, Jack; WATT, Ian. The consequences of literacy. In: GOODY, Jack (ed.). *Literacy in tradicional societies*, 1981, p. 27-68.

HALLEWELL, Lawrence. *O Livro no Brasil*. São Paulo: T. A. Queiroz/ EDUSP, 1985.

JOÃO DO RIO. *A alma encantadora das ruas*. São Paulo: Cia das Letras, 1997.

LEME, Mônica Neves. *E saíram à luz as novas polcas, modinhas, lundus, etc:* música popular e impressão musical no Rio de Janeiro (1820-1920). Tese de Doutorado.Niterói: Universidade Federal Fluminense, 2006.

EDMUNDO, Luiz. *O Rio de Janeiro do meu tempo*. Rio de Janeiro: Conquista, 1957.

MORAES FILHO, Mello. *Cantares Brasileiros – Cancioneiro fluminense*. Rio de Janeiro: SEEC-RJ/Departamento de Cultura/INELIVRO, 1981.

______. *Festas e tradições populares do Brasil*. Brasília: Conselho Editorial do Senado, 2002.

______. *Serenatas e saraus*. Rio de Janeiro: Garnier, 1901.

MENDES, Julia de Brito. *Canções populares do Brasil*. Rio de Janeiro: J. R. dos Santos editor/ Livraria Cruz Coutinho, 1911.

NEVES, Cézar das. *Cancioneiro de músicas populares* – contendo letra e música. Porto: Typographia Occidental, 1893.

VASCONCELOS, Ary. *Panorama da música popular brasileira na Belle Époque*. Rio de Janeiro: Livraria Sant'anna, 1977.

211

Livros baratos e o bom humor da pornografia no século XIX

ALESSANDRA EL FAR

Diverti-me então escrevendo os sonetos que podeis ver agora sob cada pintura.

Pietro Aretino, in *Sonetos Luxuriosos*

Editores, leitores e entretenimento

Antes de avistar o coelho branco de olhos cor-de-rosa, que carregava consigo um relógio no bolso do colete, Alice estava quieta, sentada ao lado da irmã à beira de um lago, "sem nada para fazer". Na tentativa de aliviar aquela sensação de tédio, a personagem de Lewis Carroll já havia espiado "uma ou duas vezes" o livro que sua irmã estava lendo. No entanto, não havia ali "desenhos, nem diálogos". "De que serve um livro sem desenhos ou diálogos?", indagou Alice pouco antes de se levantar num átimo e correr atrás, "ardendo de curiosidade", daquele extraordinário coelho que repetia sem cessar "Oh, meu Deus! Oh, meu Deus! Vou chegar tarde!" (CARROLL, 2002, p. 11).

Esse ligeiro episódio que abre a narrativa de Lewis Carroll ilustra o próprio projeto editorial de *Alice no país das maravilhas*. Publicada pela primeira vez, no ano de 1865, na Inglaterra, essa pequena história não apenas priorizou uma escrita de fácil leitura, farta de diálogos curtos e inusitados, como também contou com diversas ilustrações de John Tenniel. Em pouco tempo, a obra de Carroll tornou-se um sucesso de livraria, sendo traduzida para diversas línguas e editada até os dias de hoje.

Com o desenvolvimento das novas tecnologias de impressão na Europa, o livro passou a ser um produto acessível ao público leitor difuso e heterogêneo dos grandes centros urbanos. Nesse sentido, os livreiros e editores procuravam sem cessar conferir ao objeto impresso formatos atraentes e uma diagramação capaz de facilitar o exercício da leitura. As caras edições de capa dura, preparadas com especial requinte e dedicação, pouco a pouco foram cedendo espaço aos volumes de acabamento menos cuidadoso, destinados a todos aqueles que estivessem livres das amarras do analfabetismo. No Brasil, a produção do livro popular, de capa brochada, papel barato e de leitura fácil, ganhou força e dinamismo a partir da década de 1870, com a chegada em nosso país dos progressos técnicos da era industrial.

Com os olhos voltados para uma população urbana crescente, em especial no Rio de Janeiro, o mercado editorial brasileiro, que até então atendia, preferencialmente, ao gosto requintado de uma pequena elite letrada, passava a anunciar, nos jornais diários, com assiduidade cada vez maior, as novidades de última hora. Em geral, eram "livros para todos os bolsos e gostos" ou então "livros baratíssimos", que buscavam, acima de tudo, entreter, divertir e seduzir o leitor.

Nesse momento de novos desafios, alguns livreiros exibiam todo seu tino comercial publicando na grande imprensa anúncios chamativos, que salientavam seus "livros para o povo". Pedro da Silva Quaresma, que abriu, no final da década de 1870, a Livraria do Povo, na rua S. José, foi precursor nesse tipo de estratégia publicitária. Repetidas vezes, Quaresma divulgou, munido de um peculiar bom humor, extensas listas de livros sob manchetes que diziam "tudo de bom e barato no Treme Terra e terror dos careiros", "todos sabem: vivos! mortos! espectros! que só na Livraria do Povo se encontram livros baratíssimos", ou então "até os cadáveres se levantam para aproveitar as pechinchas à venda na Livraria do Povo" (*Gazeta de Notícias*, Rio de Janeiro, 12 mar. e 4 set. 1882).

Outros livreiros preferiam ser mais sucintos e informavam em seus anúncios que, diante das coleções econômicas já à disposição dos consumidores, não mais valia "a desculpa de que não se pode ler porque o livro é caro" (*Gazeta da Tarde*, Rio de Janeiro, 22 jun. 1896). Por isso, em alguns romances populares, o editor de próprio punho recomendava: "a todo público em geral", "a todas as classes sociais, desde a mais alta até a mais baixa", capazes de apreciar uma boa história (*O Paiz*, Rio de Janeiro, 15 mar. 1899). Em vez de segmentar ou restringir o livro a um determinado tipo de público, o propósito desses comerciantes era extrapolar quaisquer fronteiras econômicas e sociais com o objetivo de vender o maior número possível de exemplares.

Nesse sentido, proliferavam nas estantes das livrarias as edições "ao alcance dos deserdados da fortuna" (*Gazeta da Tarde*, Rio de Janeiro, 4 nov. 1895), isto é, as coleções econômicas e os volumes vendidos a preços módicos. Alguns desses livros estampavam no próprio título seu conteúdo acessível. Este era o caso, por exemplo, de *Orador do povo*, *Médico do povo*, *Lira popular*, *História natural popular* e *Cozinheiro popular*. Todo esse alarde tinha, afinal, um motivo. Em fins do século XIX, o "melhor livro" era aquele, ao menos na visão dos comerciantes e donos de livraria, que mais vendia.

Além dos baixos preços, os editores cariocas do Oitocentos também criaram gêneros literários interessados em agradar essa massa heterogênea de consumidores que animava a vida urbana do Rio de Janeiro. Diante dos diversos estilos e gostos, nasceu uma variedade de narrativas. Entre novas e velhas edições, era possível encontrar folhetos contendo pequenas histórias, peças de teatro, coleções de contos infantis, tratados científicos, livros didáticos, discursos políticos, manuais que ensinavam a arte do bem falar, do bom comportamento e atividades profissionais, rezas e mandingas para conquistar a pessoa amada.

O romance, como se sabe, tinha um lugar de destaque entre os leitores daquele período. As inúmeras traduções de enredos ingleses e franceses da moda ganhavam edições cada vez mais em conta. Além disso, aumentava diariamente o número de narrativas de "fortes sensações", criadas por escritores brasileiros, com o intuito de seduzir a atenção dos leitores por meio de descrições ousadas e personagens que pouco se ajustavam à previsível rotina dos deveres e obrigações sociais.

Os chamados "romances para homens", que hoje soam tão estranhos aos nossos ouvidos, constituíam um dos gêneros narrativos mais populares da segunda metade do século XIX. Na mesma medida em que os críticos literários lançavam, nas colunas da grande imprensa, falas impiedosas e de protestos, um número crescente de títulos surgia nas estantes das livrarias para aqueles que estavam dispostos a relevar, mesmo que de modo breve, o controle racional das emoções e do comportamento comedido. Entregues a essas histórias, esses leitores tornavam-se testemunhas de aventuras repletas de desejos sexuais facilmente satisfeitos, acompanhadas de uma invejável liberdade individual.

As mulheres, consideradas por muitos intelectuais e homens de ciência daquela época detentoras de uma personalidade frágil, estavam proibidas de ler essas narrativas. Temia-se, em particular, que jovens donzelas suscetíveis às fantasias e às ilusões trazidas por essas histórias mergulhassem em devaneios solitários ou, em segredo, experimentassem com as amigas as descobertas do amor, deixando de lado os ideais do recato, do casamento e da vida em família. Não por acaso, uma parte considerável desses romances estampavam, em seus títulos, nomes de jovens meninas inebriadas pelos deleites de sua sexualidade, como ocorre em *Os prazeres de Rosália*, *Suzana e suas proezas!*, *Júlia de Milo, perfil de uma mulher desonesta*, *As sete noites de Lucrécia*, *Celestina ou a mulher adúltera na noite do casamento*, *Elvira ou os tormentos da felicidade*, *Princesa, a mulher feliz ou a mulher de cem mil gostos* e *Gabriela ou a cortesã dos tempos coloniais*.

Isso sem contar os inesgotáveis prazeres descritos, nas narrativas em primeira pessoa, nos volumes intitulados *Clarita*, *Beatriz*, *Alva*, *Branca*, *Clara*, *Miss Mary*, *Eva*, *Carmem*, *Judith* e *Isaura*. Como salienta o historiador Robert Darnton em sua análise sobre *Teresa filósofa*, um dos livros licenciosos de maior circulação no Antigo Regime francês, era duplamente perigosa a história de uma mulher "livre-pensadora", que "amava livremente" (DARNTON, 1998, p. 129). Essa grande ameaça que também muito incomodava, em nosso país, aqueles que acreditavam no papel social da mulher vinculado unicamente ao bem-estar familiar, parecia servir, ironicamente, de estímulo aos autores dos "romances para homens", sempre dispostos a criar personagens femininas em busca de experiências sexuais fascinantes e diversas, livres de arrependimentos e consequências futuras.

Além dessas narrativas, que desvendavam a vida íntima de tantas mulheres, histórias de padres libidinosos, políticos insaciáveis, jovens homossexuais também faziam parte do amplo, heterogêneo e variado rol de "leituras só para homens". Enquanto alguns desses livros concentravam-se em descrever encontros amorosos furtivos, casos velados de adultério ou vislumbres de fantasias proibidas, outros narravam, sem nada a esconder, uma sequência infindável de cópulas e gozos consumados.

Mas por que os "romances para homens" faziam tanto sucesso em finais do século XIX? Alguns títulos como *Os serões do convento*, *Memórias de Frei Saturnino* ou mesmo *Teresa filósofa* foram reeditados por décadas seguidas e vendidos em diversas livrarias do Rio de Janeiro. Muitos outros tiveram uma vida mais efêmera, entretanto, a todo instante surgiam nos catálogos das livrarias histórias inéditas, quase sempre acompanhadas de reclames sugestivos. Evidentemente, podemos dizer que esses livros tinham o potencial de excitar sexualmente os leitores, instigando a criação de um terreno imaginário no qual fosse possível obter uma satisfação erótica semelhante à dos personagens, seja através da prática da masturbação ou da breve recriação desses enredos entre parceiros.

Em *Esses livros que se leem com uma só mão*, Jean-Marie Goulemot afirmou que diante de tais textos o leitor era levado, de modo inevitável, "ao universo implacável da paixão devoradora", deixando de lado a razão, os empecilhos morais e até mesmo as fronteiras temporais por estar imbuído de um único desejo: "o de gozar" (GOULEMOT, 2000, p. 64). Nesse estudo detido sobre os romances obscenos do século XVIII, na França, o autor frisava ainda que o efeito produzido pela leitura estimulava o leitor a sair do "mundo imaginário" para desfrutar de semelhantes sensações no "mundo real".

De fato, alguns "romances para homens" abriam suas páginas com promessas de gozos e intensos momentos de volúpia. Na pequena carta "ao leitor", que inaugurava as páginas de *Amar, gozar, morrer*, uma história anunciada repetidas vezes nos jornais cariocas dos últimos anos do século XIX, o autor incógnito avisava, de modo direto e franco: "Se és cândido, leitor", dizia ele,

> [...] se te são desconhecidos os combates de Vênus e o Amor, não me leias, contenta-te em corar às primeiras linhas e arremessar em seguida para o seio de devoradoras chamas todos os exemplares que puderes alcançar.

Mas, continuava:

> [...] se és lidador valente, campeão esforçado nesses combates lúbricos, guarda-me cuidadosamente na tua estante e quando chegarem os dias de impotência e fraqueza recorre a mim para que ao menos por momentos te sintas em todo o vigor da primavera da vida (p. 2 e 3).

Evidentemente, não podemos diminuir a força motriz desse gênero literário. No entanto, como lembra Robert Darnton, ao vincularmos o texto pornográfico, seja ele qual for, unicamente à expectativa de satisfação física do prazer sexual, corremos o sério risco não apenas de cair nas armadilhas do anacronismo, mas também de reduzir essa literatura tão heterogênea à ilusão de uma "pornografia pura" (DARNTON, 1996, p. 34). Além de operar de diferentes maneiras sobre a libido daqueles que percorriam suas páginas, as obras obscenas do Antigo Regime costumavam discorrer sobre questões filosóficas, conferindo espaço privilegiado às severas críticas sociais e políticas. Tudo isso quase sempre acompanhado de um generoso bom humor. Nesse viés, sexo seria, na visão de Robert Darnton, algo "bom para pensar", para retomar a conhecida expressão do antropólogo francês Claude Lévi-Strauss, já que as fantasias, os desejos e o prazer sexual não estariam impunes às contínuas mudanças de códigos e valores culturais.

Ou seja, os "romances para homens" vendidos no Brasil do século XIX, que tanto se inspiraram nas narrativas libidinosas francesas do Antigo Regime, atraíram a atenção dos consumidores por descreverem o que se procurava ocultar no cotidiano das obrigações sociais: o desejo e a busca pela satisfação sexual. Mas também, como veremos a seguir, chamavam a atenção dos leitores por oferecer crítica social, entretenimento e muitas cenas divertidas sobre a vida afetiva de seus personagens.

Humor e obscenidade

Ao se tornar um objeto de consumo popular, o livro adquiriu novos usos e possibilidades ainda inéditas de leitura. Os pesados e bem cuidados volumes dedicados ao cultivo do saber erudito, à veiculação da informação necessária para a boa educação familiar e às belas-letras, pouco a pouco cederam espaço para uma infinidade de outros gêneros interessados, não apenas em educar, mas principalmente em entreter os leitores. Assim, o "romance para homens", como gênero distinto, ganhou grande repercussão nas últimas décadas do século XIX, graças à sua capacidade de seduzir e divertir os leitores.

Mas o que poderia divertir o leitor em romances repletos de cópulas e desejos consumados? Muitas coisas. As artimanhas desempenhadas pelas personagens com o intuito de driblar a rigidez das convenções sociais, as debilidades sexuais de homens de grande influência social, a fragilidade moral de esposas e jovens donzelas, a hipocrisia dos religiosos, as mentiras, malícias, zombarias e disfarces inusitados criados por esses sujeitos de ficção com o objetivo de obter sucesso na satisfação de seus impulsos e anseios sexuais.

Em *Os serões do convento*, livro pornográfico por excelência no Brasil do século XIX, vemos uma infinidade de personagens que de tudo fizeram para saciar sua sexualidade latente. Escrita em Portugal por M. L., pseudônimo provavelmente usado por José Feliciano de Castilho (ANDRADE, 2000, p. 44), e amplamente vendida no Rio de Janeiro desde a década de 1860, essa obra reuniu uma série de pequenas histórias compartilhadas por um grupo de freiras no interior de um convento que procurava animar as noites solitárias de Santo Antônio. "Deixemos de melancolia", pedia uma das freiras,

> procuremos recrearmos com fantasias; eu creio, senhora abadessa, que Deus Nosso Senhor, dando às outras tanto e a nós tão pouco, nos não leva a mal o desenfadarmo-nos com algumas histórias que não sejam nem de santos nem de santas (M. L., s.d. p. 50).

Em meio a um intenso discurso anticlerical, que visivelmente zombava da instituição católica e da hipocrisia daquelas que fingiam levar uma vida de reclusão e devoção religiosa, *Os serões do convento* relatava histórias de maridos enganados, donzelas defloradas, haréns paradisíacos, homens sedutores, jovens disfarçados que conseguiam entrar nos conventos e desfrutar de prolongadas experiências eróticas, quase sempre anunciadas por títulos bem-humorados como "O dízimo das casadas", "O que umas ceroulas não podem conter de pacificação" e "Um italiano que vive da sua prenda".

Em "O baile fosfórico", o jovem marido Alfredo, que a todo instante jurava fidelidade à sua esposa, certo dia recebia de um amigo o convite para participar de uma festa bastante singular. "Temos para este carnaval", dizia o convite, "um divertimento novo e picantíssimo: ordenamos-te que venhas tomar nele a tua parte". E, em seguida, avisava a senha para ser dita na entrada. Enquanto os homens deveriam falar "os cravos de todo o ano devem estar pomposos", as mulheres pronunciariam: "É estação de abrirem as rosas" (M. L., s.d., p. 131).

Com a desculpa de visitar um amigo doente, Alfredo deixou a esposa e dirigiu-se ao baile. Na porta da entrada, como previsto, pronunciou a frase secreta e recebeu, para a sua surpresa, a orientação de despir-se, ficando apenas de sapato. A anfitriã queria, na verdade, examinar "os órgãos" para que "ninguém saísse de lá com queixa". Depois de "aprovado com louvor", Alfredo recebeu uma "pomada aromática" "para esfregar na sua natureza pródiga" (M. L., s.d., p. 146).

Alfredo não percebeu de imediato o motivo, mas logo que entrou no recinto do baile avistou um singular "espetáculo". Em contraste com o escuro da sala, manifestou-se um "cardume solto", "não de homens e mulheres, mas daquelas condecorações, que a natureza pôs às mulheres e aos homens para se não confundirem". Aquela imagem parecia um "viveiro imenso", com uma grande quantidade de "pássaros" e "poleiros luminosos". Foi quando Alfredo olhou para si e "viu-se igualmente fulgurante onde convinha". A pomada tinha uma "porção energética de fósforo", que não somente iluminava, mas também encerrava a "virtude irritante para os prazeres, a que dificilmente se resiste" (M. L., s.d., p. 149 e 150).

Alfredo via-se em meio a uma festa de carnaval que mostrava aos foliões apenas o que interessava aos sentidos do prazer erótico. Na escuridão do salão, os corpos reduziam-se às partes genitais. Não havia mais identidades marcadas pela idade, classe social ou estado civil. Naquele raro momento de liberdade, os convivas podiam explorar a seu bel-prazer os mais variados encontros sexuais. As metáforas para os órgãos genitais de homens e mulheres vinculadas ao mundo animal parecia querer dar à imaginação erótica a mesma dinâmica dos instintos e impulsos, anulando, com isso, qualquer tipo de economia dos sentidos tão cara à vida em sociedade. Naquele instante, a escolha livre e o excesso seriam a regra da vez.

O terceiro volume de *Os serões do convento* foi dedicado inteiramente ao jovem "Roberto do Diabo", que aplicava sem cessar pequenos e divertidos truques para colocar em prática suas endiabradas incursões sexuais. Filho de um abade com uma rendeira, Roberto aprendeu aos 13 anos, com uma tia, a "meter o furão na toca". Preocupado com a reputação do rapaz, já conhecido como "o terror das mulheres", o abade resolvia enviar o filho à casa de Domingos Engrácio, um respeitável "educador dos rapazes da rua", segundo a descrição maliciosa do narrador. Em seu novo lar, Roberto aprontou as mais diversas confusões. Conquistou a empregada da casa, dormiu com a patroa e vingou-se da autoridade de Engrácio, delatando suas infidelidades conjugais.

Em busca de novos desafios, Roberto partia para uma nova cidade, onde, disfarçado de mulher, conseguia instalar-se em um convento feminino. Como esperado, o insaciável mancebo manteve relações sexuais com freiras de todas as idades e vocações. Até mesmo Dona Gertudes, antiga na casa, "apesar das dores de ex-virgem", completou "duas vezes um deleite" que a obrigou confessar que "se arrependia e envergonhava de ter conservado por tantos anos a tolice da virgindade" (M. L., s.d., p. 153).

Segundo o narrador, o comportamento de Roberto, ou melhor, de sóror Ângela, foi tão exemplar na clausura que em pouco tempo tornou-se "mestra em noviças", "todas eram doidas por ela, e ela por todas, e por cada uma em particular". Ao completar 50 anos de idade, morreu, causando grande consternação no convento. Suas companheiras agiam como se tivessem "enviuvado" e por muitos anos foi lembrada como uma "santa", um verdadeiro "anjo".

O livro *Os serões do convento* cumpriu à risca os principais preceitos da obra pornográfica daquele período. Apresentava ao leitor uma variada sequência de encontros sexuais bem-sucedidos, encenada por personagens que se entregavam sem qualquer resistência ao universo dos prazeres sensoriais, explicitando uma forte crítica às hipocrisias da vida social, regada, em muitos casos, com uma boa dose de bom humor.

Em algumas histórias, personagens rígidas no desempenho de seus papéis sociais eram facilmente ridicularizadas assim que entravam no universo do erotismo. Em *Amar, gozar, morrer*, a jovem Amélia decidia abrir mão do casamento para experimentar uma vida de aventuras efêmeras e intensos prazeres. Após a morte de sua madrasta, que por alguns meses havia sido sua amante, Amélia, herdeira de uma grande riqueza, decidia fazer uma longa viagem pela Europa. Pretendia em cada cidade enriquecer suas experiências sexuais ao lado de novos amantes. Participou de orgias carnavalescas em Paris, conheceu no trem para a Bélgica um lorde inglês que não conseguia perder a ereção, restabeleceu-se de uma sífilis em Londres, foi amante de um jovem inexperiente em Madri, deparou-se com um galante conde, "gigante nas formas e nas expansões", em São Petersburgo, e na Áustria conheceu o barão ***, um diplomata que para sempre ficaria impotente devido a um incidente inesperado.

O barão ***, que confessava precisar de cenas "extravagantes" para conseguir alguma excitação, conseguia de Amélia o consentimento para assistir de perto às carícias trocadas pela jovem e sua fiel criada. O "gelado austríaco", por alguns instantes, "devorou-as" com seu olhar, abraçando Amélia em seguida pela cintura. Assim, narrava a jovem:

> Uma das mãos do gasto e estragado austríaco, excitava à batalha o corcel que ia dando mostra de seus brios [...]
> O cetro do diplomata austríaco completou a obra e no instante em que me cravava nas entranhas o delírio da sensação privava-me dos sentidos. Desta vez o estafado campeão, certo das forças de que poderia dispor, movia-se com frenesi e mostrava que se não fora a dificuldade de começar o embate seria um exercitado atleta (M. L., s.d., p. 168).

No entanto, inebriados de prazer, os amantes não perceberam, sobre a cama de Amélia, que um fraco parafuso quebrava repentinamente, levando, com força, os três para o chão:

> O barão foi dos três o mais infeliz, caindo primeiro, o volumoso traseiro de Joana deu-lhe em cheio no órgão que por infelicidade estava rijo e deslocou-o. Desta vez a virilidade do barão estava perdida para sempre. (M. L., s.d., p. 169)

Assim como o barão ***, muitos outros personagens, desnudos e expostos em suas intimidades, iriam dar ensejo a situações capazes de afrouxar a rigidez das expectativas e diferenças sociais. Essa flexibilidade revelava ainda que o humor, atrelado ao erotismo, não apenas deixava mais evidente o caráter artificial dos papéis e engrenagens da vida em sociedade, como também conferia maior fertilidade a esse terreno afetivo de possibilidades inesperadas.

Henri Bergson, em estudo clássico, afirmou que o riso flexibiliza "tudo o que pode restar de rigidez mecânica na superfície do corpo social" (BERGSON, 2004, p. 15). Rimos ao perceber o aspecto autômato, vezo, contraído daquilo que é vivo e que, por isso, deveria deter uma natureza livre, maleável e criativa. A rigidez aparece como um "intruso na viva comunidade das coisas humanas", despertando, desse modo, a comicidade que nasce como uma correção, como uma amostra dessa "distração" no nosso cotidiano. Afinal, como frisa o autor, "a vida bem vivida não deveria repetir-se" (BERGSON, 2004, p. 25).

Se, para Bergson, o caráter cômico repousa na lembrança de uma vida que precisa ser vivida plenamente sem as molduras sociais que a fazem mecânica, Mikhail Bakhtin, ao estudar a obra de François Rabelais, explica que o riso destrói "a seriedade unilateral e as pretensões de significação incondicional e intemporal e liberam a consciência, o pensamento e a imaginação, que ficam assim disponíveis para o desenvolvimento de novas possibilidades" (BAKHTIN, 1987, p. 43). Quer dizer, diante do riso, vislumbramos um campo inesgotável de criação e de arranjos inéditos.

Esse potencial ilimitado de criatividade e de espontaneidade que o humor ajudava a conferir ao universo erótico provavelmente contribuiu para o crescente temor dos intelectuais do século XIX frente à visível proliferação dos "romances para homens". Enquanto, por exemplo, o eminente advogado Gilberto Saboia alertava sobre os perigos que as mulheres corriam ao se debruçarem sobre a leitura de "romances de um erotismo perfumado e traiçoeiro" (SABOIA, 1896, p. 20), um jornalista da *Revista Ilustrada*, escondido sob o pseudônimo de Alter, criticava ferozmente as "leituras para homens", que traziam a público, na sua perspectiva, enredos "sujos", "indecentes", "imorais", "criminosos" e "mentirosos", "sem estilo" "nem vergonha", que ele denunciaria à polícia, "se polícia houvesse para essas coisas" (*Revista Ilustrada*, Rio de Janeiro, 20 out. 1883).

Todo esse perigo nos "romances para homens", que tanto divertiam seus leitores, parece repousar no afrouxamento, na suspensão, mesmo que temporária, dos padrões afetivos aceitos socialmente. A obscenidade e o erotismo relacionados à "sujeira" e ao "crime" indicam, tomando de empréstimo a análise da antropóloga Mary Douglas em *Pureza e perigo*, a subversão de uma ordem aceita socialmente. O perigo não é algo isolado, mas um fenômeno que coloca em risco o sistema simbólico que confere à sociedade seus códigos culturais, formas de classificação e valores compartilhados. Nesse sentido, completa Mary Douglas, a impureza, ao negligenciar a ordem, traz intrinsecamente consigo o poder da criação, tendo em vista que o novo dificilmente poderia nascer da rigidez ou do consenso em torno das estruturas dominantes e regras sociais.

Esse terreno criativo dotado de um forte potencial libertador gerava, contudo, uma enorme insegurança naqueles que buscavam conservar os valores sociais vigentes. Ainda mais, como diria Freud, tendo em vista que "as esferas da sexualidade e da obscenidade" não apenas possibilitavam "a maior ocasião para a obtenção do prazer cômico", como também ofereciam "uma agradável excitação sexual" (FREUD, 1996, p. 207).

"Fazer rir às bandeiras despregadas": revistas e livros do gênero alegre

Como se sabe, a cidade do Rio de Janeiro, nas últimas décadas do século XIX, foi palco de intensas transformações. Uma nova arquitetura redesenhou as principais avenidas, os meios de transporte aceleraram a rotina dos transeuntes e trabalhadores urbanos, a preocupação com a higiene e a saúde pública deu voz a doutores e intelectuais interessados no progresso nacional, e a imprensa e o meio editorial rapidamente alinharam-se às novidades do momento. Na "vertigem embriagadora" da cidade que presenciava "alterações tão radicais", o humor surgia, nas palavras de Elias Thomé Saliba, como um "espelho estilhaçado no qual a *Belle Époque*" poderia se ver (SALIBA, 2008, p. 28).

Foi nesse contexto que as publicações denominadas "do gênero alegre" conquistaram definitivamente a atenção de milhares de leitores, conferindo à narrativa de cunho pornográfico uma dose de humor ainda maior. *O Rio Nu*, periódico "bissemanal, cáustico, humorístico e ilustrado", que circulou pelas ruas do Rio de Janeiro de 1898 a 1917, publicou em suas páginas inúmeras gravuras de mulheres seminuas, piadas de duplo sentido, notícias picantes e colunas com títulos sugestivos, como "Pepinos e nabos", "Uma... por semana", "Nua e crua", e "Nas zonas" (PEREIRA, 2004). No entanto, para não atrair demais os olhares severos da crítica conservadora, os editores avisavam aos seus colaboradores: "fazemos notar outra vez que só nos serve o que tiver malícia sem obscenidade. Não publicamos pseudônimos imorais" (*O Rio Nu*, Rio de Janeiro, 17 dez. 1898).

Mas se nas páginas de *O Rio Nu* havia ainda alguma preocupação com o decoro, nas coleções e nos livros anunciados em suas colunas o humor e obscenidade aliavam-se livremente:

> Biblioteca d'O Rio Nu
> Leitura boa, empolgante, que proporciona ao leitor momentos de verdadeiro prazer e delícia [...] fazendo desaparecer a tristeza e renascer a alegria ao mais macambúzio mortal.
> A leitura da **Biblioteca d'O Rio Nu** faz rir às bandeiras despregadas, porque é de fato cheia de hilariante humorismo além de ser **maliciosa e [...] picante**, o que quer dizer que a **Biblioteca d'O Rio Nu** pode ser chamada por excelência a **Biblioteca do Solteirão**, por serem as suas obras o que melhor tem aparecido no gênero malicioso, e próprias, portanto, para leitura reservada ou seja: **Leituras só para homens** (*O Rio Nu*, Rio de Janeiro, 13 mar. 1909).

Entre os títulos listados podemos citar: *Veneno dos lábios*, *Estroinices de mulher*, *Noites de prazer*, *Amor ideal*, *Furor amoroso*, *Bíblia do amor*, *Gotas de Vênus* e *Memórias de uma mulher bonita*. Essas obras, tão acolhidas pelo público, segundo os editores, prometiam paródias "engraçadíssimas", histórias para "rir a valer" e contos que fariam "desaparecer as tristezas". Ao anunciar *Esculhambações*, diziam:

> Monumental livro de versos do mais arrojado escritor humorístico malicioso. [...] Este livro é ornado de gravuras da mais *sugestiva realidade* [...] tiradas do natural, representando cenas de *verdadeira orgia e delírio amoroso*[...] capazes de transformar gelo em fogo [...] e de levantar até um defunto [...] (*O Rio Nu*, Rio de Janeiro, 13 mar. 1909).

A Biblioteca do Solteirão de *O Rio Nu* anunciava também o famoso *Álbum de Caliban*, "contos alegres por Coelho Neto", os *Contos para velhos* de Bob, pseudônimo de Olavo Bilac, e *Pimentões*, de Puff & Puck, apelidos usados por Guimarães Passos e Olavo Bilac. Esses pequenos livrinhos de humor malicioso, contendo textos de forte teor sugestivo, alcançaram grande popularidade nos últimos anos do século XIX. Mesmo assim, nas primeiras páginas de *Pimentões* uma "advertência... desnecessária" dos autores alertava aos mais desavisados:

> [...] isto não é leitura para meninas ingênuas que não sabem o que é a vida, nem para meninos sem buço que ainda se dedicam ao *saute-mouton* e à peteca. Os abaixo-assinados, autores modestos, não querem grande popularidade. Não querem grandes tiragens: por isso, recomendam a quem comprar este

> folheto o máximo empenho em furtá-lo às vistas de gente pura: porque, se a gente pura souber da existência deste livrinho – os editores ficarão mais ricos [...] e os autores mais célebres que o padre Anchieta – coisas que não entram nas intenções dos primeiros nem dos segundos (PUFF & PUCK, 1897, p. 5).

Com grande ironia e bom humor, esses literatos não apenas riam da sua própria condição de homens de letras buscando sucesso de vendas na criação de obras do "gênero alegre", como procuravam desmascarar as falsas aparências daqueles que repudiavam essas narrativas em nome da moralidade e dos bons costumes. Não por acaso, várias dessas histórias falavam de personagens que adotavam uma postura comedida no teatro da vida social e outra bem diferente ao conseguirem driblar os olhares vigilantes de seus parentes e amigos.

Cientes da boa repercussão desse tipo de literatura, ora em verso ora em prosa, esses autores davam vida a situações que oscilavam, de forma repetitiva, entre histórias de maridos enganados ou homens viris, de mulheres ingênuas ou donas de uma intensa lascívia, ou ainda de religiosos entregues a uma vida de luxúria no isolamento de seus monastérios. De uma maneira ou de outra, havia sempre um personagem, de grande fôlego libidinoso, que saía vitorioso ao ter êxito em suas aventuras sexuais. Para além das regras de comportamento, e até mesmo dos limites do próprio corpo, o sexo imperava. Na poesia "Ela", por exemplo, diziam Puff e Puck:

> Maria tem vinte amantes!
> Uns tortos outros direitos;
> Todos eles são galantes,
> Todos vivem satisfeitos...
>
> Mulher de recursos fartos!
> Como é que esta impenitente,
> Tendo no corpo dois quartos,
> Dá pousada a tanta gente?
> (PUFF & PUCK, 1897, p. 98).

Já em "Cousas...", podemos facilmente identificar a história do marido enganado e, por conseguinte, da mulher libidinosa:

> Naquela casa do morro,
> Pintadinha de amarelo,
> Vivia Aninha Chichorro.
> Seu marido, Florisbelo,
> Ciumento como um cachorro,
> Tinha cara de Otelo.
>
> A ver-lhe a infidelidade,
> Preferia ver a morte!
> – E quando vinha à cidade,
> Descendo a ladeira torta,
> Lá deixava em liberdade
> Quatro cães de fila à porta.
>
> Mas a casa tinha fundos...
> Sempre se engana a prudência
> De maridos furibundos!
> Rosnava a maledicência
> Que... – São desígnios profundos
> Da Divina Providência
>
> E o Florisbelo, coitado,
> De ciúmes consumido,
> Vivia tonto e engraçado:
> Pois era (pobre marido!)
> Pela frente respeitado
> Mas pelos fundos traído
> (PUFF & PUCK, 1897, p. 113 e 114).

Nessas rimas, as limitações impostas pelas regras da vida social mostravam-se ineficazes diante do potencial desses personagens em burlar o que ameaçava estagnar a busca incessante pelo prazer sexual. O corpo erótico dissolvia facilmente as fronteiras ao seu redor, atuando nas brechas das convenções sociais, negociando saídas, movimentando-se permanentemente no terreno das paixões e da vida amorosa. Nesse processo, a linguagem metafórica ganhava um lugar privilegiado, pois, ao designar aos objetos ou às situações diárias a marca da sexualidade, o erotismo abandonava o espaço da reserva, para atuar de modo mais nítido no cotidiano de toda a gente. No diálogo entre duas amigas em "A luz... elétrica", publicado no *Álbum de Caliban*, a tentativa de insinuar a presença da sexualidade na vida moderna era evidente:

> – É simples, Clotilde. Nunca viste uma lâmpada elétrica?
> – Sim, tenho visto inúmeras.
> – Jablochkoff, por exemplo?
> – Tenho visto: são as tais chamadas de carvão...
> – Exatamente. Pois imagina que és uma lâmpada muito branca, cor de leite como são as outras...
> – Sim.
> – Mais aperfeiçoada, porém, porque trazes contigo as pilhas. Apertam-se dois botões que põem em comunicação os polos positivo e negativo: imediatamente o fluido manifesta-se; depois, comunicando-se aos fios, o carvão inflama-se, e tu, que és a lâmpada, dás a luz...
> – Imediatamente?
> – Não... Imediatamente não; tempos depois.
> – E o resto? E as consequências, Esther?
> – Heim?
> – Fica tudo às claras, não te parece?
> – Sim, fica...
> – Então?!
> – Nada! Eu vou muito bem com os choques intermitentes que, soube serem menos arriscados, não deixam vestígios.
> – Conforme...
> – Não há conforme: é só a gente depois... fazer como Pilatos (1897, p. 19 e 20).

Ou seja, mesmo sem as descrições explícitas dos encontros sexuais tão caras a esse tipo de literatura, as publicações do "gênero alegre" pareciam agradar por brindarem seus leitores com um bem-vindo bom humor que, sem muito esforço, desfazia, mesmo que temporariamente, a rigidez da vida em sociedade.

Na alvorada para o século XX

Com o uso cada vez mais alargado das tecnologias de impressão, as "leituras para homens" entraram no século XX a todo o vapor. Os álbuns ilustrativos, as coleções de "contos rápidos" e eficazes, os periódicos do "gênero alegre", dentre tantas outras publicações, continuavam lançando a público textos irreverentes, piadas de duplo sentido, histórias de teor picante e personagens bem-sucedidos em suas conquistas e seduções.

Na medida em que *O Rio Nu* perdia seu poder de atração, no final da década de 1910, vários outros periódicos, como a *Karona*, *Shimmy* e *A Maçã*, detentores do mesmo estilo malicioso, surgiram divulgando suas novidades. Nos anos de 1920 e 1930, dezenas de enredos pornográficos "baratíssimos" foram publicados por essas revistas fartamente ilustradas. Talvez a série mais conhecida tenha sido a "Leituras da Alcova", divulgada pela revista *Shimmy* e editada nos anos de 1932 a 1934 pela Imprensa Moderna. As traduções de autores estrangeiros de sucesso, em geral norte-americanos e não mais franceses, traziam à luz romances iguais a *Os prazeres da mocidade*, *Aventuras de Mariquinhas*, *American-film*, *Amores pagãos*, *Curiosa volúpia*, *Mulheres da minha vida* e *A insaciável*.

No cenário do século XX, o humor certamente ganhou uma nova tônica. As mudanças de comportamento, a presença da mulher no espaço público da cidade, a busca de uma maior autonomia de escolha por parte dos jovens, de fato, modificavam o que até então "fazia rir". Entretanto, o humor continuou atrelado ao universo erótico conferindo às demandas da vida sexual um poder criativo de largas fronteiras.

As artimanhas, a sedução divertida ou mesmo as "brincadeiras" que costumam remeter os amantes ao território "livre de todo agenciamento repressivo do mundo adulto", como elucida Eliane Robert de Moraes em seu artigo sobre *Macunaíma*, de Mário de Andrade (MORAES, 2005, p. 77), tornavam-se assim ingredientes de destaque no jogo erótico da vida amorosa. Ao flexibilizar a rigidez dos papéis sociais, o humor misturado à malícia oferecia aos leitores, em meio a uma série repetitiva de encontros sexuais, um repertório pleno de possibilidades e criatividade.

Bibliografia

ANDRADE, Adriano Guerra. *Dicionário de pseudônimos e iniciais de escritores portugueses*. Lisboa: Biblioteca Nacional, 2000.

BAKHTIN, Mikhail. *A cultura popular na Idade Média*. São Paulo: Hucitec/Editora Universidade de Brasília, 1987.

BERGSON, Henri. *O riso*. São Paulo: Martins Fontes, 2004.

CARROLL, Lewis. *Alice*. Aventuras de Alice no país das maravilhas & Através do espelho. Edição comentada. Rio de Janeiro: Jorge Zahar Editor, 2002.

DARNTON, Robert. Sexo dá o que pensar. In: NOVAES, A. *Libertinos e libertários*. São Paulo: Companhia das Letras, 1996.

______. *Os best-sellers proibidos da França pré-revolucionária*. São Paulo: Companhia das Letras, 1998.

DOUGLAS, Mary. *Pureza e perigo*. Lisboa: Edições 70, s.d.

EL FAR, Alessandra. *Páginas de sensação:* literatura popular e pornográfica no Rio de Janeiro do século XIX (1870-1924). São Paulo: Companhia das Letras, 2004.

FREUD, Sigmund. *Os chistes e a sua relação com o inconsciente*. Rio de Janeiro: Imago, 1996.

GOULEMOT, Jean-Marie. *Esses livros que se leem com uma só mão*. São Paulo: Discurso Editorial, 2000.

HUNT, Lynn. *A invenção da pornografia*. São Paulo: Hedra, 1999.

M. L., *Os serões do convento*, Primeira série, Tomos I, II e III. Lisboa: Tipografia do Bairro-Alto, s.d.

MORAES, Eliane Robert. Essa sacanagem. *Ide*, São Paulo, v. 41, jul. 2005.

PEREIRA, Cristiana Schettini. Sexo e humor para (alguns) homens. *Nossa História*, Rio de Janeiro, n. 7, p. 47-51, maio 2004.

PUFF & PUCK. *Pimentões*. Rio de Janeiro: Laemmert, 1897.

SABOIA, Gilberto de. *O lenocínio*. Rio de Janeiro: Typ. de Carlos Schmidt, 1896.

SALIBA, Elias Thomé. *Raízes do riso*. São Paulo: Companhia das Letras, 2008.

Anônimos

Álbum de Caliban. Rio de Janeiro: Laemmert, 1897.

Amar, gozar, morrer. original de ***. Tipografia Pudicícia, s.d.

Periódicos

Gazeta de Notícias

Gazeta da Tarde

O Paiz

O Rio Nu

233

As exposições gerais e algumas histórias sobre o público fluminense (1879-1907)

Ana Cavalcanti

Para começar bem ao gosto dos romances de ficção do Oitocentos e suas viagens no tempo, imaginemo-nos transportados para o centro do Rio de Janeiro, no final da década de 1880. É dia de inauguração da exposição de um pintor de prestígio, mestre da Academia Imperial das Belas Artes. Às portas da sala, a multidão febril se acotovela e os visitantes, impelidos pela turba, lutam confusamente pela primazia da entrada. Lá dentro, o artista os recebe em seu dia de glória. Os recém-chegados o cumprimentam respeitosamente, buscam palavras elogiosas para incensá-lo. O espaço é pequeno para tanta gente; no calor abafado, os odores de perfumes de luxo misturam-se às essências de bazar e exalações cutâneas. Ouvem-se murmúrios de admiração e, do amontoado de cabeças, irrompe em conjuntos de ramalhetes seletos a variada coloração dos chapéus femininos. Na sala lotada, é difícil vislumbrar trechos do quadro principal, cuja tela de grandes dimensões apresenta uma cena da história do Brasil. Amadores entendidos se aproximam e exaltam a precisão das perspectivas, com as pálpebras cerradas em busca de aerizações e em atitude quase religiosa, extáticos, contemplam as pinturas. Outros improvisam binóculos com a mão em canudo, para melhor visualizar a composição.

Para imaginar essa animada cena de vernissage carioca nos idos de 1880, encontramos inspiração no romance *Mocidade morta*, no qual Gonzaga Duque, baseado em sua vivência como crítico de arte naqueles anos, descreve as peripécias de artistas e críticos no Rio de Janeiro do final do Império (GONZAGA DUQUE, 1995, p. 21). Mas não é apenas em romances, nos quais não há compromisso estrito com a veracidade dos fatos, que podemos buscar informações sobre o meio artístico daquele período. Para se ter uma ideia do que significavam as mostras de arte para os cariocas, é muito útil reler jornais da época, cartas de artistas e atas das reuniões de professores da Academia que, entre 1840 e 1890, organizaram 27 Exposições Gerais de Belas Artes[1]. Com o passar dos anos, tais exposições se tornaram verdadeiros acontecimentos sociais, ocasiões em que o público afluía, os jornalistas escreviam suas apreciações e os artistas discutiam o mérito das obras.

A abertura de uma Exposição Geral era realizada com grande solenidade, na presença do Chefe do Governo Federal, recepcionado pelo Diretor da Academia das Belas Artes. Após a Proclamação da República, a tradição se manteve. O *Diario do Commercio* de 27 de março de 1890 descrevia a abertura da exposição nos seguintes termos:

> Recebido à porta do edifício da Academia o chefe do Governo Provisório pelo conselheiro diretor e corpo docente foi ele conduzido, bem como o sr. Secretário do interior, até ao salão principal, onde teve lugar a solenidade da abertura da exposição.
> Foi grande o número de cavalheiros pertencentes às mais elevadas classes da nossa sociedade e muitas as senhoras que tornaram imponente a festa artística.
> Os salões da exposição foram minuciosamente visitados pela comitiva oficial e avultado número de outras pessoas.

[1] Houve Exposições Gerais da Academia nos seguintes anos: 1840, 1841, 1842, 1843, 1844, 1845, 1846, 1847, 1848, 1849, 1850, 1852, 1859, 1860, 1862, 1864, 1865, 1866, 1867, 1868, 1870, 1872, 1875, 1876, 1879, 1884 e 1890.

> À porta do edifício da Academia prestou as honras devidas ao Chefe do Governo provisório uma força do 24º de infantaria, e no saguão do edifício tocou a banda de música do corpo policial do Estado do Rio de Janeiro. (Diário do Comércio, Rio de Janeiro, 27 mar. 1890, p.1)

As Exposições, também conhecidas como Salões, ficavam abertas aos visitantes durante dois ou três meses, em média. E embora fossem comuns as queixas dos artistas sobre a falta de colecionadores de arte particulares (era o Estado quem garantia encomendas e aquisições de obras de arte), podemos dizer que, no final do século XIX, existia de fato um público amador que frequentava as exposições no Rio de Janeiro. Os artistas preocupavam-se com esse público e desejavam sua admiração. A importância que os professores da Academia davam a essa frequência é patente. Responsáveis pela organização das Exposições Gerais, eles chegaram a declarar-se magoados quando, na exposição de 1884, o público não foi tão numeroso quanto esperavam. É o que se lê no parecer da comissão formada por Pedro Américo, Victor Meirelles, João Maximiniano Mafra e Bethencourt da Silva:

> A Comissão incumbida de julgar do merecimento das obras exibidas na Exposição Geral das Belas Artes, que se inaugurou no dia 23 de Agosto do corrente ano, e propor os prêmios que devem ser conferidos a seus autores, tem a honra de submeter ao juízo da Congregação dos professores o seguinte Parecer. A presente exposição geral é, sem nenhuma dúvida, a mais abundante, mais variada, e talvez mesmo mais importante de quantas se tem feito na Academia das Belas Artes. [...]. Folga a Comissão em reconhecer que os expositores em geral são dignos de louvor; porque não é sem grande esforço, sem sacrifício de tempo e de dinheiro, sem abnegação mesmo, que se trabalha para uma Exposição de Belas Artes, a que infelizmente não corresponde o apreço do público. E com efeito, com mágoa aqui ficará consignado o fato incrível da mesquinha concorrência de visitantes à atual exposição; a qual durante cem dias, em uma cidade capital, ponto terminal de importante estrada de ferro, e porto de mar onde entram diariamente muitos navios procedentes de todo o mundo, com uma população de mais de trezentos mil habitantes, apenas foi visitada por 20.154 pessoas que pagaram entrada, não se exigindo por esta senão uma mais que módica retribuição, cujo produto, como era público e notório se destinava à aquisição das obras expostas, que fossem mais dignas desta distinção [...].

> Este incentivo de animação, pois, esta recompensa ao merecimento dos trabalhos superiores foi negada pelo público aos artistas; porque só ao pagamento da entrada se pode atribuir uma tal deserção, considerando que a última exposição geral, em 1879, que não foi mais interessante que a atual, mas cuja entrada era de todo gratuita, foi concorrida em 62 dias que esteve aberta por 292.296 visitantes (Ata da Sessão do Corpo Acadêmico da Academia Imperial de Belas Artes em 17 dez. 1884, p. 11 e verso).

Na Exposição de 1879, o público chegou ao impressionante número de 292.296 visitantes, praticamente o equivalente ao total da população da cidade do Rio de Janeiro da época[2]. Já em 1884, pela primeira vez foi cobrado o ingresso, e o público reduziu-se a 20.154 pessoas.

No entanto, mesmo esse número reduzido de 1884, quando comparado ao público em exposições realizadas um século mais tarde, revela-se muito significativo. Sabemos que, em 1995, a exposição de esculturas de Rodin no Museu Nacional de Belas Artes atraiu, em dois meses, mais de 150 mil pessoas, o que foi considerado um recorde (CARVALHO, 1998, p. 12). Ora, esse número correspondia a menos de 3% da população do município. Em 1884, o número de visitantes da Exposição Geral, considerado pelos professores da Academia como uma "deserção" do público, correspondia a quase 7% da população da cidade.

Como explicar essa grande afluência de público? Será que no século XIX os cariocas eram mais cultivados e, respondendo ao propósito declarado dos mestres, ansiavam por uma elevação moral ao visitar as exposições? Essa hipótese não se confirma, pois são inúmeros os relatos da época que apontam a falta de preparo e o desinteresse dos brasileiros pelas belas-artes.

Uma leitura paralela pode trazer uma pista a ser seguida. Um curioso anúncio, publicado na *Gazeta de Notícias* em 17 de novembro de 1875, comunicava:

---

[2] Segundo dados do IBGE, a população residente no Município do Rio de Janeiro, em 1872, era de 274.972 habitantes; e em 1890, 522.651 habitantes. Conferir em http://www.armazemdedados.rio.rj.gov.br/ tabela n.483.

Largo de S. Francisco de Paula
Grandioso Museu de Belas-Artes de Mme Perony

Inauguração

Quinta-feira, 18 de novembro de 1875.

A diretora tem a honra de prevenir ao respeitável público fluminense, que depois de percorrer as principais cidades da Europa e da América, onde sempre obteve benévolo acolhimento, resolveu demorar-se n'esta cidade, montando o seu nunca visto museu de belas artes, no lugar acima; e convida este público ilustrado e sempre ávido de novidades a visitá-lo, a fim de admirar o que de mais belo se há visto em uma sorte de divertimento verdadeiramente novo nesta capital.
Em seu museu – organizado com o mesmo esmero, asseio e moralidade, que tantos elogios há sempre merecido – encontrará o público fluminense ocasião de admirar QUADROS VIVOS de assuntos históricos e religiosos, copiados de grandes mestres da escola clássica e exibidos sob a direção do célebre artista sr. Keller, contratado expressamente para este fim com sua família; FIGURAS DE CERA de tamanho natural, e em sua maioria constando de assuntos bíblicos; PANTOMIMAS com transformações mágicas; CENAS MÍMICAS, patrióticas e dramáticas; EXPERIÊNCIAS ELÉTRICAS E MAGNÉTICAS; e a alta novidade e grande sucesso da CABEÇA QUE CANTA OU O REMORSO DE BARBE-BLEUE
Exposição de figuras de cera e experiências de luz mágica, das 10 horas da manhã às 5 da tarde; preço de entrada, 500 rs. por pessoa.
A mesma exposição com exibição de Quadros Vivos, Pantomimas, Cenas, etc., das 6 às 11 horas da noite, preço da entrada 15 por pessoa.
As famílias que trouxerem em sua companhia crianças, se fará diferença no preço da entrada (*Gazeta de Notícias*, Rio de Janeiro, 17 nov. 1875, p. 4).

Não é espantoso? "Quadros vivos de assuntos históricos e religiosos, copiados de grandes mestres da escola clássica" e a "cabeça que canta ou o remorso de Barba-Azul", tudo no mesmo "Grandioso Museu de Belas-Artes de Mme Perony"!

Esse anúncio nos transporta novamente ao Rio antigo, agora em 1875. No largo de São Francisco, o povo junta-se à entrada do circo/museu de Mme. Perony para assistir a experiências elétricas e magnéticas, ver a cabeça que canta e os quadros vivos de temas bíblicos copiados dos mestres clássicos. É de se perguntar se ainda havia algo de sagrado nessas cenas bíblicas compostas com figuras de cera [...] Os temas eram históricos ou sagrados, mas as cenas eram apenas mais uma atração, uma novidade, um encantamento, uma diversão como as outras.

De certo modo, o "museu" de Mme. Perony espelha o mundo artístico dos Salões e Exposições Gerais do século XIX, é uma caricatura que reflete e exagera algo real. Se os chamados "quadros vivos" tinham se tornado uma prática lúdica, é porque a pintura da época permitia esse jogo. Então, onde estava a seriedade da pintura histórica, a "grande pintura" exposta nos Salões de belas-artes?

Parece mais plausível que o público, ao frequentar as exposições, buscasse diversão. Uma diversão semelhante à que encontrava nos cosmoramas e panoramas, populares formas de espetáculo visual que chegaram ao Rio de Janeiro, via Europa, no correr do século XIX. O público que frequentava os panoramas admirava, além da beleza, a brincadeira da ilusão. O prazer se encontrava no fato de se ter a ilusão de estar em frente de uma paisagem real, mas sabendo perfeitamente que o que se via era apenas imagem pintada, e não natureza. Os panoramas eram expostos em salas preparadas de forma a aumentar o efeito de ilusão, criando a sensação de se estar, de fato, em outro lugar (CUNHA, 2001, p. 38). Suponho que esse mesmo tipo de sensação era procurado em frente aos quadros na Exposição. O visitante "ávido por novidades" apreciava ter a imaginação estimulada pelos artistas. O papel que o cinema assumiu na atualidade era naquele momento ocupado pela pintura exposta ao grande público.

Assim, uma pergunta se coloca: De que modo a relação com o público influenciou a produção dos mestres brasileiros? Voltemos ao já citado parecer da comissão encarregada de julgar o mérito dos quadros da Exposição Geral de 1884. Note-se que os professores exaltam os artistas que enviaram obras ao certame:

> Folga a Comissão em reconhecer que os expositores em geral são dignos de louvor; porque não é sem grande esforço, sem sacrifício de tempo e de dinheiro, sem abnegação mesmo, que se trabalha para uma Exposição de Belas Artes. (Ata da Sessão do Corpo Acadêmico da Academia das Belas Artes do Rio de Janeiro, 17 de dez. de 1884, p. 11 e verso).

Grande parte das obras expostas era preparada expressamente para esse fim. A Exposição Geral era o evento artístico do ano. Ali, a produção de professores e alunos era examinada lado a lado com obras enviadas por quaisquer artistas interessados, ligados ou não à Academia. Os professores insistiam com seus alunos para que se esforçassem e enviassem trabalhos de qualidade, que pudessem se destacar, sinal da importância que conferiam à Exposição. Mesmo após a República, quando a Academia passou a ser denominada Escola de Belas Artes, as Exposições Gerais continuaram a desempenhar esse papel capital. Algumas cartas de Rodolpho Bernardelli (1852-1931), então diretor da Escola, ao pintor Eliseu Visconti (1866-1944), pensionista[3] que se encontrava em Paris, são documentos interessantes a esse respeito. Vejamos alguns trechos:

> Rio 10 / 12 / 94
> Amigo Visconti ,
> [...]
> Como vai de trabalhos? É preciso que para o próximo salão o amigo se apresente com um grande trabalho que seja um sucesso! Vá pensando e compondo, não esmoreça. É preciso mostrar que sabe também escrever com o pincel.
> [...]
> Lembranças ao Frederico e diga-lhe que ele também tem que mandar quadro para o futuro Salão, não percas tempo.

E no ano seguinte:

> 8 de Agosto de 1895
> Amigo Visconti,
> [...]

[3] Pensionista era o nome que se dava ao aluno da Escola de Belas Artes que se encontrava na Europa gozando do Prêmio de Viagem e recebia uma pensão durante os anos de estudo. Corresponde ao que hoje chamamos de bolsista.

> Volto a caceteá-lo – Pense no seu quadro, olhe que é necessário que esse seu trabalho o coloque em primeiro lugar, evite a banalidade e seja original, não se descuide de ser correto no desenho sem ser amaneirado.
> [...]
> Estou preparando um trabalho para a exposição só para não deixar a seção de escultura às moscas. Creio que achei assunto bom. É Moema morta no mar.

E apenas um mês depois:

> Rio 8 de Setembro 95
> Amigo Visconti,
> [...]
> Já pensou no seu quadro? Não se descuide, pense em coisa que faça muita impressão, pois é o que o colocará sobre seu pedestal (Cartas de Rodolpho Bernardelli a Eliseu Visconti. Arquivo do Museu Nacional de Belas Artes).

O que se destaca nesses conselhos de Bernardelli a Visconti? Primeiramente, a insistência em expressões do tipo: "um grande trabalho que seja um sucesso", "que esse seu trabalho o coloque em primeiro lugar", "coisa que faça muita impressão", "que o colocará sobre seu pedestal". A preocupação com o sucesso, com a impressão causada, e o objetivo em alcançar o primeiro lugar, estão claramente ligados aos Salões, verdadeiras competições artísticas, onde o trabalho de cada um era avaliado, não somente pelo júri, mas igualmente pelos críticos e pelo público.

Depois, notam-se indicações de como alcançar o sucesso: "é preciso mostrar que sabe também escrever com o pincel", "creio que achei um assunto bom", "evite a banalidade e seja original", "não se descuide de ser correto no desenho sem ser amaneirado". Por um lado, é necessário encontrar um "assunto bom" para o trabalho, e "escrever com o pincel", ou seja, deve-se ter uma história para contar. Por outro lado, deve-se procurar a originalidade, mas sem descuidar do desenho correto. Novamente percebemos atitudes de alguém que está consciente de que sua obra será exposta ao público, em meio a uma infinidade de outras obras. Portanto, é necessário seduzir esse público.

A verdade é que a lógica do mercado havia impregnado o mundo da arte. Para atrair a atenção de espectadores e críticos, os artistas se esforçavam para obter sucesso numa exposição em que centenas de outros artistas também exporiam seus trabalhos. As descrições e fotografias dos Salões do século XIX deixam perceber como o acúmulo de quadros expostos ocupando paredes inteiras, de cima a baixo, dificultava a fruição de cada um deles. Surge então uma pintura feita para atrair o público, captar sua atenção. Telas imensas, de assuntos espetaculares, eram feitas especialmente para as grandes exposições. Os temas deveriam apelar para a imaginação e despertar interesse.

Também a escultura passava por esse processo. Rodolpho Bernardelli, que aconselhava Visconti, foi um dos escultores mais prolíficos desses tempos, amado por uns e odiado por outros. Sob o pseudônimo de Cosme Peixoto, o jornalista Carlos de Laet (1847-1927) escreveu uma série de artigos acusando-o de ter traído os altos objetivos da arte, pois trabalhava em conformidade com o gosto ligeiro do público fluminense.

No *Diario do Commercio* de 20 de abril de 1890, Carlos de Laet afirmou que já em 1879 Bernardelli mostrara "seu pendor para o culto do bonito, antes que para o do belo". Nas obras que enviou para a Exposição Geral daquele ano já se via que "nunca seria um artista criador e de altos voos, mas [...] podia dar um operário do *chic*, um hábil fazedor de estatuetas disputadas pelo mundo *fashionable*".

Segundo o crítico, a confirmação desse vaticínio se deu na "célebre" *Faceira*, escultura de 1880. De fato, quem hoje vê a estátua de Bernardelli no Museu Nacional de Belas Artes, reconhece em seus meneios a intenção de agradar e seduzir o olhar do espectador. Laet cita passagens de *A arte brasileira* nas quais Gonzaga Duque critica a *Faceira* por ter no corpo as "molezas de uma carne já cansada pelas noites febris do deboche", em seu sorriso, perversidade, e em sua pose, a atitude de mulheres "que estudam ao espelho atitudes provocantes" (GONZAGA DUQUE, 1995, p. 252 e 253). Para Laet, aí estava "a explicação dos aplausos que em nossa terra se tem dispensado a esta caricatura em ponto grande. Regra geral, só apreciamos o gaiato e unicamente nos abala o essencialmente brejeiro. No país das operetas a *Faceira* devia fazer carreira", concluía drasticamente (*Diario do Commercio*, Rio de Janeiro, 20 abr. 1890, p. 1).

E aqui temos mais uma pista sobre a maneira como o público interpretava as obras dos Salões. Assíduos frequentadores de espetáculos musicais e teatrais que abundavam na cidade, os espectadores percorriam os Salões de artes com o mesmo olhar acostumado às emoções de personagens e enredos teatrais. Para corroborar essa hipótese, vale recorrer mais uma vez a Gonzaga Duque que, ao escrever sobre a Exposição de 1907, relata os comentários feitos por um senhor desconhecido, personagem fictício ou real, sobre três quadros expostos:

> Enquanto eu contemplava esse quadro [ilustração 1], entusiasmado com o seu autor, um sujeito insinuante se me aproxima e mui amável entreteve conversação comigo, apesar da minha aversão a palestras com estranhos.
> Ele – É o primeiro ato ou se quiser a primeira cena...
> Eu – Não o compreendo, senhor. De que se trata?
> Ele – Do quadro que o senhor contempla[4]. Eu também o admiro. Está bem-feito.
> Eu – Mas, por que me fala em primeiro ato?
> Ele – Porque, realmente o é.
> Eu – Como?
> Ele – O senhor vê aquela rapariguita que ali está encostada ao muro... Repare-a. Repare, depois, naquele velho barbaça; depois naquele sujeito que finge escolher manjericões ou arrudas... para beliscar a pequena...
> Eu – O sr. inverte as cousas... Não é esse o pensamento do artista.
> Ele – Perdão. Queira ter a bondade de me acompanhar. Aquele malandrim seduziu a rapariga. Sim, seduziu-a, e por causa desse desaforo veio o segundo ato, que é aquele que ali está

[4] Trata-se de *Antes da Aleluia* (1907), de Artur Timóteo da Costa. Hoje no acervo do MNBA.

(apontou para o final de jogo do sr. Chambelland [ilustração 2][5]. Foi um sarilho. O pai e o irmão mais velho da rapariga e os amigos do sedutor, com o próprio sedutor à frente, encontraram-se numa hospedaria de má nota e foi aquilo que o senhor está vendo: cacetadas, rasteiras, facadas... Depois, o final, é aquele: (Apontou-me o Epílogo do sr. Manna.). É aquele, o terceiro ato. O velho coitado, quis defender a honra da pequena e mandaram-no para o Necrotério.
Eu – (boquiaberto)... Mas... o senhor é extraordinário!!... (GONZAGA DUQUE, 1929, p. 165 e 166).

Ilustração 1: Artur Timóteo da Costa, Antes da Aleluia, 1907– registro 862 - Coleção Museu Nacional de Belas Artes / IBRAM/ MinC.

[5] Carlos Chambelland, *Final de jogo* (1907), hoje no acervo do MNBA.

Ilustração 2: Carlos Chambelland, Final de jogo, 1907– registro 402 - Coleção Museu Nacional de Belas Artes / IBRAM/ MinC.

Vê-se que o crítico se espanta com a imaginação do sujeito, capaz de inventar uma história em três atos, concatenando três quadros de pintores diversos. No entanto, o próprio Gonzaga Duque usava de imaginação em sua abordagem em relação aos quadros. Por exemplo, quando descreve *Arrufos* (1887), de Belmiro de Almeida, imagina toda a cena que se desenrolara antes do momento pintado:

> É um episódio doméstico, uma rusga entre cônjuges. O marido, um rapaz de fortuna, chega em companhia da esposa à bonita habitação em que viviam até aquele dia como dois anjos. Tudo em redor demonstra que aquele interior é presidido por um fino espírito feminino, educado e honesto. Ela, o encanto desse interior à bric-à-brac, depõe o toucado de palha sobre um mocho coberto por um belo pano de seda e entra em explicações com o esposo. E ele, muito a seu cômodo em um fauteuil de estofo sulferino, soprando o fumo do seu colorado havana, responde-lhe palavra por palavra às explicações pedidas. Há um momento em que ela excede-se, diz uma palavra leviana; ele reprova, ela retruca, ele repele; então ela não se pode conter, é subjugada por um acesso de ira, atira-se

ao chão, debruça-se sobre o divã para abafar entre os braços o ímpeto do soluço. É este o momento que o artista escolheu. Da esposa, debruçada sobre o divã, vê-se apenas o perfil, mas ouvem-se-lhe os soluços que fazem estremecer o seu corpo (GONZAGA DUQUE, 1995, p. 211).

Diz-se que o próprio Gonzaga Duque serviu de modelo para o personagem masculino. É possível que tenha conversado com Belmiro de Almeida sobre o quadro, e que o pintor compartilhasse de sua visão sobre o assunto representado. Seria intenção deliberada do artista, despertar o interesse do público com um tema contemporâneo semelhante aos dos romances realistas do período? Esse modo de conceber está explícito na crítica de Gonzaga Duque, que elogia o "assunto novo" e acrescenta que "é dessa arte que o povo necessita porque é a que lhe fala intimamente das alegrias e das desilusões" (GONZAGA DUQUE, 1995, p. 212).

Portanto, se os quadros eram vistos pelo público como cenas sobre um palco, eram também concebidos pelos pintores como cenas teatrais. Mesmo quando os assuntos eram escolhidos nos romances ou poemas indianistas, buscava-se fazer com que o público tivesse a sensação de presenciar o acontecido.

Vejamos um quadro de José Maria de Medeiros – a *Iracema* [ilustração 3] que integrou a Exposição Geral de 1884. As dimensões da tela (168,3 x 255 cm) são suficientes para que o espectador, situado a distância conveniente, sinta-se dentro da cena, ou ao menos, bem próximo dela. A praia é como um palco, e a índia ali está de pé, como nós que a estamos vendo.

Um exemplo mais evidente também foi exposto em 1884: a *Joana d'Arc* de Pedro Américo. Sobre essa tela escreveu, com certa ironia, o crítico da *Revista Illustrada*:

> O arranjo do quadro, ou antes o mise-en-scène não deixa de ter sua graça. O efeito é exatamente o de um teatrinho. De cada lado veem-se bastidores e bambolinas em cima. Só falta a caixa do ponto no primeiro plano (X. "Salão de 1884 – II". *Revista Illustrada*. Rio de Janeiro, 27 set. 1884, p. 6).

Ilustração 3: José Maria de Medeiros, Iracema, 1884 – registro 565 A – Coleção Museu Nacional de Belas Artes / IBRAM/ MinC.

De fato, um número significativo de telas mostra personagens confrontando o espectador e se oferecendo ao nosso olhar sob "seu melhor ângulo". Os personagens são vistos como se estivessem num palco, e nós podemos nos "inserir" na cena.

Portanto, se os professores da Academia discursavam sobre os altos valores da arte e sua vocação para a elevação dos espíritos e a educação dos povos, esses mesmos professores e demais artistas atuantes se adaptavam ao mundo da arte de seu tempo. Exaltavam a imaginação, construíam espetáculos visuais nos panoramas, causavam sensação com sua habilidade de iludir, emocionavam contando histórias dramáticas, seduziam apresentando a beleza feminina. Todos os recursos disponíveis eram utilizados para conquistar a atenção de um público curioso e "ávido por novidades".

Esse projeto, não declarado oficialmente, mas praticado no dia a dia, foi bem-sucedido. As caricaturas de Angelo Agostini (1843-1910), publicadas na *Revista Illustrada* por ocasião das Exposições Gerais, são uma prova desse interesse popular pela diversão encontrada nas mostras de arte. O chargista não pode trabalhar sobre material desconhecido do público. Em suas páginas centrais [ilustração 4], repletas de reproduções jocosas sobre as obras em exposição, Agostini agradava porque o leitor estava familiarizado com o mundo dos Salões de arte.

Ilustração 4: Ângelo Agostini, O Salão de 1884 2º, 1884, gravura, litografia, 37 x 54 cm. RM 4817-B. Acervo de Documentação Fotográfica da Pinacoteca do Estado de São Paulo/ Brasil. Doação Emanoel Araújo, 1999.

Bibliografia

ATAS DAS SESSÕES DO CORPO ACADÊMICO DA ACADEMIA IMPERIAL DAS BELAS ARTES. Arquivos do Museu D. João VI – EBA – UFRJ.

CARVALHO, Rosane Maria Rocha de. *Exposição em museus e público:* o processo de comunicação e transferência da informação. Orientador: Lena Vania Ribeiro Pinheiro. Rio de Janeiro, 1998. 147 p. Dissertação (Mestrado em Ciência da Informação) – IBICT/UFRJ/ECO. Disponível em: http://biblioteca.ibict.br/phl8/anexos/Carvalho2005.pdf

CUNHA, Lygia da Fonseca Fernandes da. Panoramas e cosmoramas, distrações populares do Segundo Reinado. *Revista do Instituto Histórico e Geográfico Brasileiro, Anais do Congresso de História do Segundo Reinado.* Brasília, Rio de Janeiro, 1984, p.37-43.

DUQUE, Gonzaga. *Mocidade morta.* Rio de Janeiro: Fundação Casa de Rui Barbosa, 1995. [A primeira edição é de 1900].

______. *Contemporâneos.* Rio de Janeiro: Typ. Benedicto de Souza, 1929.

______. *A arte brasileira.* Campinas: Mercado das Letras, 1995.

Revista Illustrada, Rio de Janeiro, ano 9, n. 391, 27 set. 1884.

Paschoal Segreto e a criação do mercado de diversão no Rio de Janeiro

William de Souza Nunes martins

> Salve século XIX, salve animatógrafo Lumière – A última palavra do engenho humano. A mais sublime maravilha de todos os séculos. Pinturas moverem-se, andarem-se, trabalharem, ouvirem, chorarem, morrerem, com tanta perfeição e nitidez, como se homens, animais e coisas naturais fossem, é o assombro dos assombros. Salve Lumière! O animatógrafo Lumière é o invento tão majestoso, soberbo e imponente, que a própria natureza, que privilegiou o seu autor, conserva-se estática diante de sua pasmosa contemplação.
>
> (Propaganda anunciada na *Folha da Tarde*, Rio de Janeiro, 9 ago. 1897)

Antes das primeiras sessões de cinema na França, uma das maneiras de o público ter contato com a representação da realidade era através dos panoramas. Nesse sentido, no decênio de 1880 a 1890 a população francesa ia com frequência ao entretenimento, justificando assim a grande quantidade de panoramas existentes na cidade (SCHWARTZ, 2001, p. 435). A forma de lazer era tão popular que o jornal *Ville de Paris* chegou a dizer que: "Um panorama chega e outro vai. Esse é o retrato da vida" (SCHWARTZ, 1999, p. 149). O panorama é uma enorme pintura em forma circular, no qual seus espectadores percebem toda a extensão de uma determinada paisagem. No Rio de Janeiro notava-se o mesmo gosto pelos panoramas. Foi bastante festejado o "Panorama da Cidade do Rio de Janeiro", pintado por Vitor Meireles e o belga Langerok, exposto na Exposição Universal de Paris, em 1889. Em 1891, Meireles colocou a pintura no largo do Paço e lá ficou por seis anos. Após essa exposição, ele pintou outros panoramas que foram montados na cidade (ARAUJO, 1976, p. 31 e 32). A revista de Arthur de Azevedo, *O Tribofe*, também relata o espanto do personagem Eusébio e sua família que, vindos do interior, adentram por um panorama que estava sendo então exibido na cidade (AZEVEDO, 1987, p. 45-47).

Na França, em uma noite de dezembro de 1895, encontrava-se Antoine Lumière convidando o público para a apresentação da invenção de seus dois filhos, Auguste e Louis Lumière. A cidade de Paris assistiu na noite de 28 de dezembro daquele ano à primeira exibição cinematográfica no subsolo do Grand Café (TOULET, 1988, p. 14). Com uma programação de apenas 20 minutos, os espectadores ficaram estupefatos com a exibição do filme *A chegada do trem na estação*. Se, no primeiro dia da exibição, apenas 33 pessoas compareceram para ver a engenhoca que projetava imagens em movimento em uma tela, nos dias seguintes houve gritos e empurrões entre pessoas ansiosas para ver a tal maravilha (SEVCENKO, 1998, p. 59). Aquele foi o momento da criação da sétima arte.

Embora a primeira exibição cinematográfica tenha acontecido em 1895, nos Estados Unidos, graças ao americano Thomas Alva Edison – inventor de algumas "maravilhas" que vieram a representar o mundo moderno, como o telégrafo, o fonógrafo e a lâmpada incandescente –, já se podia ver cenas animadas pelo maquinário criado por ele chamado de Kinetoscope. Essa aparelhagem permitia ao público estadunidense apreciar imagens em movimento em várias partes do país desde 1894 (NASAW, 1999, p. 130 e 131). O aparelho exibia imagens animadas, mas possuía uma limitação: permitir somente uma pessoa por exibição. De qualquer forma, antes da invenção francesa, já era possível assistir a imagens em movimento.

Apenas sete meses após a inauguração do cinematógrafo francês, os jornais cariocas já noticiavam a presença do omniógrafo no Rio de Janeiro. Esse aparelho, que era "mais desenvolvido do que o kinedoscópio do qual é uma amplificação que tem a vantagem de oferecer a visão, não a um só espectador, mas a centenas de espectadores", apresentava cenas animadas utilizando enormes fotografias (*Jornal do Commercio*, Rio de Janeiro, 9 set. 1896). No entanto, essas apresentações aconteciam em caráter esporádico, com "ambulantes" que iam de cidade em cidade, apresentando a novidade (NORONHA, 1987, p. 3).

No Rio de Janeiro, foi Paschoal Segreto quem viu no cinematógrafo uma possibilidade de investimento. Em sociedade com José Roberto da Cunha Sales, montou a primeira sala de exibição permanente do país em uma das principais ruas da cidade, no número 141 da rua do Ouvidor[1], prédio alugado por Paschoal em 1895 e que, em 1901, teve o contrato renovado por mais 10 anos[2]. No sábado, 31 de julho de 1897, foi finalmente inaugurado o Salão das Novidades, que posteriormente teve o nome mudado para Salão de Novidades Paris no Rio. Os jornais, no dia posterior à exibição, fizeram extensas matérias sobre o novo empreendimento da cidade, exaltando a maravilha do final do século XIX:

> Foi ontem inaugurado esse luxuoso salão com a exibição de maravilhosos quadros de fotografias animadas, reproduzidas pela importante máquina Vitoscópio Super-Lumière, a primeira até hoje vinda à América do Sul (*Gazeta de Noticias*, Rio de Janeiro, 1 ago. 1897, p. 6).

O Salão de Novidades Paris no Rio passou a ser um ponto de encontro da população carioca. Com ingressos a 1$000 (mil

---

[1] A rua do Ouvidor foi a mais requintada da *belle époque* carioca, após a abertura da avenida Central grande parte do movimento se deslocou para ela.

[2] Arquivo Nacional. 3º ofício de notas. Rolo: 010.95-79 Livro. 658. fl. 19. 1901.

réis), o mesmo preço da entrada do Parque Fluminense, empreendimento também de Paschoal que ficava em Laranjeiras, o cliente poderia assistir a vistas animadas no cinema de Sales e Segreto.

No entanto, a sociedade com Cunha Sales não durou muito tempo, tendo terminado antes do findar de 1897. Os sócios, que haviam tido outros empreendimentos, como o Pantheon Ceroplástico, romperam de vez, sem realizar parceria em outros negócios e Roberto da Cunha Sales foi ser exibidor cinematográfico em Petrópolis (ARAUJO, 1976, p. 96 e 97). Depois dessa data não se sabe como o advogado levou sua vida, mas acabou falecendo em outubro de 1903, deixando seus bens em inventário para os seus filhos[3].

Assumindo com os seus irmãos o cinematógrafo, Paschoal passou a investir intensamente no empreendimento. Naquele momento o cinema era mais um investimento na carteira de negócios de Segreto, junto com seus cafés-concerto e suas casas de jogos. A sala de exibição teve seus dias de glória. Uma das datas mais noticiadas foi a de 17 de julho de 1898, quando Paschoal recebeu em seu cinema a família do então presidente Prudente de Morais (ARAUJO, 1976, p. 107). Os jornais do dia seguinte anunciaram o acontecimento como um evento concorrido e a estreita rua, então conhecida pelos cafés e butiques, se iluminou para a passagem dos familiares e dos integrantes da comitiva que os acompanhava.

A sala de exibição cinematográfica tinha grande frequência, mas no dia 8 de agosto de 1898 um grande incêndio consumiu todo o cinematógrafo, deixando o prédio em escombros. De acordo com a perícia feita e posteriormente publicada nos jornais, o incêndio havia sido fruto de um acidente. Naquela ocasião, Paschoal estava em Campos, cuidando do seu outro

[3] Arquivo Nacional. 3ª pretória cível. Maço 778. n. 14821. 1903. O documento diz que embora Roberto da Cunha Sales houvesse falecido há mais de 30 dias no hospital Paula Candido, a sua filha mais velha ainda não havia aberto o inventário.

cinematógrafo, e voltou às pressas para avaliar os estragos sofridos pelo cinema, a cidade e o seu bolso. O prédio estava segurado pela Companhia Northern em 50:000$000 (cinquenta contos de réis) e pertencia ao Coronel Araújo Costa. Não se sabe se os equipamentos estavam segurados (*Gazeta de Notícias*, Rio de Janeiro, 9 ago. 1898, p. 1). De qualquer forma, Paschoal conseguiu capital para a reconstrução do cinema, que foi reinaugurado pouco tempo depois, em janeiro de 1899.

Quando da reinauguração do cinematógrafo, os comentários foram elogiosos, não só em relação à novíssima sala de exibição, mas também ao seu proprietário que, por causa da "conhecida atividade e extraordinária força de vontade" (*Gazeta de Notícias*, Rio de Janeiro, 1 jan. 1899, p. 2), poucos meses depois do incêndio destruidor fez erguer nova e luxuosa sala. Depois de meses de espera, o público carioca viu que:

> O sr. Segreto não [havia poupado] despesas a fim de mostrar ao público um salão montado com todo o luxo e iluminado por 50 lâmpadas incandescentes e 4 lâmpadas de arco. Para assistir à inauguração, que foi dedicada à imprensa fluminense, convidou o sr. Segreto famílias distintas da nossa sociedade e representantes da alta magistratura.
> No salão, que é vasto, vimos mais de 200 cadeiras, em sua maioria ocupadas por senhoras, dando grande realce ao salão, que está pintado com todo capricho e gosto (*Gazeta de Notícias*, Rio de Janeiro, 6 jan. 1899, p. 2).

Embora Paschoal não tenha feito da projeção cinematográfica seu principal negócio nos anos posteriores ao primeiro decênio do século XX, até aquele momento investiu fortemente tanto nos filmes que trazia para o Brasil quanto na produção de vistas nacionais exibidas em sua sala de projeção.

Uma das iniciativas mais arrojadas de Paschoal foi enviar seu irmão, Afonso, para Nova Iorque e Paris no intuito de conhecer as novas técnicas cinematográficas e trazer equipamentos para a empresa. Em janeiro de 1898 embarcava Afonso Segreto para a América do Norte. Quando de sua volta ao Brasil, em 19 de julho do mesmo ano, estava com 21 anos e desembarcou do navio *Brésil*, que havia saído de Boudeaux, na França. Afonso – que foi anotado, quando do seu desembarque, como comerciante[4] – era então possivelmente um dos únicos conhecedores das técnicas da produção cinematográfica no país, pois fizera em Paris um curso na *Pathé Films* (MOURA, 2000, p. 501 e 502). A bordo do paquete *Brésil*, fez a primeira filmagem no país, filmando a entrada da Baía da Guanabara[5].

Nos anos posteriores, os Segreto se mantiveram como os principais produtores cinematográficos do país, sendo responsáveis, no período de três anos, por mais de 60 filmes. Paschoal, juntamente com Afonso, filmou vários aspectos da cidade, bem como as representações do poder. Vale notar que os espectadores não assistiam no cinema a um filme sequenciado com atores, mas a cenas que não necessariamente guardavam relação uma com a outra. O primeiro filme com atores só foi feito no Brasil em 1906. Com produção de Labanca e filmagens de Vitor Leal, o filme, intitulado *Os estranguladores*, fazia a reconstituição de um crime famoso na época (MOURA, 1987, p. 33).

A produção das películas pelos Segreto conseguia ao menos dois feitos importantes. O primeiro era a produção de material para as suas próprias casas de diversão. Os filmes eram exibidos nos cinemas dos Segreto. O segundo era o intenso contato, através das filmagens, com figuras do cenário político nacional.

Os títulos dos filmes que eles produziram nos primeiros anos do negócio atestam que o tema de suas películas eram aspectos da vida política nacional, bem como das movimentações nas praças, largos e ruas da cidade. Em 1898, os Segreto produziram

[4] Arquivo Nacional. Divisão de polícia marítima, aérea e de fronteiras. RV. 80. 1898.
[5] Embora esteja utilizando a datação mais comum para o nascimento do cinema no Brasil, a questão não é consenso entre os estudiosos. Acerca do debate do início do cinema no Brasil ver: BERNARDET, Jean-Claude. *Historiografia clássica do cinema brasileiro*. São Paulo: Annablume, 1995.

A chegada do dr. Campos Sales a Petrópolis, A chegada do dr. Prudente de Morais e sua comitiva ao Arsenal da Marinha, O desembarque do dr. Prudente de Morais no Arsenal de Marinha, A família do presidente Prudente de Morais no palácio do Catete, Fortalezas e navios de guerra na Baía de Guanabara, A inauguração da igreja da Candelária, O largo da Carioca, O largo de São Francisco de Paula, O largo do Machado, A praia de Santa Luzia, O préstito do Marechal Floriano para o cemitério e *Vistas e aspectos fluminenses.*

No ano de 1899 as filmagens foram mais frutíferas com a produção de *Algumas localidades do Rio de Janeiro, Baldeação da barca de Petrópolis, A barca de Niterói, Um batalhão do Exército, Um careca, Chegada do dr. Campos Sales no Arsenal de Marinha* e *Circolo Operário Italiano*. Sobre este último existe a peculiaridade de ter sido o primeiro filme rodado em São Paulo. Ainda em 1899 foram produzidos *O corpo de bombeiros em movimento, Dança de uma baiana, Dança de um baiano* (novamente destaca-se aqui o pioneirismo dos Segreto, posto que possivelmente foi esse o primeiro filme posado do Brasil, ou seja, o dançarino dançou para a câmera), *Embarque do dr. Campos Sales para Petrópolis, Enterro do primeiro tenente Pio Torelli, Entrada de uma barca de Niterói, Festas em homenagem ao presidente da Argentina general Julio Roca, Grandes solenidades comemorativas da colônia italiana no Rio, Incêndio na praça do Mercado, Infelicidade de um velho na primeira noite de um casamento, Largo de São Francisco por ocasião de um* meeting, *O mágico dos bonecos, Praça Tamarindo no dia treze de maio, Quadros nacionais, Rua do Ouvidor, Uma viagem de núpcias que acaba mal, Vistas de sítios e cenas do Rio de Janeiro.* É interessante notar que os filmes, nesse segundo ano, já mostravam uma mudança no perfil das produções, pois alguns tinham como tema principal personagens cômicos e cenas de humor.

Nos anos de 1898 e 1899 os Segreto fizeram intensos investimentos no campo cinematográfico, mantendo a hegemonia tanto da produção quanto da distribuição até o ano de 1901. Em 1900, aplicando mais capital no campo cinematográfico, montaram na cidade um estúdio e um laboratório para a produção das fitas (MOURA, 2000, p. 504).

Por motivos desconhecidos, o irmão Afonso, que havia tomado a frente da seção de cinema da empresa, deixou a parceria com Paschoal. Depois da saída dele, não se sabe ao certo qual o destino de Afonso Segreto. Roberto Moura especula que, as afinidades políticas de Afonso, bastante próximo dos círculos operários e do anarquismo, fizeram com que Paschoal, não querendo se envolver com essas polêmicas questões, o mandasse de volta para a Itália logo no princípio do século XX. A informação pode ser contestada, pois, em 1908, Afonso patenteou o Protetor Segreto e, no ano seguinte, se uniu a Aurélio Falchi para a comercialização do aparelho. Também, quando morre Paschoal, a informação de um jornalista faz questionar se Afonso teria ido realmente para Itália, pois, segundo o jornal, "Paschoal Segreto era solteiro e tinha vivos dois irmãos: Afonso, nesta capital e Luiz na Itália" (*Correio da Manhã*, Rio de Janeiro, 23 fev. 1920, p. 3).

Talvez Afonso tenha saído do negócio, mas não do Rio de Janeiro, ao menos até 1909, última referência sobre ele encontrada na documentação[6]. Seja como for, a produção de filmes teve uma queda vertiginosa após 1901, pois nos anos de 1902, 1903 e 1904 só foi produzido um filme por ano. Nos anos seguintes, a produção continuou baixa, não atingindo mais a marca do primeiro triênio do negócio. Um dos motivos para o declínio da empresa foi o aparecimento de outros concorrentes, que passaram a competir com Segreto, pessoas que Paschoal já conhecia, pois, além de também serem italianos, estavam imiscuídos, tal como o próprio Paschoal, no mundo da contravenção. Os italianos Jacomo Rosário Staffa e Guiseppe Labanca migraram para os empreendimentos

---

[6] Arquivo Nacional. Juízo da 1ª vara do comércio nº 1248. Maço 3091. Galeria: a.

do entretenimento cinematográfico e se tornaram importantes concorrentes, chegando Staffa a ser um dos maiores produtores e distribuidores cinematográficos do país.

Em abril de 1903, o Salão Paris no Rio encerrou suas sessões cinematográficas e Paschoal passou a investir de vez no campo teatral (GONZAGA, 1996, p. 69). Pouco tempo depois (1903), inaugurou a Maison Moderne na praça Tiradentes, encenando a comédia *O Rio por um óculo* e o *Pavilhão Internacional*, na recém-aberta avenida Central. Paschoal mudou sua primeira sala de exibição, a Paris no Rio, que ficava na rua do Ouvidor n. 141, para o Pavilhão, localizado no n. 154 daquela que veio a desbancar a rua símbolo da *belle époque*, a avenida Central. O prédio onde ficava o Pavilhão, também chamado de Concerto Avenida, ou, pejorativamente, "barracão", foi construído pelo padre João Fairbanks e, em 1906, um ano após a inauguração da avenida Central, surgiu com a atração "Uma viagem à Palestina". Nesse aparelho, o espectador sentava em uma imitação de vagão e por ele iam passando imagens da Terra Santa, dando a impressão de que o trajeto era feito dentro de um trem. O local, tal como os seus similares, Maison Moderne e o Parque Fluminense, apresentava sessões de cinema conjugadas com outros tipos de divertimentos. No caso do Pavilhão havia uma pista de patinação no gelo e os espetáculos teatrais. O Pavilhão permaneceu aberto até 1914, quando "as picaretas, impiedosamente, o puseram abaixo" (*O Globo*, Rio de Janeiro, 21 abr. 1977).

Mesmo com os centros de diversão integrados, Paschoal tentava com o cinematógrafo atrair público para suas casas. Optou pela importação e produção de filmes destinados ao público masculino: eram os chamados "filmes alegres". Produziu *Beijos de amor*, *Um colegial numa pensão*, *Surpresas de carnaval* e *Pulga recalcitrante*, todos de 1908 e, em 1909, *Pintor e modelo* (MOURA, 2000, p. 504).

Em 1908, houve a Exposição Nacional no Rio de Janeiro em comemoração ao centenário da Abertura dos Portos, feita por D. João VI quando da chegada da família real ao Brasil, em 1808. Nessa ocasião, Paschoal montou o Cinematógrafo Brasileiro. Entrementes, esse cinematógrafo teve outro fim trágico. No dia 22 de setembro o cinema foi consumido pelas chamas, indo ao fogo outro empreendimento da Empreza Paschoal Segreto (ARAUJO, 1976, p. 264).

Tendo perdido terreno no campo cinematográfico, Paschoal passou a ser um pequeno exibidor. No entanto, ainda conseguiu se aliar, tal como outros exibidores do Rio de Janeiro, a uma importante produtora estrangeira, a Cines Italiana, que conferiu a Segreto o monopólio da reprodução e comercialização de suas fitas no Brasil.

Outros empresários que chegaram depois dos Segreto tiveram mais sucesso com o cinema, dentre eles Jacomo Staffa, Marc Ferrez e, o mais destacado, Francisco Serrador, que, depois de ter iniciado seu negócio em Curitiba, foi para São Paulo, montando mais de 400 salas de exibição na capital e no interior, dirigindo-se, afinal, para o Rio de Janeiro (GONZAGA, 1996, p. 92-97).

Tendo se transformado em um pequeno investidor no campo cinematográfico, Paschoal começou a dirigir suas forças para outro tipo de espetáculo, o teatro. De fato, foi este empreendimento que mais lhe deu notoriedade. Nos seus necrológios, nota-se que os que escreveram sobre Paschoal destacaram sua valiosa contribuição ao teatro, embora, como foi visto, tenha tido iniciativas em vários outros campos da diversão pública.

Em 1916, José Veríssimo lançou o livro *História da literatura brasileira*: de Bento Teixeira (1601) a Machado de Assis (1908). Na obra, tentava dar conta dos principais momentos da vida literária do Brasil. O assunto já havia sido desenvolvido em ao menos dois de seus trabalhos anteriores: *Estudos brasileiros*, de 1894, e a obra em seis volumes intitulada *Estudos de literatura brasileira*. Uma questão que esteve presente nos trabalhos de Veríssimo foi a preocupação com a escrita de uma dramaturgia nacional, ou seja, a criação de um teatro nacional. No trabalho de 1916, dedicou um capítulo à matéria, que nomeou de "O teatro e a literatura dramática".

Tentando em poucas páginas dar conta da história da dramaturgia no Brasil, sustenta que o teatro foi aqui introduzido pelos jesuítas. Segundo ele, é possível considerar como encenações teatrais as danças, os cânticos e as representações utilizadas no trabalho catequizador. No entanto, teria sido apenas com o romantismo o início do que se poderia chamar de literatura nacional, corrente também considerada a criadora do teatro brasileiro (VERÍSSIMO, 1894, p. 375).

As preocupações com o desenvolvimento de um teatro nacional começaram com o romantismo e foram fruto do processo político pelo qual o Brasil passava desde 1808, tendo culminado com a Independência em 1822 e as tentativas de criação de valores nacionais. Dois autores e um ator: esses foram os fundadores no romantismo do teatro nacional – Gonçalves de Magalhães, Martins Pena e João Caetano. O primeiro ficou conhecido pela autoria de dramas e tragédias, vindo a ser considerado o precursor da dramaturgia teatral nacional, e Martins Pena é observado como o "verdadeiro criador do nosso teatro".

Para Veríssimo, ainda figuraria o nome de João Caetano como representante desse período. Caetano, nascido em Itaboraí, província do Rio de Janeiro, consagrou-se pelas impecáveis atuações e foi considerado o primeiro ator de qualidade do teatro brasileiro, encenando peças escritas por nacionais. Essa assertiva lançada por Veríssimo, do trinômio para o teatro nacional, veio a guiar outros importantes estudos sobre a história do teatro brasileiro. De fato, não só a questão do romantismo como fundador do teatro nacional permeou outros estudos, mas o corte temporal sobre a história do teatro (colocando os jesuítas como os introdutores, os românticos como fundadores e o período do final do século XIX como o da decadência) foi linha mestra dos dois estudos mais importantes disponíveis sobre o teatro brasileiro: os de J. Galante de Souza e de Lafayette Silva.

Finalmente Veríssimo chega ao período do teatro moderno. Não apreciando os estilos dramáticos que estavam em voga na cidade, dizia que:

> O modernismo, última fase da nossa evolução literária, nenhum documento notável deixou de si no nosso teatro ou na nossa literatura dramática. O seu advento coincidiu com a inteira decadência de ambos (VERÍSSIMO, 1894, p. 375).

O que à primeira vista pode parecer contraditório é o fato de que, no momento em que mais teatros eram construídos e a frequência deles aumentava, as peças deixavam de ser apreciadas pela elite intelectual carioca. Esse período, que durou até a década de 1930, foi considerado o momento da decadência do teatro nacional.

O que vários autores nomearam como o período da decadência do teatro nacional, foi a fase marcada pela presença do teatro ligeiro; a opereta, a revista, o *vaudeville*, a mágica, o café cantante, a comédia musical, o cabaré, o *music hall* e o musical. Esses gêneros nasceram na Europa e foram pouco a pouco sendo trazidos para o Brasil, tendo feito mais sucesso as revistas de ano (MENCARELLI, 1999, p. 118-126).

A revista do ano, que posteriormente veio a ser conhecida como *teatro de revista*, se consolidou no século XVIII nas feiras de *Saint-Laurent* e *Saint-Germain*, na França. A revista tinha por objetivo fazer uma retrospectiva de todos os acontecimentos do ano anterior e fazer troças com os tipos populares. Seus primeiros atores eram oriundos da italiana *commedia dell'arte* que foram para Paris. Nas feiras, faziam uma revisão satírica dos acontecimentos do ano e para isso usavam os personagens do teatro "sério".

Essa forma de teatro posteriormente se espalhou por toda a Europa. Em 1898, Fialho d'Almeida escrevia que o teatro português estava repleto de revistas e

> [...] nas revistas [...] que fizeram caminho entre o público grosseiro e sexual que habitualmente as frequenta, não há infelizmente sinais de uma intuição qualquer de crítica metódica, ou de debate humorístico prendendo-se nas modalidades diversas da nossa vida social. [...] Assim, os revisteiros dessa categoria subalterna que mais tem agradado no gênero, são os que como homens de letras menos conotação têm na república inte-lectiva, e o seu sucesso explica-se por um olhar de facécias plebeias, de desenvolturas grossas, restos de mocidade e boêmia livre que eles espargiram nas peças, em uníssono com as afinidades da multidão rudimentar que as frequenta (D´ALMEIDA, 1925, p. 77-79).

Provavelmente antenado com a situação do teatro europeu, Veríssimo lastimava-se do período que a arte dramática vivia no Brasil e acreditava que os principais fatores da decadência do teatro nacional eram os escritores e seus espetáculos. De Arthur de Azevedo, um dos escritores de espetáculo ligeiro mais conhecido, dizia que:

> [...] com excelentes intenções e incontestável engenho para o teatro [...] não conseguiu senão tornar mais patente o esgotamento do nosso, pela descorrelação entre a sua boa vontade e a sua prática de autor dramático.

Na mira de José Veríssimo não estava apenas Azevedo, mas todos os autores que escreviam o gênero de revista de ano, tais como Valentim Magalhães, Urbano Duarte, Moreira Sampaio, Figueiredo Coimbra e Orlando Teixeira, todos acusados de "escritores pouco escrupulosos [que] tiveram de servir esse público consoante o seu grosseiro paladar" (VERÍSSIMO, 1894, p. 386).

Com a morte de Azevedo em 1908, as duras críticas ficaram sem resposta. No entanto, Veríssimo anos antes já havia se envolvido em um acalorado embate com ele. Na coleção intitulada *Estudos brasileiros* dedicou um capítulo ao teatro. Nele, dizia que não existia no Brasil um teatro nacional. Criticava os autores em destaque naquele momento, bem como a estrutura de diversão da cidade, falando da precariedade das salas para apresentação de espetáculo.

> [...] são esses gêneros, o dramalhão e a mágica e o vaudeville, em suas diversas modalidades e variantes, que desde muito dominam exclusivamente no nosso teatro. Nós não possuímos absolutamente teatro nacional, não só como gênero literário, senão também como casas de espetáculo, em que se ouvissem as produções nesse gênero dos nossos escritores. Aliás uma coisa é consequência da outra (VERÍSSIMO, 1894, p. 247).

Arthur de Azevedo saiu então em defesa da "classe" artística, principalmente dos escritores. Em sua coluna, que era publicada em *A notícia*, fez uma resenha crítica apenas do capítulo dedicado ao teatro. Quanto ao gosto do público, afirmava:

> [...] dizer que o nosso público não gosta de teatro dramático é fazer-lhe uma clamorosa injustiça. O que ele exige é que lhe não deem gato por lebre, e com isso não faz senão exercer um direito muito legítimo (*A Notícia*, Rio de Janeiro, 6 dez. 1894, p. 1).

Segundo Azevedo os espetáculos feitos para a elite careciam de melhor acabamento, eram artisticamente ruins e, embora com bastante valor literário, careciam de valor artístico.

> Se o fluminense prefere assistir à representação de uma mágica, de uma opereta ou de uma revista de ano a ir ouvir um dra-

> ma ou uma comédia, é porque naqueles gêneros inferiores o desempenho dos respectivos papéis satisfaz plenamente, ao passo que no drama ou na comédia os nossos artistas não dão, em regra, a menor ideia dos personagens nem dos sentimentos que interpretam. O que afugenta o espectador não é a peça, mas o modo porque a peça é representada e posta em cena (*A Notícia*, Rio de Janeiro, 6 dez. 1894, p. 1).

Arthur de Azevedo nasceu em São Luis do Maranhão em 1855 e veio para o Rio de Janeiro em 1873. Colaborou em vários jornais e, em 1875, foi nomeado adido no Ministério da Viação, tendo lá feito carreira até chegar à posição de diretor-geral da contabilidade, em 1908, cargo antes ocupado por Machado de Assis, a quem ele substituiu (SOUZA, p. 74-78). A obra de Arthur de Azevedo é notável: além de inúmeras peças, escreveu sua coluna sobre teatro no jornal *A Notícia* por 14 anos, sendo importante documento da história do teatro. Outro feito de Azevedo foi a produção do *Teatro a vapor*, 105 sainetes humorísticos publicados nos jornais cariocas entre os anos de 1906 e 1908 (MOSER, 1977. p. 3). Arthur começou a escrever para o gênero revista em 1877, no entanto, foi só após o estrondoso sucesso de *O mandarim*, em 1883, que escreveu com Moreira Sampaio, que o autor passou a fazer sucesso com todas as suas peças.

Trabalhar com revista dava mais liberdade para a encenação do que a forma clássica de teatro. Na revista, recursos considerados "baixos" em um teatro lírico poderiam ser usados para engrandecer o espetáculo, como as mágicas, mutações e apoteoses.

No teatro considerado "sério" os temas eram aprofundados e os personagens carregados de conflitos internos, o que desencadearia no desenvolvimento do resto do espetáculo. Já na revista, o enredo era composto por quadros independentes e o texto sempre era modificado pela introdução de "cacos" dos atores, fato que os defensores de uma forma erudita de teatro chegaram o observar:

> O nosso teatro, e já não me refiro à revista, apoia quase metade do seu sucesso na colaboração. Há comédias ligeiras que no dia da centésima representação nada guardam do original, senão o arcabouço [...] É o mal das obras fúteis: qualquer inteligência mediana as produz e pode ser, portanto, modificada por outras inteligências do mesmo escalão (NUNES, 1956, p. 147).

Para além da questão do teatro nacional, o mote dos embates entre os dois colegas da Academia Brasileira de Letras era sobre arte e novas tecnologias destinadas aos espetáculos teatrais. Para Veríssimo, a visão de teatro "culto" estava intimamente ligada a uma concepção estética do teatro aos modelos clássicos europeus, a comédia ou o drama, enquanto, para Azevedo, as revistas faziam parte do teatro nacional, embora diferissem do estilo clássico.

> Na minha opinião, o que estabelece realmente a inferioridade das peças de teatro é, não o gênero a que elas se filiam, mas a maneira por que foram escritas. Não me consta que haja nenhuma obra-prima entre as revistas de ano, mas não é impossível que apareça alguma. Tudo depende do autor e da disposição de espírito em que este se acha (apud MENCARELLI, 1999, p. 94).

As críticas feitas por Veríssimo ao gênero não eram novas. Machado de Assis, fundador da Academia Brasileira de Letras, já as fazia em suas colunas jornalísticas e, na França, as mesmas críticas serviam para menosprezar os gêneros populares.

Com a política de Pereira Passos, o estímulo a um teatro nacional foi dado com a construção do imponente Teatro Municipal, localizado na então avenida Central e que, sem contar com a presença de Azevedo, que falecera no ano anterior, foi inaugurado em 1909.

A criação do Municipal se destinava à apresentação de espetáculos considerados eruditos, ficando os gêneros populares para outros locais da cidade, principalmente a praça Tiradentes, local em que, naquele momento, se localizavam os mais importantes teatros cariocas. E foi na praça Tiradentes, onde Paschoal já tinha vários empreendimentos, que ele se fixou de vez com as empresas teatrais. A praça e seus arredores já eram conhecidos pelas casas de espetáculos que, durante o Segundo Reinado, foram símbolos do teatro erudito: o Ginásio, o São Luiz e o São Pedro (LIMA , 2000, p. 84).

Como foi visto, Paschoal era proprietário de quase todas as casas de diversões na Tiradentes, e suas atividades com o teatro já eram conhecidas. No Moulin Rouge ou na Maison Moderne já eram apresentados espetáculos teatrais do centro de diversão que possuía. Note-se que o primeiro investimento de Paschoal no teatro deu-se em um dos seus cafés-concerto.

Os autores que trabalham com a história do teatro emprestam à praça Tiradentes o título de berço do teatro de revista brasileiro, bem como, desde o final do século XIX, o nascedouro da forma mais popular de teatro no Rio de Janeiro, o teatro ligeiro.

Certamente todas as pessoas que de alguma forma se relacionavam com o teatro até 1920 no Rio de Janeiro conheciam Paschoal Segreto. Procópio Ferreira chamou-o de "papa do teatro brasileiro" (FERREIRA, 2000, p. 37). A iniciativa que levou o nome de Segreto a ser respeitado no campo teatral foi a fundação, em 1911, da Companhia de Operetas, Mágicas e Revistas do Cineteatro São José. Essa companhia aparece no decorrer da sua existência com diferentes designações: Companhia de Burletas e Revistas do São José, Companhia Nacional do Teatro São José, Companhia Nacional de Revistas, Burletas e Mágicas e Companhia Nacional de Burletas e Revistas do São José (CHIARADIA, 1997, p. 37).

A companhia teatral passou a ser referência nos negócios de Paschoal até 1920, quando faleceu. Mas não só esse teatro passou a ser parte importante dos negócios do empresário. Como consta no trecho de seu testamento publicado nos jornais, era também de propriedade de Segreto o Teatro Carlos Gomes, e ele ainda arrendava um dos teatros mais antigos do Rio, o São Pedro.

Não se sabe ao certo o porquê de Paschoal ter criado a Companhia do São José. Nesse ponto os autores[7] divergem, mas concordam com o fato de que o motivo da criação da companhia foi o pedido de um grupo de atores que solicitaram a Paschoal o financiamento para uma produção. Paschoal, que já era proprietário do Cine São José, resolveu colocar ali os espetáculos. As sessões de cinema não se encerraram de pronto, mantendo-se concomitantemente à exibição de filmes curtos com os espetáculos teatrais.

Dissolvida apenas em 1926, a companhia teve vida longa, existindo, portanto, por 15 anos. Talvez essa longevidade se explique pela lógica empresarial que Paschoal empregou na produção teatral.

Uma racionalização de produção adotada por Paschoal foi a institucionalização do teatro por sessões em 1911. As apresentações teatrais eram feitas três vezes em uma mesma noite, nos horários das 19 horas, 20h45 e 22h30. Aos domingos tinha-se uma sessão às 15 horas; às quintas, por vezes, havia vesperais às 16 horas (PAIVA, 1991, p. 157). O sistema de sessões já havia sido inaugurado em 1896 por Moreira Sampaio e Antonio Quintiliano, mas naquele momento não teve sucesso (CHIARARDIA, 1997, p. 40).

Se as tentativas anteriores não deram bons resultados, a partir da Companhia do São José, o sistema de sessões deu certo e foi seguido por outras empresas posteriormente. O teatro por sessões veio a ser um dos causadores das brigas entre empresários e artistas devido às muitas horas trabalhadas, e entre empresários e autores, que, com suas peças muito longas, acabavam por ultrapassar o horário das sessões[8].

---

[7] No anuário de 1947 da Casa dos Artistas consta que a criação da Companhia São José foi motivada pelo pedido de Franklin de Almeida, antigo colaborador de Paschoal. Para Mario Nunes, o pedido foi feito por um grupo que trabalhava no Cinema Niterói, tendo como diretor Asdrúbal Miranda.

[8] As brigas entre os autores e os empresários levou à criação da SBAT (Sociedade Brasileira de Autores Teatrais) que será vista a seguir.

Um dos motivos alegados para a introdução do teatro por sessões seria a possibilidade de cobrar pouco pelos ingressos garantindo, assim, o acesso da camada mais baixa da população aos teatros. De fato, o preço da entrada do São José era o valor de uma entrada de cinema, já considerada barata para o público.

O que interessava a Paschoal não era a estética teatral, mas a necessidade da produção rápida. Isso fez com que se alterasse todo o esquema da atração. Para manter o espetáculo por sessões era também preciso que as peças tivessem alta rotatividade. Assim, uma peça com sucesso de público ficava no máximo um mês em cartaz, mas a maioria ficava no prazo de uma semana, sendo a produção teatral semelhante à produção em ritmo industrial.

Outro fator que pode explicar a longevidade da empresa é o fato de ter sido seu quadro de atores basicamente o mesmo, sem grandes mudanças no decorrer do tempo. Passaram pelos seus palcos figuras de destaque no meio artístico, como Cinira Polônio, Pepa Ruiz, Henriqueta Brieba, Francisco Alves e Vicente Celestino, dentre outras.

Foi graças a essa estabilidade que a Companhia do São José pôde oferecer ao público uma produção de revista sem interrupção nos seus 15 anos de existência, fazendo com que o gênero se firmasse de vez no cenário carioca.

Com o estrondoso sucesso da Companhia do São José, Paschoal passou a fazer do teatro seu grande investimento, comprando e arrendando outros teatros e dando apoio a várias produções que pudessem lhe render bom lucro. Nessa seara encontramos várias histórias sobre Segreto. Uma delas é de Procópio Ferreira, que teve um de seus primeiros sucessos na Empreza Paschoal Segreto. Sua contratação, segundo Procópio, não foi fácil. Ele conseguiu ser aceito graças a uma carta de alguém importante recomendando-o para Paschoal, que o contratou sem nem mesmo vê-lo. Paschoal lhe disse poucos dias depois, chegando ao Teatro Carlos Gomes:

> – Não sabe que é proibida a presença de estranhos no teatro durante os ensaios?
> – Eu faço parte da Companhia.
> – Você? Como é seu nome?
> – Procópio Ferreira.
> – Quem foi que lhe contratou?
> – Foi o senhor que me mandou ao seu Silveira...
> – Quando foi que falou comigo?
> – Não falei com o senhor. Sou aquele rapaz que trouxe uma carta do dr. Gilberto Amado.
> – Você é espertinho, hein? Deu dois passos e voltou.
> – Você já fez vale?
> – Não senhor.
> – Não sabe que hoje é dia de vale?
> – Não senhor.
> – Então vá depressa, porque a Caixa vai fechar. Parece incrível! É ator e não sabe nem fazer vale. Qual! Esse dr. Gilberto me arranja cada espiga! (FERREIRA, 2000, p. 8).

Nos palcos do teatro de Segreto foram lançados autores, atores e atrizes, bem como se consolidaram modas musicais. Sabendo, por exemplo, do sucesso que o maxixe fazia entre a população carioca, os autores José Baptista Coelho, conhecido como João Foca, e Bastos Tigre, lançaram em 1906, no Carlos Gomes, a revista de costumes intitulada *O maxixe*, que fez grande sucesso na época (EFEGÊ, 1974. p. 82). A dança, também conhecida como tango brasileiro, nascera entre 1870 e 1872 e era dançada pelos foliões cariocas nos dias de carnaval, tornando-se inclusive produto de exportação. O maxixe teve no dançarino Antonio Lopes de Amorim Diniz, conhecido pela alcunha de Duque, seu mais talentoso representante, fazendo sucesso nos palcos americanos e europeus.

As primeiras entidades que se preocuparam em garantir o direito dos artistas nasceram no Rio de Janeiro. Uma das primeiras foi o Centro Musical do Rio de Janeiro, criado em 4 de maio de 1907. Embora não tenha sido registrado como sindicato, mas sim como sociedade civil, era uma entidade que surgia com o intuito de defender os direitos dos músicos. Cabe notar que os músicos naquele momento tinham papel fundamental tanto no teatro, pois fazia sucesso o teatro musicado, quanto nos cinematógrafos, pois, como o cinema era mudo, os músicos tocavam piano nas salas ao mesmo tempo em que os filmes eram projetados.

Mas o que mais afetou os interesses de Paschoal e dos empresários teatrais na época foi a fundação da SBAT (Sociedade Brasileira de Autores Teatrais), em 27 de setembro de 1917, iniciativa da compositora Chiquinha Gonzaga, cujas composições eram apresentadas nos teatros cariocas. A SBAT nasceu em reunião na ABI (Associação Brasileira de Imprensa) com um grupo de alguns autores que começaram as discussões em torno da proposta de uma entidade que pudesse defender seus direitos. Naquela mesma tarde, sob a rubrica de Oscar Guanabarino, Viriato Corrêa, Gastão Tojeiro, Francisca Gonzaga, Euclides de Matos, Avelino de Andrade, Bastos Tigre, Fabio Aarão Reis, Alvarenga Fonseca, Raul Pederneiras, Oduvaldo Viana, Antonio Quintiliano e Rafael Gaspar Silva, foi fundada a SBAT (DINIZ, 1999, p. 214). Até 1938 a SBAT foi a única arrecadadora dos compositores musicais. Após essa data foi criada a ABCA (Associação Brasileira de Compositores e Autores) e, em 1942, foi criada UBC (União Brasileira de Compositores), que absorveu a parte dos compositores da SBAT e a ABCA.

Os empresários logo saíram em defesa dos seus direitos alegando que não podiam pagar o que a SBAT pedia, porque os lucros eram parcos e ameaçam os autores teatrais associados à SBAT de não encenarem mais suas peças. Paschoal, indignado com a criação da entidade, foi a público, através de carta publicada em *O Paiz,* manifestar sua insatisfação. Disse que estava

> [...] bem certo que nenhum dos nossos escritores teatrais conhece a vida íntima de uma companhia, do contrário não faria semelhante proposta, que, a meu ver, vai merecer aprovação unânime na reunião próxima, se não houver quem lhes mostre a verdadeira miséria – miséria deve ser bem o termo – da receita de uma casa de espetáculos. Da porta da rua até ao fundo

> da caixa, e isto sem falar nos anúncios, tudo custa rios de dinheiro, tudo é pago a peso de ouro [...] e no entanto a receita é sempre diminuta. O empresário, se não quiser endividar-se terminando por fechar as suas portas, e dissolver a companhia, deverá ser um malabarista. Economizando aqui, poupando acolá, para com essas pequenas economias satisfazer outras despesas, é o que tem a fazer um empresário criterioso. E não se diga que assim falo pelo interesse próprio. Aí estão os meus livros, eles dirão melhor do que eu os resultados que têm dado minhas companhias teatrais. Ponho-os à disposição da Sociedade Brasileira de Autores. Eles falarão por mim. Os autores são mal pagos [...] acredito, mas não se pode pagar mais. Aliás, não só os autores, são os artistas, todos ganham pouco, porque não há para mais. Há a indiferença do público pelo teatro. O nosso público ainda não aprendeu a ir a teatro. [...]
> E não enumerei as companhias que, fundadas como a do São José, tiveram duração efêmera, enquanto que aquela tem resistido porque eu sou o dono do teatro, de cuja renda eu desconheço os resultados anos e anos. A Sociedade Brasileira de Autores, estudando bem o assunto, para o que, como já disse, ponho os meus livros à disposição, verá que as minhas considerações são justas, justíssimas (*O Paiz*, Rio de Janeiro, 3 out. 1917, p. 5).

O escritor João do Rio, que também passou a fazer parte da SBAT, fez questão de incrementar a discussão a respeito do pagamento de direitos autorais e, no vespertino *O Rio-Jornal,* disse que:

> [...] se vocês resistirem, mantendo a liga com as sociedades de autores de vários países, é certo que vencerão. O repertório francês, italiano, espanhol, português dessa gente, não é só adulterado, como não é pago. Proponham ações jurídicas com as respectivas procurações (apud RODRIGUES, 1996, p. 216).

Embora os embates tenham se acirrado com a criação da SBAT, anos antes, em 1912, a atriz Cinira Polônio já havia tido divergências com a empresa de Segreto motivada por direitos autorais, chegando a retirar sua peça, *Nas zonas*, que seria apresentada no São José, e a passar os direitos para outra companhia (REIS, 1999, p. 34 e 35).

Carlos Bittencourt, que, juntamente com Luis Peixoto, foi autor da peça *Forrobodó,* de grande sucesso, foi outro que queria receber mais pela apresentação de suas peças. Bittencourt narrou, no necrológio de Paschoal, história envolvendo a questão:

> – Paschoal, você compreende, as minhas peças todas têm feito centenário, dão lucro à empresa; é justo que você me pague maiores direitos que os autores das peças que caem[...]
> E Paschoal rapidamente respondeu:
> – Mas aí é que esta o engano! As peças do senhor fazem centenário; o senhor ganha o seu bocado de dinheiro; agora, vem um rapaz, escreve uma peça que dá réis ou quatro noites e vai para o porão; pois não é mais justo que ele receba maiores direitos? Senão, o coitado, além do desgosto, ainda fica sem vintém[...] (*Correio da Manhã*, Rio de Janeiro, 26 fev. 1920, p. 2).

Esse caso mostra que nem mesmo os grandes sucessos de público garantiam mais rendimentos para os bolsos dos autores.

Conquanto Viriato Correia tenha participado da criação da SBAT, quando da morte de Paschoal contemporizou a respeito de sua atitude afirmando que ele realmente pagava pouco aos seus funcionários, mas existia nisso uma bondade, pois por um

> [...] serviço que um indivíduo qualquer faria com cinco empregados, ele [Paschoal] fazia com vinte. A cada um pagava uma insignificância, mas dava trabalho a vinte criaturas em vez de dar a cinco (*Correio da Manhã*, Rio de Janeiro, 27 fev. 1920, p. 2).

A despeito da opinião dos empresários e de suas ameaças, a SBAT saiu vitoriosa das pendengas dos primeiros anos de sua criação, estando em plena atividade poucos anos depois. Em 1920, já era reconhecida como de utilidade pública e ainda mantém o seu papel como recolhedora dos direitos dos autores teatrais.

A organização dos autores na SBAT fazia com que os empresários tivessem de pagar mais pelo direito de representar espetáculos nos seus teatros. Talvez pretendendo evitar a criação de uma entidade reivindicadora pelos artistas, o ator e empresário Leopoldo Fróes adiantou-se e iniciou o processo de criação de uma entidade beneficente que desse amparo a artistas idosos ou desempregados.

Em reuniões nos dias 13 e 19 de agosto de 1918, no Teatro Trianon, ficou acertada a criação da Casa dos Artistas. Em uma homenagem póstuma a João Caetano, resolveram colocar a data oficial da instalação da entidade no dia 24 de agosto, data de aniversário de falecimento do ator. Esse dia passou a ser também o dia do artista.

A primeira comissão instaladora da Casa dos Artistas era composta por Eduardo Leite, Leopoldo Fróes, Alfredo Silva, Roberto Guimarães e Candido Nazareth. Em 30 de setembro de 1918, as companhias deixaram de apresentar seus espetáculos regulares e, a pedido de Fróes, fizeram um grande festival em prol da Casa dos Artistas, abrindo mão dos rendimentos daquela noite em prol da instituição.

Tendo a recente entidade ganhado um terreno na Penha, trocou por um maior com o industrial Fred Finger na então distante Jacarepaguá. Foram iniciadas as melhorias na casa que ali existia e, no dia 25 de abril de 1919, foi inaugurado o Retiro dos Artistas. Cabe notar que a entidade não tinha a intenção de atender a reivindicações trabalhistas, mas sim manter os trabalhadores do teatro amparados pela caixa assistencial.

Paschoal inovou e renovou em vários campos. No cinema, atribui-se a ele a primeira casa de projeções cinematográficas, na rua do Ouvidor, além de ter mandado seu irmão, Afonso, para os Estados Unidos e Europa buscar as novidades tecnológicas. No ramo dos cafés e de cervejaria, seu maior empreendimento foi a Maison Moderne, onde reuniu várias formas de entretenimento em um só lugar. O estabelecimento era um parque de diversões, que contava com galeria de tiro ao alvo, roda-gigante, montanha-russa e um pequeno teatro. Foram lá também disputados os célebres torneios de luta greco-romana, além de ser espaço para os apreciadores da bebida. No campo teatral inovou por perceber as possibilidades que o entretenimento poderia oferecer, inclusive para as camadas mais baixas da população, no espaço da capital federal, que estava se modernizando. Desse modo, incentivou o teatro ligeiro, além de popularizar o teatro por sessões, podendo assim baixar o preço dos ingressos.

O empresário aproveitou-se de uma cidade em expansão. Esta crescia e se desenvolvia urbanisticamente, enquanto aumentavam a oferta de transporte e a população. O Rio de Janeiro estava ávido por novas formas de lazer, das quais não somente a burguesia deveria desfrutar, mas, aos olhos de Paschoal, todos os habitantes que dispusessem de um mínimo de recurso.

A partir da vida de Paschoal pode-se traçar o aparecimento de uma fatia do mercado de diversões com ampla oferta de locais para entretenimento, e também como o empresário soube aproveitar o momento para introduzir uma grande empresa de diversão no Rio de Janeiro.

Bibliografia

ARAUJO, Vicente de Paula. *A Bela Época do cinema brasileiro*. São Paulo: Perspectiva, 1976.

AZEVEDO, Arthur de. *Teatro de Arthur de Azevedo*. Rio de Janeiro: Inacem, 1987.

BERNARDET, Jean-Claude. *Historiografia clássica do cinema brasileiro*. São Paulo: Annablume, 1995.

CARVALHO, José Murilo de. *Os bestializados:* o Rio de Janeiro e a República que não foi. São Paulo: Companhia das Letras, 1987.

CHARNEY, Leo; SCHWARTZ, Vanessa (Org.). *O cinema e a invenção da vida moderna*. São Paulo: Cosac & Naify, 2001.

CHIARADIA, Maria Filomena Vilela. *A companhia de revistas e burletas do Teatro São José:* a menina dos olhos de Paschoal Segreto. Dissertação de Mestrado. Rio de Janeiro: Universidade Federal do Estado do Rio de Janeiro, 1997.

CUNHA, Maria Clementina Pereira. *Ecos da folia:* uma história social do carnaval carioca entre 1880 e 1920. São Paulo: Companhia das Letras, 2001.

D'ALMEIDA, Fialho. *Atores e autores:* interpretações de teatro. Lisboa: Livraria Clássica, 1925.

DINIZ, Edinha. *Chiquinha Gonzaga*: uma história de vida. Rio de Janeiro: Record/ Rosa dos Tempos, 1999.

EFEGÊ, Jota. *Figuras e coisas do carnaval carioca*. Rio de Janeiro: Funarte, 1982.

______. *Figuras e coisas da música popular brasileira*. V.2. Rio de Janeiro: Funarte, 1979.

______. *Maxixe:* a dança excomungada. Rio de Janeiro: Conquista, 1974.

FERREIRA, Procópio. *Procópio Ferreira apresenta Procópio*. Rio de Janeiro: Rocco, 2000.

GONZAGA, Alice. *Palácios e poeiras:* 100 anos de cinemas no Rio de Janeiro. Rio de Janeiro: Record/ Funarte, 1996.
LIMA, Evelyn Furquim Werneck. *Arquitetura do espetáculo:* teatro e cinemas na formação do espaço público das praças Tiradentes e Cinelândia. Rio de Janeiro 1813-1950. Rio de Janeiro: Editora UFRJ, 2000.
MENCARELLI, Fernando Antonio. *Cena aberta:* a absolvição de um bilontra e o teatro de Arthur Azevedo. São Paulo: Unicamp, 1999.
MIRANDA, Luiz Felipe; RAMOS, Fernão Pessoa (Org.). *Enciclopédia do cinema brasileiro*. São Paulo: Senac, 2000.
MOSER, Gerald (Org.). *Teatro a vapor*. Azevedo, Arthur. São Paulo: Cultrix, 1977.
MOURA, Roberto. Verbete Paschoal Segreto. In: MIRANDA, Luiz Felipe; RAMOS, Fernão Pessoa (Org.). *Enciclopédia do cinema brasileiro.* São Paulo: Senac, 2000.
MOURA, Roberto. A bela época (primórdios – 1912). In: RAMOS, Fernão. *História do cinema brasileiro*. São Paulo: Círculo do Livro, 1987.
NASAW, David. *Going out: the rise and fall of public amusements*. Cambridge, Massachesetts, London: Harvard University Press, 1999.
NEEDELL, Jeffery D. *Belle époque tropical.* São Paulo: Companhia das letras, 1993.
NUNES, Mario. *Quarenta anos de teatro*. Rio de Janeiro: SNT, 1956.
NORONHA, Jurandyr. *No tempo da manivela*. Rio de Janeiro: Editora Brasil-América (Ebal)/Embrafilme, 1987.
PAIVA, Salvyano Cavalcanti. *Viva o rebolado:* vida e morte do teatro de revista brasileiro. Rio de Janeiro: Nova Fronteira, 1991.
RAMOS, Fernão. *História do cinema brasileiro.* São Paulo: Circulo do Livro, 1987.
REIS, Ângela. *Cinira Polônio, a divette carioca:* estudo da imagem pública e do trabalho de uma atriz no teatro brasileiro da virada do século XIX. Rio de Janeiro: Arquivo Nacional, 1999.
RODRIGUES, João Carlos. *João do Rio:* uma biografia. Rio de Janeiro: Topbooks, 1996.
SALIBA, Elias Thomé. *Raízes do riso:* a representação humorística na história brasileira: da belle époque aos primeiros tempos do rádio. São Paulo: Companhia das letras, 2002.
SEVCENKO, Nicolau. *Literatura como missão:* tensões sociais e criação cultural na Primeira República. São Paulo: Brasiliense, 1983.
______. A capital irradiante: técnica, ritmos e ritos do Rio. In: SEVCENKO, Nicolau. (Org.). *História da vida privada no Brasil.* V. 3. São Paulo: Companhia das Letras, 1998.
SCHWARTZ, Vanessa R. *Spectacular realities:* early mass culture in fin-de-siècle Paris. Berkeley, Los Angeles, London: University of California Press, 1999.
______. O espectador cinematográfico antes do aparato do cinema: o gosto do público pela realidade na Paris fim-do-século. In: CHARNEY, Leo; SCHWARTZ, Vanessa (Org.). *O cinema e a invenção da vida moderna.* São Paulo: Cosac e Naify, 2001.
SILVA, Lafayette. *História do teatro brasileiro.* Rio de Janeiro: Serviço Gráfico do Ministério da Educação e Saúde, 1938.
SOUZA, J. Galante de. *O teatro no Brasil.* Rio de Janeiro: Ministério da Educação e Cultura, 1960.
SÜSSEKIND, Flora. *Cinematógrafo de letras:* literatura, técnica e modernização no Brasil. São Paulo: Companhia das Letras, 1987.
TOULET, Emmanuelle. *Cinématographe:* invention du siècle. Italie: Gallimard, 1988.
VERÍSSIMO, José. *Estudos brasileiros (1889-1893).* Rio de Janeiro: Laemmert & C. Editores, 1894.

"O Prazer das Morenas": bailes, ritmos e identidades nos clubes dançantes da Primeira República

Leonardo Affonso de Miranda Pereira

1

A noite de 9 de janeiro de 1927 foi de festa em Bangu. Ao som de um conjunto formado por vinte dos mais renomados músicos da zona suburbana do Rio de Janeiro, foi realizado nessa data um "animadíssimo" baile nos salões do Grêmio Dançante Carnavalesco Prazer das Morenas. O objetivo primeiro da folia era promover um "benefício" em favor de Dona Lydia Freire, que passava dificuldades financeiras pelo falecimento recente do filho – o flautista Nicanor Freire, presença provavelmente costumeira nos festejos do clube. Para além dessa motivação imediata, entretanto, se tratava de mais um dos muitos bailes promovidos a cada mês pelos membros do clube, nos quais se divertiam com grande regularidade os moradores do longínquo bairro suburbano. Os muitos pares que dançavam na ocasião, "num verdadeiro moto-contínuo", na expressão entusiasmada de um cronista do *Jornal do Brasil*, viviam assim naquela noite outra das muitas noites de alegria e diversão que marcavam as atividades de um grêmio que o mesmo jornalista definiu como o "querido rancho da rua Coronel Tamarindo" ("Prazer das Morenas de Bangu". *Jornal do Brasil*, Rio de Janeiro, 12 jan. 1927).

Bailes como esses já não eram, de fato, novidade na vida dos habitantes do bairro. Capazes de despertar o entusiasmo dos moradores, esses eventos dançantes já haviam então se transformado em elemento fundamental da experiência de seus moradores. "À noite o pessoal se divertia dançando ou apreciando as retretas da Sociedade Musical", reconhecia um antigo frequentador dos clubes dançantes de Bangu (GUIMARÃES, 1996, p. 18). Seu testemunho aponta a centralidade que esses festejos assumiam na vida dos habitantes da região, que tinham nos bailes um elemento constante de sociabilidade e lazer.

Não era de se estranhar, por isso, o significativo número de clubes dançantes organizados no bairro nos primeiros anos do século XX. Dada a necessidade de conseguir da polícia a cada ano a autorização para o seu regular funcionamento, tais sociedades eram obrigadas a apresentar seus estatutos ao Chefe de Polícia no momento de sua fundação. É o que precisou fazer, a partir de 1903, o Flor da Lira de Bangu. Fundado naquele ano, foi o primeiro clube exclusivamente dançante criado no bairro (ARQUIVO NACIONAL, GIFI 6C 171). Já no ano seguinte, uma dissidência nesse primeiro clube deu origem à Sociedade Recreativa Carnavalesca Flor da União (PEREIRA, 2006, p. 169 e 179). Em 1905, foi a vez do Grêmio Carnavalesco Estrela da Aurora, cuja fundação se justificava também pela proposta de promover festejos diversos para seus associados, "desde que sejam morais e honestos" (ARQUIVO NACIONAL, GIFI 6C 171). Poucos meses depois aparecia o Flor das Neves, outro grêmio carnavalesco com os mesmos fins (ARQUIVO NACIONAL, GIFI 6C 213). Evidenciava-se, assim, um claro processo de proliferação de espaços dançantes no bairro, que levaria ao surgimento de vários outros clubes do gênero nos anos seguintes, como o Flor da Mocidade, o Grêmio Recreativo Banguense, o Flores de Bangu e os Pelintras de Bangu (ARQUIVO NACIONAL, GIFI IJ 6 693, IJ6 692, IJ 6 789). Foi como parte de tal processo que surgiu em Bangu, em março de 1909, o Grêmio Carnavalesco Prazer das Morenas, em cujos salões se organizou o grande baile de 1927 (ARQUIVO NACIONAL, GIFI 6c 170 e 171; IJ6 648; IJ6 171, 692, 693).

O entusiasmo dos moradores de Bangu pelo associativismo dançante não era uma exceção. "O Rio de Janeiro é a cidade que dança", testemunhava, em 1906, o poeta Olavo Bilac, surpreso com a presença de clubes destinados à dança em todos os bairros (apud MACHADO, 2005, p. 192-196). De fato, a dança aparecia no período como um poderoso elemento da vida social dos habitantes da capital federal. Herdeiros de uma lógica associativa que desde o século anterior alimentara a formação de associações mutualistas e irmandades religiosas (VISCARDI; JESUS, 2007, p. 21-51), novos clubes se formavam a cada ano em todas as regiões com objetivos imediatos mais modestos, ligados ao prazer e ao senso de comunidade propiciado por bailes e demais festividades. Iniciado em um momento no qual a cidade estava ainda longe das projeções festivas e alegres a ela associadas a partir das décadas seguintes, tal aparecimento massivo de clubes destinados à dança era marcante para contemporâneos que, como Bilac, estavam atentos às novidades do tempo. A febre dançante se mostrava, assim, um importante fenômeno social no Rio de Janeiro do começo do século XX.

Por mais geral que fosse o fenômeno, ele não deixava, porém, de ter seus matizes e gradações de acordo com a região na qual se manifestava. Na tentativa de defini-las, Bilac tentou estabelecer, através da dança, uma "geografia moral da cidade". Embora fizesse questão de afirmar o entusiasmo pelas festas e bailes como uma característica geral daqueles nascidos na cidade, mostrava-se também atento às peculiaridades que separavam os eventos dançantes dos bairros elegantes como Botafogo daqueles dos subúrbios e dos bairros habitados por trabalhadores, como Bangu.

O sentido social de tal diferença se expressaria, de forma clara, em uma charge publicada em 15 de fevereiro de 1908 na revista *O Malho* (*O Malho*, Rio de Janeiro, 15 fev. 1908, p. 22).

Intitulada "Um choro nos cafundórios dos subúrbios", representava um salão repleto de homens e mulheres claramente negros ou mestiços, que dançavam em pares com roupas modestas. A legenda não deixava dúvidas a respeito da ironia presente na imagem: ao descrever os pares a dançar, o autor da charge os caracteriza como o "pessoal que, apesar de todos os pesares da época, se desengonça no maxixe, e, depois de avançar no parati, avança nas goelas dos convidados". Parecia-lhe estranho que, mesmo vivendo uma vida de privações, os participantes daquela festa tentassem se igualar à alegria própria dos que dançavam nos salões elegantes da cidade. Por não reconhecer, nos movimentos que faziam as mesmas danças elegantes que via nos bailes a que estava acostumado, os descrevia como simples movimentos desengonçados e sem sentido. Sem entender a razão daquela alegria, que para o desenhista seria o da bebedeira, ele caracterizava aqueles eventos festivos como espaços que seriam propícios somente para violência e brigas.

A associação entre a febre dançante e os trabalhadores era, assim, marcante no olhar ilustrado de muitos contemporâneos. Coelho Netto, outro cronista atento ao fenômeno, reconhecia com espanto que "todas as criadas, sem exceção das velhas amas, têm os seus ranchos ou cordões onde são rainhas, princesas ou simplesmente cantoras" (COELHO NETTO, 1928, p. 223). De fato, a composição da maior parte dos pequenos grêmios dançantes era semelhante àquela da Sociedade Dançante Pérolas de São Cristóvão, descrito em 1919 pelo comissário de polícia do 10º distrito policial como um clube que "compõe-se de operários". Em sentido análogo, o Inspetor do Corpo de Segurança denunciava naquele mesmo ano a presença, entre os sócios de outros clubes, de indivíduos com condenações no Código Penal (ARQUIVO NACIONAL, IJ6 694). Não por acaso era frequente, nos jornais, a publicação de notícias que evidenciavam a presença constante de trabalhadores em tais associações – como no caso de um "empregado da Central do Brasil", que, em 1916, teve uma "síncope cardíaca" em meio a um baile realizado pelo Club dos Pingas Carnavalescos, do Engenho de Dentro. (Uma festa interrompida. *O Paiz*, Rio de Janeiro, 27 jan. 1916.) Na Saúde, região portuária da cidade, um baile particular foi interrompido em 1903 pela invasão de um grande número de indivíduos que, mesmo sem terem sido convidados, tentavam aproveitar-se também da festa (Noite escura – Música de pancadaria. *Correio da Manhã*, Rio de Janeiro, 3 set. 1903). Como não podia deixar de ser, era esse o padrão que se repetiria em Bangu – como mostravam os exemplos do Grupo Cana Verde Imperial – que o inspetor de polícia do bairro testemunhava em 1913 ser formado de operários – e da Sociedade Carnavalesca Pingas de Bangu, cujos sócios seriam "quase todos operários e de bom cumprimento" (ARQUIVO NACIONAL, GIFI 6C 432 e IJ6 595).

Era assim, como uma importante manifestação cultural de trabalhadores de baixa renda, que pode ser compreendida a febre dançante que tomou conta da cidade nos primeiros anos da República. Ainda que a multiplicação de tais clubes dançantes servisse, na pena de escritores como Bilac, para definir um perfil geral para o Rio de Janeiro – dando início ao estereótipo que viria a caracterizá-lo como uma cidade maravilhosa, onde tudo é dança e alegria –, o testemunho de muitos contemporâneos evidenciava que era sobretudo nos bairros pobres como Bangu que tal fenômeno se mostrava mais forte e relevante. Para além do preconceito dos cronistas e cartunistas que comentavam o fenômeno, era mesmo entre os trabalhadores de baixa renda que o entusiasmo pela dança se apresentava de modo mais intenso.

Bailes como aquele realizado em março de 1927 eram, por isso, prática comum entre os trabalhadores cariocas, através da qual constituíam importantes espaços de diversão e sociabilidade. Não o faziam, porém, sempre da mesma maneira. Conhecedor da realidade dos subúrbios, Lima Barreto afirmara, em crônica escrita cinco anos antes, que os clubes do "pequeno povo", por não conhecerem o foxtrote, nem o *shimmy*, organizavam seus bailes "ao som do piano ou de estridulantes charangas", promovendo uma "dança ainda à antiga" ("Bailes e divertimentos suburbanos". *Gazeta de Notícias*, Rio de Janeiro, 7 fev. 1922). Evocava, com isso, uma imagem autêntica e tradicional desses eventos, imersos que estariam em tradições musicais que seriam próprias dos círculos sociais que os frequentavam.

Muito diferente dessa, no entanto, era a descrição feita do baile do Prazer das Morenas pelo *Jornal do Brasil*: "A barulhenta *jazz-band* 'Eu não Disse?' não deu um minuto de trégua aos dançarinos, com os seus variadíssimos sambas e fox-trots ultra modernos", relata o repórter ("Prazer das Morenas de Bangu". *Jornal do Brasil*, Rio de Janeiro, 12 jan. 1927). Se nas imagens projetadas sobre tais clubes pelos círculos letrados eles apareciam como o lugar da tradição, permeado por maxixes e danças africanas, era através de uma curiosa variação entre jazz, foxtrote e samba que se divertiam os sócios daquele clube. Longe de qualquer imagem de pureza ou de autenticidade, os bailes promovidos pelos animados festeiros de Bangu tinham, assim, a marca da dinâmica e da modernidade. Perseguir tal estranhamento, de modo a investigar o sentido dessa mistura peculiar é, portanto, um bom meio de tentarmos entender alguns dos sentidos da febre dançante que tomava conta da cidade através dos olhos daqueles que a patrocinaram. Podemos, com isso, perceber não apenas a lógica daquele movimento, mas também suas consequências para a configuração de certas imagens ainda hoje associadas à cidade do Rio de Janeiro e ao país de que era a capital.

2

Antes de seguir com o baile, a referência ao samba na notícia de 1927 nos obriga a um breve intervalo historiográfico. Música tida como brasileira por excelência, o samba tem sido recentemente objeto de vivo interesse por parte de historiadores, cientistas sociais e jornalistas que se propõem a explicar o processo de configuração dos traços que definiriam uma "cultura nacional". Tanta atenção está longe de ser casual. Ao sintetizar musicalmente uma mistura original capaz de singularizar a brasilidade, o ritmo foi transformado a partir da década de 1930 em um dos símbolos maiores da identidade nacional. Seja para justificar ou combater tal ideia, indicando suas contradições, vários estudiosos têm se dedicado a refletir a respeito do processo que viabilizou a elevação de tal ritmo a um grandioso símbolo nacional[1].

Essa é uma história que tem em 1933 um de seus marcos principais. Nesse ano, o jovem sociólogo Gilberto Freyre publicava *Casa-grande & senzala*, transformando radicalmente os rumos do debate letrado sobre a identidade brasileira. Ao contrário de seus antecessores, Freyre partia da miscigenação, por ele entendida como característica positiva da nacionalidade, para interpretar, em sua obra, o "Brasil através do Brasil". Deixando de ser um problema nacional, a herança africana e portuguesa se transformava assim em motivo de orgulho, capaz de diferenciar o Brasil diante de outras nações. Recebida nos círculos letrados brasileiros como uma verdadeira revolução, tal perspectiva logo transformou Freyre no mais reconhecido dos intérpretes do Brasil.

Freyre não estava, porém, sozinho em tal posição. No mesmo ano em que ele lançava suas teorias, outros autores compartilhavam de tal entusiasmo pela mestiçagem, ainda que de forma não tão sofisticada. Era o caso, em especial, de dois

---

[1] Ver, entre outros, Sandroni (2001), Moura (2004), Mccann (2004) e Cunha, 2005.

populares cronistas carnavalescos: e Orestes Barbosa e Francisco Guimarães (o"Vagalume"). Em uma significativa coincidência, nesse ano ambos lançaram simultaneamente obras que tinham um único tema: o samba, gênero musical que ganhava rapidamente prestígio e projeção entre diversos grupos sociais do Rio de Janeiro (BARBOSA, 1933; GUIMARÃES, 1983). Ainda que tal ritmo viesse se afirmando nas rodas musicais cariocas pelo menos desde a década de 1910, foi somente naquele momento que mereceu atenção mais cuidadosa por parte de dois legítimos representantes do mundo letrado.

A coincidência entre as datas de publicação das duas obras, assim como a proximidade entre seu lançamento e a edição do livro de Gilberto Freyre, se explica facilmente na leitura desses escritos. Embora de formas distintas, eles têm em comum a tentativa de caracterizar o samba como um ritmo mestiço, formado pelo cruzamento de diferentes tradições musicais. Francisco Guimarães diferenciava o ritmo da musicalidade propriamente africana característica do "cateretê", do "batuque" e do "jongo". Somente "depois de civilizado", diz ele, tal ritmo teria se afirmado como um elemento próprio da cultura brasileira, capaz de representar os diferentes segmentos da sociedade (GUIMARÃES, 1983, p. 28-30). Semelhante, nesse sentido, era a posição defendida por Orestes Barbosa. Ao afirmar ser a população da capital federal o "produto de todos os povos do mundo", mostrava ver nela algo "muito diferente dos outros povos que se transportaram para a terra de Santa Cruz" (o Brasil). Era por isso natural, para ele, que esse povo peculiar logo tivesse criado "sua música original". "Das misturas que o Rio tem, vem sua própria música – o samba que é tão nosso quanto a romanza é italiana, o tango é argentino e a cançoneta é de Paris", conclui Barbosa (BARBOSA, 1933, p. 16-20). Formado na mistura entre diferentes tradições musicais, o samba aparecia, para os dois autores, como um ritmo propriamente brasileiro. Ao adotar em relação ao mundo da produção musical brasileira o mesmo tipo de concepção que alimentava as teorias de Freyre, tais autores afirmavam o mesmo orgulho mestiço da nacionalidade expresso de forma mais erudita em *Casa-grande & senzala*.

Capitaneado por figuras ligadas em maior ou menor grau aos círculos letrados, o processo de afirmação do samba como ritmo essencialmente nacional acabou por configurar uma história dos ritmos marcada pela ideia da *descoberta*. Nessa leitura, a ação dos intelectuais teria sido a de descobrir (ou inventar) um ritmo expresso de forma pura, acabada, cuja força popular seria a marca de sua autenticidade, ideia expressa em uma das mais esclarecedoras análises acadêmicas a respeito do tema – o livro *O mistério do samba*, de Hermano Vianna. Por mais que se mostre atento para a diversidade de sujeitos que fizeram parte desse processo, Vianna acaba por centrar atenção prioritariamente no modo pelo qual tais imagens a respeito da nação foram produzidas nos círculos letrados. Embora reconheça a participação de outros sujeitos distantes do mundo das letras nesse processo, não chega a dar atenção a seus testemunhos particulares. Como resultado, acaba por interpretar a afirmação do samba como símbolo nacional prioritariamente através das perspectivas definidas por certo projeto letrado de nacionalização e modernização da sociedade brasileira, esmaecendo, com isso, as marcas do conflituoso processo social a partir do qual tais noções foram forjadas.

Por mais consistente que seja essa análise, ela aborda apenas uma parte dessa história. Ao se reunirem em associações recreativas, participarem de festas e aproveitarem seu tempo livre para buscar na dança e na música um meio privilegiado de diversão, muitos outros sujeitos mostravam, desde o final do século XIX, a centralidade do ritmo, da dança, da música e da festa para suas próprias experiências. Para além das fronteiras do mundo letrado, é preciso, por isso, buscar o modo pelo qual tais tradições foram constituídas também a partir de experiências, sonhos e aspirações de sujeitos que não tinham na escrita sua forma privilegiada de expressão. Se estes em geral não deixaram por escrito seu testemunho sobre esse processo, cabe buscar em seus costumes e práticas cotidianas uma forma de compreender sua lógica. É hora, portanto, de voltarmos a Bangu para acompanharmos mais de perto o desenvolvimento dessa história.

3

No momento em que o Prazer das Morenas organizava seus festejos, Bangu era ainda um bairro de características peculiares. Surgido em uma antiga região rural do estado do Rio de Janeiro, ele teve, nos primeiros anos do século XX, um crescimento vertiginoso, capaz de transformá-lo em poucos anos no principal dos bairros operários do Rio de Janeiro (SILVA, 1989; FARIA, 1985). O próprio Olavo Bilac foi testemunha viva do rápido crescimento da região. Convidado pela diretoria da fábrica, ele fez em 1908 uma visita a Bangu, relatando em crônica suas impressões. Tratava-se, para ele, de uma "verdadeira cidade, pela sua extensão, pela sua população, pela sua vida intensa e vibrante" ("Diário do Rio". *Correio Paulistano*, Rio de Janeiro, 1 maio 1908). Uma característica servia, porém, para singularizar a localidade: a presença maciça de trabalhadores: "Dos seis mil habitantes do Bangu", dizia ele, "três mil são operários", empregados na fábrica de tecidos local. Interessado que estava no Brasil escondido por trás da exuberância das grandes cidades, Bilac descrevia Bangu como um bairro diferenciado, no qual os trabalhadores tinham papel destacado.

Além de retratar o desenvolvimento do bairro, a crônica de Bilac aponta também para a diversidade da composição de seus moradores. Por ter sido a fábrica formada através de tecnologia e maquinário importados diretamente da Inglaterra, mostrava-se marcante, de início, a presença no bairro dos técnicos ingleses trazidos pela companhia. Somou-se a ela, aos poucos, outros trabalhadores europeus chegados ao Brasil na onda imigrantista iniciada nas últimas décadas do século XIX. Não eram esses, porém, os personagens centrais da crônica de Bilac. Na visita ao bairro, o que mais chamou sua atenção foi a presença, ali, de outros sujeitos: os trabalhadores negros, descendentes de escravos da zona rural do estado do Rio de Janeiro. Com curiosidade de repórter, ele acaba por descobrir, em um riacho "de águas escassas e sujas" que ficava atrás da fábrica, uma cena peculiar: "Vi que, com as pernas nuas metidas na água, e rudimentarmente vestidas da cintura para cima, algumas mulheres pretas, velhas – algumas velhíssimas –, faziam a limpeza da corrente", conta Bilac. De longe, reconhecia que "algumas cantavam, num sussurro vago, melopeias tristes, em que se reconhecia a toada melancólica dos jongos africanos". Indicava com isso a sobrevivência no bairro de um tipo de musicalidade, que, além de ter uma clara ligação com as práticas culturais dos povos da África centro-ocidental, havia sido, décadas antes, elemento central na experiência dos escravos da região de Vassouras – local de origem de muitos dos trabalhadores menos especializados da Fábrica Bangu[2]. Surpreendente para o próprio escritor, tal sobrevivência atestava a importância que tinham, em Bangu, as práticas culturais dos ex-escravos e seus descendentes, descritas por Bilac como "relíquias da escravidão".

Uma composição social variada, na qual ex-escravos e seus descendentes se misturavam a trabalhadores nacionais e

[2] Sobre o jongo e seu significado na região de Vassouras durante o século XIX, conferir Slenes (2007).

imigrantes de várias nacionalidades, aparece assim como uma das características principais de Bangu. Tal diversidade resultou, nos primeiros anos do século XX, em uma vida cultural dinâmica e multifacetada. Frente à necessidade de tecer novas redes de sociabilidade em um bairro ainda sem tradições e laços sociais constituídos, não é de se estranhar que moradores da região tenham feito das sociedades dançantes um meio de organizar suas proximidades e diferenças.

Esse processo se inicia ainda em 1903, no momento em que foi criado o Flor da Lira – como vimos, a primeira associação dançante da região (ARQUIVO NACIONAL, GIFI 6c 170). Seu próprio nome desnudava a proposta original da associação: ao fazerem menção à *lira*, instrumento europeu ligado à cultura clássica, seus fundadores indicavam o perfil pretensamente refinado que pretendiam dar ao clube[3]. Por mais que se tratasse de um clube composto em sua maior parte por trabalhadores da fábrica, eles deixavam clara a tentativa de adoção de um perfil que se pretendia elevado, reivindicando para si mesmos o caráter refinado das principais associações congêneres dos bairros elegantes. Explicavam-se, por isso, os motivos que fizeram com que, já no ano seguinte, outra associação fosse formada como dissidência dessa primeira. Chamada Flor da União, o novo clube se diferenciava do antecessor por sua composição étnica: ao fazer questão de afirmar em seu primeiro artigo o caráter amplo e generalizado de seu quadro social – ao qual poderiam pertencer "todas as pessoas desde que sejão (sic) dignas e honestas, sem distinção de nacionalidade, religião, cor, etc. etc" (ARQUIVO NACIONAL, GIFI 6c 171) –, os estatutos do Flor da União davam uma resposta à suposta discriminação racial de que muitos de seus fundadores teriam sido vítimas no seu congênere, por serem negros. Ao contrário do Flor

[3] Muitos outros clubes também se utilizavam então do termo "lira" em seus nomes, não necessariamente com o mesmo sentido. Conferir, a tal respeito, Cunha (2001).

da Lira, ele mostrava, já em seu nome, pretender representar uma ad *união* mais geral entre os moradores do bairro, sem qualquer tipo de distinção. Não é de se estranhar, por isso, que, na memória dos moradores do bairro, a distinção entre os dois clubes tenha se fixado de forma clara – sendo o Flor da União lembrado como o clube dos negros, e o Flor da Lira dos brancos (SILVA, 1989, p. 109).

Desde seu surgimento, os clubes dançantes se constituíam, desse modo, como um meio de afirmação das distinções étnicas e sociais existentes no bairro. Era tal lógica que explicava a criação em 1909, do Prazer das Morenas. Segundo os documentos apresentados à polícia em 1921 para pedir sua licença de funcionamento, o clube tinha uma composição muito semelhante à do Flor da União (ARQUIVO NACIONAL, IJ6 786). Dos cinco diretores que tinham nome e ocupação revelados, quatro eram operários – sendo que três se apresentavam como "pardos" e dois como "pretos". Uma foto da diretoria do clube, tirada em 1926, atesta esse mesmo perfil social, mostrando que eram negros ou pardos a maior parte de seus componentes (*Jornal do Brasil*, Rio de Janeiro, 9 mar. 1926). Era assim, como mais um clube destinado ao lazer dançante de trabalhadores de baixa renda, em sua maioria negros ou mestiços, que se apresentava o novo clube no momento de sua criação.

Dada a preponderância de afrodescendentes no clube, o nome escolhido para o novo grêmio era significativo. Ao escolhê-lo, os sócios do grêmio mostravam-se atentos ao debate mais amplo sobre o perfil nacional no qual se inseriam. De fato, desde as últimas décadas do século XIX, momento de apogeu no debate social brasileiro das ideias ligadas às teorias raciais que circulavam na Europa, a preocupação com os supostos prejuízos resultantes do cruzamento entre as raças se mostrara uma preocupação crescente entre os intelectuais brasileiros. Médicos como Nina

Rodrigues apontaram alguns dos problemas para a formação nacional decorrentes da mistura racial que caracterizaria a formação brasileira. É dessa tentativa que resultou, no período, a definição de certo perfil para a mulher mestiça, que Rodrigues define então como "mulata" (RODRIGUES, 1894, p. 153; SCHWARCZ, 1993, p. 43-66). Derivado de "mula" – animal que, por ser um híbrido entre o cavalo e o burro, é incapaz de se reproduzir – o termo expressa o sentido da degeneração atribuída por Rodrigues às mulheres mestiças. Se estas não eram inférteis como a mula, trariam, porém, as marcas de uma degeneração que seria moral – expressa, segundo Rodrigues, em uma sensualidade exacerbada. Definia-se com isso uma imagem erotizada e sensual para a mulher mestiça, que marcaria a partir de então as representações letradas sobre a mulata.

Era com tais ideias que, indiretamente, dialogavam os sócios do Prazer das Morenas ao escolher o nome da associação. Tal diálogo se dava, entretanto, de forma muito específica. Nota-se, em primeiro lugar, no título, uma forma de nomear as mulheres mestiças que tentava fugir da negatividade associada ao termo "mulata". Em vez dele, as mulheres mestiças são chamadas de "morenas" – termo que reproduz a ideia da mestiçagem, mas sem associá-la à degeneração. Mais do que isso, entretanto, o nome do grêmio promovia uma curiosa inversão em relação às imagens em geral associadas a tais mulheres. Habitualmente vistas do ponto de vista branco e masculino como simples fontes de prazer, elas apareciam no nome do novo clube como receptoras do prazer oferecido pelas atividades dançantes do grêmio. Talvez não seja exagero vermos, em tal opção, um esforço de diferenciação entre natureza e cultura: ainda que reproduzissem a associação entre a mulher mestiça e o erotismo, os sócios do novo clube tratavam de caracterizá-la como fruto das atividades lúdicas das quais participavam, e não da suposta degeneração resultante de sua formação.

Ao mesmo tempo em que afirmavam a marca mestiça de sua formação, os fundadores do clube tratavam assim de livrá-la de qualquer prejuízo, atribuindo a ela positividade. É o que se nota na letra de uma das marchas cantadas pelos seus sócios quando estes saíram às ruas no carnaval de 1920:

> Eu quero ver as moreninhas, que princesas
> No dia da folia sair a passear,
> Seu estandarte é uma beleza,
> E lindas poesias a cantar
>
> O povo fica suplantado na folia,
> Ouvindo as moreninhas cantar com harmonia.
> E todos dizem que têm certeza
> Que as moreninhas são as rainhas da beleza!
> ("Prazer das Morenas". *Jornal do Brasil*, Rio de Janeiro, 10 fev. 1920).

Mesmo que com métrica e rima duvidosas, os versos não deixavam dúvida a respeito da deliberada valorização da figura das morenas. Comparadas a princesas, elas apareciam distantes da sensualidade a elas imputada por outros contemporâneos. Ainda assim, é como verdadeiras "rainhas da beleza" que eram saudadas pelos foliões, que mostravam com isso inverter os padrões estéticos ainda predominantes entre os círculos letrados cariocas.

Ao cantar positivamente a beleza das "morenas", afastando-lhes da lascívia e sensualidade com que eram retratadas por outros olhares, os sócios do clube podiam assim incorporar em seu seio jovens senhoritas como Margarida Rezende, a filha de um de seus diretores. Em foto publicada no *Jornal do Brasil* em 1926, ficava claro tratar-se de uma mulher que, com pele aparentemente clara, tinha traços negros bem marcados, sendo mais uma das muitas mulheres mestiças que tomavam parte das atividades promovidas pela associação. Percebe-se assim que os membros do Prazer das Morenas, ao buscar uma maneira positiva de representá-las, mostravam-se no período inteirados a respeito dos debates letrados sobre a nacionalidade, com o qual dialogavam através do título atribuído ao clube. Muito antes das grandes formulações sobre a identidade brasileira definidas em 1933 por Gilberto Freyre, já existia um orgulho "moreno", expresso no nome do grêmio, que ele se propunha a representar.

4

Claro que pode parecer arriscado propor esse tipo de conclusão, a partir de uma evidência tão frágil quanto o nome de uma associação. Nos anos seguintes, entretanto, outros elementos se encarregariam de indicar que aquele título estava longe de ser um acaso. De fato, o Prazer das Morenas estabelecera uma relação com a herança cultural africana muito diferente daquela mantida, antes, pelo Flor da União – a outra associação dançante do bairro composta por afrodescendentes. Tal diferença se expressava, por exemplo, na musicalidade presente nos bailes e desfiles promovidos por cada um desses clubes. No caso do Flor da União, seus próprios estatutos definiam que, ao sair às ruas, seus sócios deveriam se fazer acompanhar somente de instrumentos de percussão, como tambores e pandeiros (ARQUIVO NACIONAL, IJ6 693). Seus diretores pretendiam, com isso, definir para o clube uma musicalidade que tinha na África seu modelo.

Muito diferente, nesse sentido, era a musicalidade adotada pelo Prazer das Morenas. Segundo o relato de contemporâneos, o clube tinha também como uma de suas marcas a incorporação e expressão de uma herança musical africana – como indicam as memórias de uma antiga moradora do bairro, cujos pais eram operários da fábrica de tecidos local:

> Você pode dizer que minha ligação com a cultura popular vem de berço. Sou descendente de escravas moçambicanas que preservaram sua origem por meio da memória oral, das danças e das comidas. Não por acaso, minha mãe e minhas tias participavam do rancho Prazer das Morenas, em Bangu (SAMPAIO; SILVA, 2009).

Como o Flor da União, o clube se abria assim para a participação ativa dos afrodescendentes em seu seio. Tal influência africana se expressaria, porém, de forma bastante peculiar, como mostrava a composição da "jazz-band" de vinte componentes que animava o baile de 1927. Instrumentos de percussão semelhantes àqueles utilizados no jongo, testemunhados anos antes por Bilac, se faziam ainda nela presentes; eles se misturavam na banda, entretanto, a outros tipos de instrumento – como o violão tocado por Nicolau Granado e o saxofone de Ludovico Poncio. Se o violão já podia então ser visto como um instrumento próprio do universo dos trabalhadores, a presença de uma orquestra de metais afastava a banda dos estereótipos geralmente associados a tais festejos. Ao todo, mais de vinte músicos participavam das orquestras organizadas em cada baile do clube – número que dá uma boa ideia da diversificação de sua sonoridade ("Prazer das Morenas de Bangu". *Jornal do Brasil*, Rio de Janeiro, 12 jan. 1927). A percussão africana se misturava assim à harmonia musical europeia, na constituição de um tipo de acompanhamento musical já bem diferente daquele do Flor da União.

De tal mistura entre ritmos de origem africana com as formas harmônicas da tradição musical europeia promovida pelos sócios do Prazer das Morenas resultava uma musicalidade própria, ainda de difícil definição para os cronistas do período. Parecia explicável, por isso, a mistura promovida em 1927 pelo repórter entre gêneros musicais que viriam no futuro a ter sentidos diversos, como o jazz, o samba e o foxtrote. O mesmo jornal já havia noticiado, anos antes, outro baile do clube no qual uma banda de música intitulada Quem Fala de Nós Tem Maguá executaria "lindos e chorosos tangos". ("Prazer das Morenas". *Jornal do Brasil*, Rio de Janeiro, 8 fev. 1920).

Tais referências espalham, por um lado, a indistinção existente no período entre diversos gêneros formados na mistura entre diferentes tradições musicais. Ao mesmo tempo, porém, elas deixam assinalado como os bailes do Prazer das Morenas eram animados com uma música que era o fruto direto de tal ambiente de mistura, na qual seria já difícil identificar qualquer herança musical em estado puro. Sem ser propriamente europeia nem africana, tal musicalidade mestiça conferia ao Prazer das Morenas um perfil singular diante das demais associações dançantes do bairro. Como resultado, os jornais não se cansavam de repetir que os bailes promovidos pelo grêmio deixavam sempre os frequentadores de seus salões em uma animação que se estendia até "alta madrugada" ("Prazer das Morenas de Bangu". *Jornal do Brasil*, Rio de Janeiro, 12 jan. 1927), em um atestado do sucesso da fórmula definida pelo clube.

Percebe-se, desse modo, o sentido da diferença estabelecida entre o Prazer das Morenas e o Flor da União. Se era possível notar em ambos a participação marcante de sócios afrodescendentes, o Prazer das Morenas não se limitava a afirmar o valor da *união* entre as diferentes raças e culturas presentes no bairro como sua marca. Mais do que a união, era o *cruzamento* entre essas diferentes influências culturais que conferia ao novo clube um perfil original. É o que sugerem, além da música de seus salões, as diferentes formas através das quais cada um dos dois clubes celebrava o carnaval. A maior parte dos desfiles organizados pelos sócios de clubes formados por trabalhadores de baixa renda assumiam, até então, a forma de cordões carnavalescos. Formados primordialmente nos subúrbios e nos bairros pobres, tais cordões costumavam desfilar pelas ruas nos dias de carnaval com instrumentos de percussão e fantasias tradicionais dos carnavais do passado carioca, como as de índios, de diabo e de velho. A descrição feita deles em 1908 por Olavo Bilac não deixava dúvidas sobre o desconforto que tais grupos causavam nos grupos ilustrados:

> Ainda este ano o espetáculo foi horrendo! De pés nus, patinhando na lama, com saiotes, cocares e perneiras de velhas penas de galo, empunhando arcos e tocando manacás, rugindo como animais ferozes, recrutados nas alfurjas da Gamboa e da Saúde, sujavam com a sua presença a Avenida. Alguns deles traziam enormes serpentes vivas (!) enroladas no corpo. Um vi eu, que trazia consigo um grande e asqueroso lagarto vivo, e beijava-o, e mordia-o, fingindo querer comê-lo. Era horrível! (apud DIMAS, 2006, p. 131).

Ao medo do poeta diante das imagens selvagens evocadas por tais desfiles somava-se no trecho o horror pela presença ostensiva, em pleno centro da cidade, de homens e mulheres que negavam a visão moderna da cidade que se tentava afirmar. Vistos por Bilac como "bandos de selvagens, que não são apenas selvagens pela *fantasia* que adotam", os membros desses grupos eram assim associados por homens de letras como ele ao atraso e ao primitivismo. Por tal motivo, Bilac não hesitava em atacar tais grupos, afirmando que sua barbaridade "ofende os olhos e a alma do mais tolerante dos homens", impedindo que o carnaval se afirmasse na cidade como "uma festa civilizada e decente".

Palavras como essas não parecem ter sido fortes o suficiente para sensibilizar os sócios do Flor da União, fundado dois anos antes da publicação dessa crônica. Adepto de tal modelo de folia, o clube chegava a definir em seus estatutos a obrigatoriedade de que seus sócios saíssem às ruas nos dias de carnaval com as fantasias tradicionais características dos cordões (ARQUIVO NACIONAL, IJ6 693). Bem diferente dessa, no entanto, era a forma de comemoração dos dias de folia adotada pelo Prazer das Morenas. No carnaval de 1926, por exemplo, o clube foi às ruas com fantasias de inspiração indígena, cujo modelo indicava a ligação que os sócios do clube ainda mantinham com o modelo de folia tradicional representado pelos cordões. A proximidade entre essa folia e aquela de clubes como o Flor da União, no entanto, acaba aí. Ao invés do caráter rústico e precário das fantasias destas associações, os sócios do novo clube apresentavam-se com esmero e luxo. Com panos rendados e brilhos, tentavam adaptar as fantasias escolhidas a uma forma mais de acordo com a estética de inspiração europeia então em voga nos círculos letrados brasileiros (*Careta*, Rio de Janeiro, 13 mar. 1927). Já no ano anterior, o esmero de tais fantasias havia sido temperado pela clara inspiração nacionalista: com adereços que lembravam as estrelas presentes na bandeira brasileira, o clube apresentara então um desfile capaz de encher de orgulho partidários do civismo como Coelho Netto, um dos maiores entusiastas da aproximação entre patriotismo e modernidade (*Careta*, Rio de Janeiro, 20 mar. 1926). Por mais que tivesse uma base social semelhante àquela dos grêmios que saíam em cordão, e que seus sócios compartilhassem com outras associações um mesmo universo simbólico, já era diversa a forma pela qual o clube se apresentava nos dias de folia, tendo ele assumido o modelo próprio aos novos e modernos ranchos carnavalescos[4].

O Prazer das Morenas não estava sozinho nesse tipo de opção. Ao longo das décadas de 1910 e 1920, outras sociedades dançantes trilharam o mesmo caminho, na tentativa de aproximar seus desfiles do modo pelo qual o carnaval era comemorado nos salões refinados. Ao fazerem isso, tais associações acabaram por definir um novo modelo para a folia popular. Mais palatável do ponto de vista letrado, tal modelo seria valorizado por escritores como Coelho Netto, escritor que chegou a se tornar patrono

[4] Sobre a distinção entre ranchos e cordões, baseada mais no modelo de desfile adotado do que na composição social dos clubes que os patrocinavam, ver Cunha (2001).

de outras associações que adotavam um modelo de folia semelhante àquele do Prazer das Morenas (EFEGÊ, 1956). O modo pelo qual ele explicaria as razões desse entusiasmo é, no entanto, bastante significativo. Em uma crônica de 1923, defende que os "ranchos modestos", ainda que não pudessem competir em luxo com as associações mais ricas dos bairros elegantes da cidade, apresentavam uma nota de originalidade que garantiria seu interesse ("Os ranchos". *A Noite*, Rio de Janeiro, 12 fev. 1923). Segundo o literato, eles "mergulham na tradição, no *folk-lore*, e trazem à tona, não só a poesia como a música, poesia e música da nossa gente, da nossa raça, para que outros as aperfeiçoem e lhes deem brilho". Explica-se, assim, nas palavras de Netto, o sentido da valorização desses grupos: embora portadores de uma autêntica força popular, eles já se mostravam abertos à influência de mentes ilustradas como ele, capazes de levar a tais grupos o brilho e a elegância que lhes faltavam. Desse modo, tais clubes representariam um meio de afirmação de um novo perfil para a cultura nacional – na qual a força do mundo popular, melhorada pela influência letrada e expurgada de seus supostos barbarismos, podia representar efetivamente a identidade brasileira.

A consequência de tal postura ajuda a explicar a opção de clubes como o Prazer das Morenas. Do ponto de vista de seus sócios, a adoção desse modelo de comemoração do carnaval representava mais uma das demonstrações da lógica de mistura cultural manifesta na musicalidade de seus bailes. Ao adotá-la, porém, eles conseguiram apoios e patrocínios antes inimagináveis para clubes como o Flor da União. Note-se, em primeiro lugar, o grande destaque alcançado por suas atividades na imprensa do período. Ao anunciar a cada semana seus bailes, fornecendo depois sobre eles descrições detalhadas, os grandes jornais ajudavam a garantir o sucesso de suas atividades. Mais do que isso, o modelo de folia adotado pelo Prazer das Morenas garantia ainda a seus sócios a verba necessária para garantir seu funcionamento. De fato, o prestígio alcançado pela associação fazia com que os comerciantes de Bangu não hesitassem, a cada carnaval, em patrocinar os desfiles do clube. O orgulho da identidade mestiça expresso no clube mostrou-se, assim, um poderoso aliado para garantir sua manutenção – fato importante em um contexto no qual os pequenos clubes dançantes surgiam e desapareciam com grande rapidez, dada a falta de condições materiais de seus sócios.

O sucesso de tal opção seria atestado, em 1926, com o prêmio conferido ao clube pelo *Jornal do Brasil* – que começara naquele ano a organizar disputas entre os ranchos de diferentes bairros, nas quais os jurados eram alguns dos principais homens de letras da cidade (*Jornal do Brasil*, Rio de Janeiro, 3 fev. 1926). Ao vencer a categoria "originalidade", o Prazer das Morenas afirmava-se como um dos principais modelos da transformação atravessada por muitos outros clubes dançantes da cidade (*Jornal do Brasil*, Rio de Janeiro, 4 abr. 1926). Após seguirem em cortejo até a redação do jornal, no centro da cidade, para receber o troféu, os sócios do clube apareciam assim felizes na fotografia ali tirada para registrar a ocasião. Orgulhosos da mistura entre sua herança africana e os modelos estéticos europeus que patrocinavam, os moradores de Bangu ali reunidos celebravam o sucesso da agremiação, que garantia a seus sócios um espaço de manifestação de seus costumes e aspirações recreativas.

Não era de se estranhar, por isso, que o Prazer das Morenas adentrasse a década de 1920 como a principal sociedade dançante de Bangu. Enquanto o Flor da União encerrava suas atividades, o clube era descrito em 1926 por um redator do *Jornal do Brasil* como um "invejável conjunto que é bem o atestado do presente". Mesmo o Flor da Lira, antes cioso da tentativa de afirmar sua distinção, acabou obrigado a adotar esse modelo mestiço de folia para sobreviver – animando seus bailes com músicas semelhantes às do concorrente, e promovendo desfiles que seguiam a mesma lógica ("Flor da Lira". *Jornal do Brasil*, Rio de Janeiro, 16 mar. 1926).

O destaque alcançado pelo Prazer das Morenas coroava, assim, um longo processo de comunicação entre diferentes grupos sociais, a partir do qual se definiram algumas das imagens ainda hoje associadas à brasilidade. Permeado por tensões e contradições, tal processo mostrava que nem só a partir do ponto de vista letrado se estruturou a ideologia mestiça afirmada na década de 1930. Por mais que se deixassem de certo modo ser educados pelo ideário ilustrado, de onde tiravam inspiração para suas fantasias e músicas, os sócios do clube não deixavam também de definir uma agenda para esse mundo letrado – chamando a atenção de intelectuais como Coelho Netto e Olavo Bilac para a vitalidade de suas práticas mestiças. Era tal diálogo tenso que garantia aos sócios do clube a possibilidade de expressão de seus próprios costumes e tradições, transformadas ao longo das décadas de 1920 e 1930 em verdadeiro modelo da cultura da cidade e do país.

Ainda que ciosos de sua herança africana, os sócios do Prazer das Morenas mostravam, portanto, encará-la de forma dinâmica – abrindo-se para a possibilidade de transformar tal herança através do contato com outras práticas e costumes. Era através desses espaços de mistura deliberada entre ritmos, danças e tradições diversas que aqueles salões se afirmavam como espaços privilegiados do processo de definição de novas formas culturais capazes de simbolizar a nação, como o próprio samba. Não é por acaso que Cartola, compositor habitualmente associado ao início da história do samba no Rio de Janeiro, tenha ele mesmo se formado musicalmente no Club dos Arrepiados – uma das sociedades dançantes formadas pelos trabalhadores da Fábrica Aliança, em Laranjeiras, onde trabalhava seu pai ("Club dos Arrepiados". *O Paiz*, Rio de Janeiro, 12 e 13 fev. 1923; CABRAL, 1996, p. 279 e 280).

Justificava-se, portanto, a animação do baile realizado pelos sócios do Prazer das Morenas em janeiro de 1927. Àquela altura já estava claro o sucesso do caminho que trilhavam – capaz de garantir, por exemplo, a generosa cobertura dada pelo *Jornal do Brasil* ao evento. O que os homens e mulheres que naquela noite dançavam em par ao som da *jazz band* não podiam saber, no entanto, é que eles eram parte ativa de um poderoso processo de comunicação e embate cultural, cujos ecos ajudariam a moldar a própria identidade nacional. De fato, através de suas danças e cantos, dos sambas e foxtrotes que se misturavam nos muitos salões e bailes nos quais se manifestava a febre dançante que marcava a cidade, os sócios de clubes como Prazer das Morenas de Bangu tiveram certamente papel privilegiado no movimento que, nos anos seguintes, resultaria na consolidação de uma imagem mestiça e original para a cultura brasileira.

Bibliografia

BARBOSA, Orestes. *Samba :* sua história, seus poetas, seus músicos e seus cantores. Rio de Janeiro: Livraria Educadora, 1933.

CABRAL, Sérgio. *As escolas de samba do Rio de Janeiro.* Rio de Janeiro: Lumiar, 1996.

COELHO NETTO, Henrique M.. *Bazar.* Porto: Lello e Irmão, 1928.

CUNHA, Maria Clementina Pereira. De Sambas e passarinhos: as claves do tempo nas canções de Sinhô. In: CHALHOUB, Sidney; PEREIRA, Leonardo; NEVES, Margarida (Orgs.). *História em cousas miúdas.* Campinas: Editora da Unicamp, 2005.

______. *Ecos da folia:* uma história social do carnaval carioca entre 1880 e 1920. São Paulo: Cia das Letras, 2001.

DIMAS, Antonio (Org.). *Bilac, o jornalista.* V. 2. São Paulo: Edusp; Campinas: Editora da Unicamp, 2006.

EFEGÊ, Jota. *Ameno Resedá, o rancho que foi escola.* Rio de Janeiro: Letras e Artes, 1956.

FARIA, Fernando Antonio. *Três apitos:* estudo sobre a gênese e a expansão da Companhia Progresso Industrial do Brazil, 1889/1930. Dissertação de Mestrado em História. Niterói: UFF, 1985.

FREYRE, Gilberto. *Casa-grande & senzala.* São Paulo: Graal, 2003.

GUIMARÃES, Francisco (Vagalume). *Na roda de samba.* Rio de Janeiro: Funarte, 1983.

GUIMARÃES, Murillo. *Uma rua chamada Ferrer*. Rio de Janeiro: Grêmio Literário José Mauro de Vasconcelos, 1996.

MACHADO, Ubiratan (Org.). *Melhores crônicas de Olavo Bilac*. São Paulo: Global, 2005.

MCCANN, Bryan. *Hello Hello Brazil*. Popular music in the making of modern Brazil. Duke: Duke University Press, 2004.

MOURA, Roberto. *No princípio, era a roda*. Rio de Janeiro: Rocco, 2004.

PEREIRA, Leonardo A. M. A Flor da União: festa e identidade nos clubes carnavalescos do Rio de Janeiro (1889-1922). *Terceira Margem*, ano X, n. 14, p. 169-179, 2006.

RODRIGUES, Nina. *As raças humanas e a responsabilidade penal no Brasil*. Bahia: Imprensa Econômica, 1894.

SAMPAIO, Cláudia; SILVA, Léo. Folclore, lazer, prazer e ludicidade. Disponível em: <http://www.educacaopublica.rj.gov.br/jornal/materias/0331.html> Acesso em: 1 set. 2009.

SANDRONI, Carlos. *Feitiço decente:* transformações do samba no Rio de Janeiro. Rio de Janeiro: Zahar/UFRJ, 2001.

SCHWARCZ, Lilia Moritz. *O espetáculo das raças:* cientistas, instituições e questão racial no Brasil, 1870-1930. São Paulo: Cia. das letras, 1993.

SILVA, Gracilda Azevedo. *Bangu 100 anos:* a fábrica e o bairro. Rio de Janeiro: Sabiá, 1989.

SLENES, Robert. Eu venho de muito longe, eu venho cavando: jongueiros cumba na senzala centro-africana. In: LARA, Silvia; PACHECO, Gustavo (Orgs.). *Memória do jongo*. Rio de Janeiro: Folha Seca, 2007.

VIANNA, Hermano. *O mistério do samba*. Rio de Janeiro: Zahar, 1995.

VISCARDI, Claudia; JESUS, Ronaldo Pereira. A experiência mutualista e a forma ção da classe trabalhadora no Brasil. In: FERREIRA, Jorge; AARÃO REIS, Daniel (Orgs.). *A formação das tradições (1889-1945)*. Rio de Janeiro: Civilização Brasileira, 2007.

Sobre os autores

Alessandra El Far é professora de Antropologia da Universidade Federal de São Paulo (Unifesp). Publicou *O livro e a leitura no Brasil* (Jorge Zahar, 2006); *Páginas de sensação:* Literatura popular e pornográfica no Rio de Janeiro (1870-1924) (Companhia das Letras, 2004) e *A encenação da imortalidade* (Editora da Fundação Getúlio Vargas, 2000).

Ana Cavalcanti é professora da Escola de Belas Artes da Universidade Federal do Rio de Janeiro. Organizou, com Camila Dazzi e Arthur Valle, o livro *Oitocentos*: Arte brasileira do Império à Primeira República (Editora da EBA-UFRJ, 2008). Publicou vários artigos em periódicos e coletâneas sobre história da arte.

Andrea Marzano é professora do Departamento de História da Universidade Federal do Estado do Rio de Janeiro (UniRio). É autora do livro *Cidade em Cena:* o ator Vasques, o teatro e o Rio de Janeiro (1839-1892) (Edições Folha Seca, 2008), e de artigos publicados em coletâneas sobre história social da cultura.

Carlos Gonçalves Terra é professor da Escola de Belas Artes da Universidade Federal do Rio de Janeiro. É autor de *O jardim no Brasil do século XIX:* Glaziou revisitado (EBA Publicações, 2000) e organizador da coletânea *Arborização:* ensaios historiográficos (EBA Publicações, 2004).

Erminia Silva desenvolve atividades de formação e de pesquisa no Centro de Formação em Artes Circenses (CEFAC) e na Escola Nacional de Circo - Funarte. É autora dos livros *Circo-teatro*: Benjamim de Oliveira e a teatralidade circense no Brasil (Altana, 2007) e *Respeitável público... o circo em cena* (Funarte, 2009 - junto com Luís Alberto de Abreu). Doutora em História Social da Cultura pela Universidade Estadual de Campinas.

Juliana Teixeira Souza é doutora em história social da cultura pela Universidade Estadual de Campinas (UNICAMP), onde defendeu a tese *A autoridade municipal na Corte imperial*: enfrentamentos e negociações na regulação do comércio de gêneros (1840-1889).

Leonardo Affonso de Miranda Pereira é professor do Departamento de História da PUC-Rio. É autor de *Footballmania:* uma história social do futebol no Rio de Janeiro (Nova Fronteira, 2000); *O carnaval das letras*: literatura e folia no Rio de Janeiro do século XIX (Editora da Unicamp, 2004) e *As barricadas da saúde:* vacina e protesto popular no Rio de Janeiro da Primeira República (Perseu Abramo, 2002). Organizou várias obras coletivas sobre história social da cultura.

Mary del Priore, ex-professora dos cursos de graduação e pós-graduação de história da USP e PUC/RJ e sócia honorária do Instituto Histórico e Geográfico Brasileiro. Autora de mais de 25 livros sobre História do Brasil, foi vencedora de inúmeros prêmios, científicos e literários nacionais e internacionais. Colabora para jornais e revistas científicos e não científicos e mantêm uma coluna no jornal Estado de São Paulo. Atualmente, leciona no Curso de pós-graduação da Universo/Salgado de Oliveira.

Mônica Neves Leme é professora de Educação Musical do Colégio Pedro II, coordenadora do Portal de Educação Musical do mesmo colégio (www.portaledumusicalcp2.mus.br) e autora de *Que Tchan é esse?*: indústria e produção musical nos anos 1990 (Annablume, 2003). É doutora em História pela Universidade

Federal Fluminense, onde defendeu, em 2006, a tese *E saíram à luz as novas polcas, modinhas, lundus e etc:* música popular e impressão musical no Rio de Janeiro (1820 - 1920).

Victor Andrade de Melo é professor dos programas de pós-graduação em História Comparada/IFCS/UFRJ, em Educação Física/EEFD/UFRJ e em Lazer/UFMG. É coordenador do Sport: Laboratório de História do Esporte e do Lazer. É autor de *Esporte e Lazer*: conceitos (Apicuri, 2010), *Esporte, lazer e artes plásticas*: diálogos (Apicuri, 2009) e organizador (com Mary Del Priore) da coletânea *História do Esporte no Brasil*: do Impérios aos dias atuais (Editora Unesp, 2009), entre outros livros.

William de Souza Nunes Martins é professor da Universidade Estácio de Sá e Coordenador Pedagógico Nacional da mesma instituição. Doutor em História pelo Programa de Pós-graduação em História Social da Universidade Federal do Rio de Janeiro, defendeu, em 2009, a tese *Produzindo no escuro*: políticas para a industria cinematográfica brasileira e o papel da censura (1964-1988).

1ª edição – maio de 2010
Impresso nas oficinas gráficas da Editora Vozes Ltda.

Capa: Cartão Supremo 250g/m²
Miolo: Off-set 75g/m²
Fonte: Myriad Roman